사이코드라마의
이해와 적용

이정숙 · 안윤영 · 최영 · 소성인 · 박경진 · 최정연 · 임효연 · 이교림 지음

P S Y C H O D R A M A

사이코드라마의 이해와 적용

교문사

서론

Introduction

모레노J.L. Moreno에 의해 시작된 사이코드라마는

국내에서는 한동세에 의하여 문헌으로 처음 소개1969되었고, 1975년 김유광이 국립정신병원에서 환자들에게 적용하면서부터 본격적으로 실시되었다. 처음 도입 시기에는 사이코드라마는 정신병원 환자를 대상으로 주로 이루어졌지만, 현재는 병원뿐만 아니라 교육현장, 복지관, 상담센터, 보호관찰소 등 다양한 기관에서 활발하게 적용되고 있다. 대상 또한 확대되면서 정신병동의 환자뿐만 아니라, 아동과 청소년, 부부와 가족, 중독집단, 부적응 문제를 가진 사람 등 다양한 특수 집단과 모든 연령층을 대상으로 실시되고 있으며, 사이코드라마를 적용하는 임상가들도 정신과 의사에서 사회복지사, 개인 상담자는 물론 교육현장에서 교사에 이르기까지 다양한 분야로 확장하고 있다. 이런 흐름은 사이코드라마를 치료적 모델에만 국한시키지 않고, 교육, 사회, 종교, 공동체 활동 등 다방면에 적용했던 사이코드라마의 창시자인 모레노의 가치와도 연결된다.

모레노J.L. Moreno는 사이코드라마를 진실의 극장A Theater of Truth이라고 하였으며, 제르카Zerka M.는 이 말을 '자발적, 극적, 즉흥적 방법으로 주인공의 주관적 진실을 탐구하는 방법'이라고 정의하였다. 모레노는 또한 언어에 의한 정신분석을 반박하기 위한 용어로 사이코드라마를 행위과학science of action이라고 일컬었으며, 자기 해방self liberation 혹은 정신의 실현화full psychic realization라는 용어를 사용하기도 하였다. 그러나 그의 이러한 다양한 용어의 정의는 후대에 와서 비일관적이라거나 혼란스럽다는 비판의 대상이 되기도 하였으며, 블래트너Blatner, 1988는 모레노의 이론이 명확하지도 않으며 논리가 부족하다고까지 하였다. 모레노 이후 많은 학자들 역시 사이코드라마를 각자의 시각에서 정의하고 활용하게 되었지만, 그들 모두가 합의하는 일관되고 통일된 정의를 내리기란 쉽지 않았다. 그들은 행위 연습, 역할 놀이, 역할 연습, 즉흥 극장, 자발성 훈련, 심리극, 정신치료극, 극치료, 역할극, 교육 연극 등 다양한 변형을 통해 자신들만의 방법으로 사이코드라마를 정의하고 발전시켜 나가면서 이후 사이코드라마 정의에 대한 혼란은 더욱 가중되어 가고 있는 것처럼 보였다.

그러나 어쩌면 모레노 역시 사이코드라마를 몇 가지 정의나 이론적 틀로 가두어 두기를 원하지 않았을지도 모른다. 그는 완전한 이론보다는 불완전한 행위자로 살아가길 원했으며, 사이코드라마의 이론적 틀 역시 지속적인 창조적 발

전이 아닌 문화 보존이 되기를 원하지 않았는지도 모른다. 그는 사이코드라마를 통해 객관적이고 논리적 진실을 추구하기보다는 인간 개개인이 지금-여기서 here-now 자발적이며 창조자인 나 자신I-God이 되기를 원했다. 따라서 그는 사이코드라마를 몇 마디의 말로 정의하기 보다는 대상에 따라 변화하고 살아 움직이는 과정 그 자체를 사이코드라마라고 생각하였던 것은 아닐까 한다.

모레노는 사이코드라마를 통해 인간이란 무엇인가, 왜 살아야 하는가 하는 질문을 던지지 않는다. 그는 결정론적 명제보다는 실천적 방안을, 의식-무의식, 감정-이성 등의 이분법적 사고보다는 구체적 행위를 통해 존재 자체를 탐구하고자 하였다.

모레노는 사이코드라마에서 세 가지의 철학적 기초를 중시하였다. 첫째는 정신병리보다는 오히려 건강과 창조성을 강조하였다. 둘째는 현실의 차원을 무의식의 투사 분석으로 이해하려 하기보다는 치료적 과정의 본질적 성분으로 이해하였다. 세 번째는 언어적 상호작용보다는 오히려 치료과정 동안 액팅과 역할놀이를 통한 '표현' 자체를 보다 선호하였다. 모레노는 인간을 규정하는 가치와 진리의 허울을 쓴 허상들로부터 죽어가기보다는 어떻게 살아남을 것인가, 살아남기 위해서 나는 나를 위해 무엇을 할 것인가라는 질문을 던졌으며, 그의 최종목표는 이런 것들로부터 자유로운 삶을 추구하는 것이었다.

모레노가 제시한 사이코드라마의 기본 가치는 한 세기를 거치면서 다양한 임상현장에서 광범위하게 적용되고 발전되어져 왔다. 무대라는 안전장치 안에서 다양한 상황과 역할을 연습해 보고, 가상의 상황을 행위화 하는 과정을 통해 주인공은 카타르시스를 느끼며, 자신의 신체를 통해 치유를 경험하게 된다. 인간이 가지는 최초의 언어인 몸짓을 통해 진정한 자신을 통찰하고 창조자로서의 '나'를 만나는 순간, 사이코드라마는 그 어떤 개입 방법보다 황홀한 경험을 제공한다는 점이 사이코드라마의 매력일 것이다. 모레노주의자들은 필요한 사람은 누구나 사이코드라마를 이용할 수 있어야 한다고 주장한다. 그들은 사이코드라마를 계속 살아있게 하기 위해서는 자신의 자발성과 창조성이 필요하다고 하며, 관습적으로 변해버린 양식에 사로잡히지 말 것을 강조하고 있다.

사이코드라마를 보다 사이코드라마답게 하기 위해서 사이코드라마를 문화보존으로 남게 해서는 안 된다. 사이코드라마의 치료적 가치와 적용되는 과정, 그리고 모레노의 철학과 이념들에 대한 깊은 이해와 통찰은 사이코드라마를 임상가로서 내담자가 자신만의 독특한 자발적 창조물로 재생산하는 것을 돕기 위해 반드시 선행되어야 할 것이다. 따라서 이 책을 통해 임상가로서 알고 있어야 하는 사이코드라마의 기본 개념과 이론, 과정과 기법 그리고 다양한 사이코드라마의 적용에 대해 소개하고자 하였다. 특히 최근 사이코드라마의 확장된 적용과 변화를 소개하고, 이를 포괄하는 개념으로 사이코드라마 이론을 제시함으로써 다양한 변용의 모태로 사이코드라마 이론을 담고자 하였다. 1장에서는 모레노와 사이코드라마의 태동에 대해서 다루었으며, 2장부터 8장까지는 사이코드라마와 소시오드라마의 기본적인 개념적 틀에 대해 소개하였다. 9장과 10장에서는 최근 사이코드라마를 기본으로 하여 병합되고 확장된 티안 데이튼의 사이코드라마 글쓰기와 연극치료를 소개하였고, 10장부터는 특히 아동, 청소년을 중심으로 한 사이코드라마의 적용에 대해서 다루었다.

우리나라에 사이코드라마가 보급된 지 벌써 50년이 지나고 있다. 사이코드라마의 적용은 다양한 분야에서 활발하게 이루어지고는 있지만, 탄탄한 이론적 고찰과 모레노가 추구하는 집단치료와 사이코드라마에 대한 근본적인 이해는 무시된 채 변용된 기법만이 난무하는 현장들을 볼 때 안타까운 생각이 들게 되었다. 이 책은 아동과 청소년을 대상으로 임상현장이나 교육현장에 사이코드라마를 적용하고자 하는 사람들에게 가장 근본적이고도 중요한 사이코드라마의 이론에 대한 이해와 실천 방법에 대한 기초를 제공하고자 하였다.

차례

CONTENTS

4장.

사회측정학

5장.

사이코드라마, 소시오드라마, 그리고 집단심리치료

6장.

사이코드라마의 구성

11장.
아동을 위한 사이코드라마 적용

12장.
아동·청소년을 위한 소시오드라마 적용

13장.
교육현장에서의 사이코드라마 적용

모레노와 사이코드라마

1

사이코드라마의 아버지
사이코드라마의 시동
사이코드라마의 발전
사이코드라마의 현재

청년 모레노J.L. Moreno, 1889~1974가 공원에서 아이들과 둥그렇게 둘러앉아 이야기를 들려주면, 아이들은 눈을 동그랗게 뜨고 그의 이야기에 집중하였다. 이야기에 매료된 아이들과 모레노는 즉석에서 조금 전 들려준 이야기를 행위로 옮겨 표현하기 시작하였다. 아이들은 귀로 들을 때보다 직접 행위로 옮겨 대본도 없이 즉흥적으로 역할 묘사를 하는 것에 몰입하였고, 더 자발적이 되었으며 더 창조적이 되었다. 이것이 최초의 사이코드라마였다.

모레노에 의해 창시된 사이코드라마는 자발성을 핵심으로 하는 즉흥극이다. 그는 사이코드라마를 '진실의 극장the theater of truth', '행위과학science of action', '자기해방self liberation' 혹은 '정신의 실현화full psychic realization'라는 용어로 정의하였으며, 사이코드라마를 통해 모든 인간은 각자의 삶을 연기하는 역할 연기자라고 가정하고 있었다.

그는 사이코드라마를 개인이 자신의 문제를 단순히 말로 표현하는 대신에 자발적인 행동으로 표현하는 대본이 정해지지 않은 즉흥극이며 자신의 실제, 좌절당한 상황, 자신의 소망 등 자신이 직면하고 있는 문제들을 연기로 표현하는 과정을 통해 내재된 자신의 감정, 무의식적 충동 등을 깨닫게 되고 현재 문제와 관련된 환상이나 기억들을 찾아내게 된다고 보았다. 사이코드라마의 목적이 '순간의 적절한 움직임'을 되풀이함으로써 자발성을 촉진하는 것이정숙·김희경, 1998에 있는 것이다.

물론 사이코드라마에서 이러한 것들이 표현되기 위해서는 참여자들의 자발성이 필수적인 요소이다. 즉 창조성과 자기 노출, 자신의 문제를 기꺼이 행동으로 표현할 준비가 되어 있어야 하며, 자신의 갈등과 문제를 '지금 여기서here-and-now' 일어나는 것처럼 재현하여야 한다는 점에서 '현재성'이 매우 중요하다. 즉, 극의 상황 외부에서 일어났던 여러 가지 상황들이 마치 지금 이 극 중에서 벌어지고 있는 것처럼 재현되어야 하는 것이다. 왜냐하면 극 속에 자신이 미처 깨닫지 못한 심리적 내용들이 투사projection되게 되므로 극 중 상황에 현재성이 부여되어 몰입될 때 자신을 보다 분명하게 이해하게 되고 정서적 갈등이 명료해지는 것이다.

사이코드라마에서 이루어지는 감정 표현은 자연스러운 상황 속에서 감정에 도달하고 표현되도록 함으로써 주인공이 문제의 정서적 수준에 좀 더 빨리 도달할 수 있도록 한다. 내담자가 인식하지 못하고 표현하지 못한 감정과 대면할 수 있도록 돕기 위해 의미 있는 사건들이 재연되고, 이러한 감정들이 충분히 표현될 수 있도록 통로를 제공하며, 새로운 행동을 해 보이도록 격려한다. 이러한 감정의 표현으로부터 주인공은 감정의 정화가 되며 이를 통합하고 자신을 통찰하게 된다.

1. 사이코드라마의 아버지

J.L. 모레노Jacob Levy Moreno는 1889년 5월 18일 루마니아의 부카레스트에서 스페인계 유태인 아버지 모레노 니심 레비32세와 어머니 파울리나15세 사이에서 아들 셋, 딸 셋인 6남매 중 맏이로 태어났다. 모레노의 선조들은 유태인들에 대한 압박으로 이곳저곳 쫓겨 다니며 살았으며, 1492년경 터키의 콘스탄티노플에 정착하면서 '레비Levy'라는 성을 사용하게 되었다. 후에 제이콥이 사용한 모레노라는 성씨family name는 사실 그의 부친의 이름이었다. 그의 아버지 모레노 니심 레비와 어머니 파울리나 이안쿠는 1888년경에 결혼을 한 뒤, 부부는 모레노의 친척들이 살고 있던 부카레스 지역으로 이주했다. 그들은 결혼 후 불안정과 빈곤 속에서 살았다. 그의 아버지는 떠돌이 장사꾼이었기 때문에 그의 어머니 파울리나는 15세의 나이로 혼자서

살림을 꾸려야 했다. 모레노가 태어났을 때 그의 아버지는 장사를 위해 가족 곁에 없었기 때문에, 그의 출생증명서에는 유태인 공동체 구성원과 가족의 친구들에 의해 대신 서명되어졌다. 출생증명서에 부친의 서명이 없다는 것이 훗날 매우 중요한 상징이 되었으며, 그가 부성 증후군을 갖게 된 원인이 되기도 하였다.

4살 되던 해 어느 날, 부모님은 외출 중이었고 모레노와 몇몇 아이들은 함께 그의 집의 커다란 지하실에서 놀게 되었다고 한다. 이때 제이콥이 아이들에게 '하느님과 천사들' 놀이를 하자고 제안했고 자신이 하느님 역을 맡겠다고 하였다. 먼저 그들은 의자를 지하실 천장 가까이 닿도록 피라미드처럼 쌓아 올린 뒤, 제이콥의 다리를 묶고 쌓은 옥좌의자에 앉을 수 있도록 도와주었다. 제이콥을 의자 탑 위에 앉힌 뒤 다른 아이들은 원을 그리고 서서 팔을 천사 날개처럼 나풀거리고 있을 때 누군가가 제이콥에게도 같이 하늘을 나는 것처럼 하라고 소리쳤고, 그는 놀이 속에 완전히 빠져 옥좌에서 뛰어내려 날려고 하다가 결국 바닥으로 떨어져 팔이 부러졌다. 이 우스운 천사 놀이는 후에 그에게 어린이들의 과장된 판타지라 할지라도 상징적 충족의 기회를 주는 것이 필요하다는 걸 알게 하였다(김유광·이정숙, 1999). 어쩌면 이때 그는 자신의 목표를 달성할 수 있는 한 가지 방법으로 상상 놀이의 잠재성을 발견했을지 모른다. 자신이 마음속에서 품고 있는 모든 것을 현실적으로 경험할 기회가 없다면, 현실을 자신이 원하는 대로 맞추어 바꾸고자 마음먹었을 것이다. 그리고 한 성인으로서 건강한 승화의 과정을 통해 잉여현실의 개념을 만들었고 그것을 충족하기 위한 도구로 사이코드라마를 사용하였을 것이다(Blatner, 1996).

모레노가 6살 때 그의 가족은 오스트리아의 비엔나로 이주했다. 이주 후 비엔나 대학에서 철학, 신학, 수학을 배우는 학생이 되기까지의 생활은 거의 알려져 있지 않다. 1908년경, 우연히 한 공원에서 아이들의 놀이를 관찰하다가, 아동 놀이의 특성은 모레노의 흥미를 끌게 되었으며, 도시 주변의 공원에서 그들의 활동을 관찰했다. 더 나아가 모레노는 아동들에게 이야기를 읽어 주고 아이들은 그것을 행위로 표현하곤 했다. 그는 대본이 없을 때 아이들이 역할 묘사를 더 생생하게 자발적으로 해낸다는 것을 알게 되었고, 모레노는 그 후 아이들을 위해 작은 극장을 만들어 주었다(R. Marineau, 1989). 그리고 이러한 경험들이 나중에 창조성과 자발성과 같은 개념을 이끌어 내는 모태가 되었다.

1910년경, 모레노는 신과 연극 활동 및 관련 문제들에 대한 자신의 철학적 입장을 정립하기 시작하였다. 이들 중 반은 시poetry 형태였고 반은 연극 대본 형태였는데, 모레노는 작가의 이름을 "익명으로" 출간하였다(Meiers, 1945). 그의 종교적인 영감은 계속 발전하면서 "참만남으로의 초대Invitation to an Encounter" 등과 같은 몇 편의 작은 소책자도 만들었는데, 여기서 '참만남encounter'이란 용어를 처음 사용하였으며 종종 다음과 같은 특별한 문구를 인용하곤 하였다.

> *"두 사람의 만남: 눈과 눈, 얼굴과 얼굴.*
> *당신이 내 곁에 있을 때 나는 당신의 눈을 빼내어*
> *나의 눈 대신 당신의 눈을 집어넣고*
> *당신은 나의 눈을 빼어다가*
> *당신의 눈에 집어넣는다.*
> *그래서 나는 당신의 눈으로 당신을 볼 것이고*
> *당신은 나의 눈으로 나를 볼 것이다."*

그는 또한 여러 종교적 철학적 지도자들의 수행에 흥미를 느꼈다. 모레노는 그들과 형식적인 종교적 관계를 나누어 갖지는 않았지만, 젊은 종교 활동가들과 함께 공동으로 그룹을 만들었다.

"우리는 모두 수염을 길렀고, 결코 정체되지 않았으며 걷고 또 걷다가 길에서 우연히 만나는 모든 사람들을 멈추게 하여 그들과 악수하고 얘기를 나누었다. 우리는 모두 가난했지만 우리가 가진 것, 우리의 가난까지도 함께 나누었다."

모레노와 그의 친구들은 일상생활 속에서 창조적 정신을 실현하고 행동화하려 했다.

모레노는 신적인 힘 혹은 '신성Godhead; Gottheit'은 단순히 멀리 떨어져 있는 창조자가 아니라 모든 창조물의 자발성과 존재성을 통해서 표현되어진 진행 중인 활동 원칙이라는 생각을 공식화하기 시작했다. 그 후 7년 이상 그는 철학 강연의 연재물을 통해서 자신의 형이상학적 개념을 발표했다. 이것은 당시 인기가 있었던 창조성에 관한 베르그송의 견해를 확장시킨 개념으로써, '지금 여기Here and Now'(이 용어는 모레노에 의해 처음 사용되었다)에서의 '혁명적 행동'을 위한 잠재력을 강조하였다.

2. 사이코드라마의 시동

이 기간 동안1911~1917 모레노는 비엔나 대학에서 철학과 의학을 공부하는 학생이었다. 그는 정신과 수석 스태프를 돕는 일을 하고 있었으며, 프로이트S.Frend의 연구 작업도 알게 되었지만 그것이 새로운 열망과 목표를 창조해 내려는 환자를 돕기 위해 아무 도움도 되지 못한다고 느꼈다. 모레노는 정신병neurosis을 다루는 데 있어서 정신분석적 방법만을 고집하는 것을 결정적인 도전으로 보았다. 자주 인용되는 다음 일화에서 그의 태도와 행동 방법을 알 수 있다.

> *나는 프로이트 박사를 우연히 만났다. 1912년의 일이었고 비엔나대학 정신과 클리닉에서 일하고 있을 때였는데 나는 그의 강의에 참가했다. 프로이트는 막 꿈에 관한 그의 분석을 끝낸 후였다. 학생들이 나갈 때 그가 나에게 무슨 일을 하고 있느냐고 물었다. "프로이트 박사님, 나는 당신이 끝낸 곳에서 시작하려 합니다. 당신은 사람들을 당신 사무실이라는 인위적 장소에서 만나지만 나는 거리에서, 그들의 집에서, 그들의 자연스러운 환경에서 만나려 합니다. 당신은 그들의 꿈을 분석하지만 나는 그들에게 다시 꿈을 꾸는 용기를 주려고 합니다. 나는 사람들에게 어떻게 신의 역할을 할 것인지 가르치려 합니다." 프로이트 박사는 당혹스러운 듯 나를 바라보았다.*

의과대학에 다니는 동안 모레노는 오늘날 사회 정신의학social psychiatry이라고 불리게 되는 두 가지 경험을 하였다. 1913년 그는 비엔나에 있는 윤락녀들에 대한 착취와 정부의 괴롭힘에 대해 알게 되어, 그들로 하여 "자조집단self-help"을 조직하도록 하였다. 여인들은 그들의 회합을 통해 그들이 직면한 사회적·정치적 상황에 대한 건설적인 의견을 나누고 서로 정서적인 지지를 얻었다. 2년 뒤에 그는 난민촌에서 의사로서의 직업을 가졌으며, 한동안 그들과 함께 살면서 일할 수 있는 사람들을 돕기도 하였다. 그는 나중에 회고를 통해 이것이 사회측정학 발달의 전조가 되었다고 하였다(Moreno, 1987).

1917년 의과대학을 졸업한 후, 모레노는 비엔나 외곽의 바드 포슬라우Bad Voslau에 종합의료 진료소를 세웠다. 그러나 그 당시 그는 정신과 의사로서의 활동에 흥미를 잃고 있었다. 1918년 초 그는 지역에서 유명한 몇몇 작가들의 도움을 받아 '다이몬Daimon'이라는 문학잡지를 편집하였으며, 1919년에는 신God이 바로 지금 여기서 말하는 것처럼 상상하여 시적인 형태로 글을 쓰기도 하였다. 이 글은 곧바로 문학잡지에 실렸고, 조금 뒤에는 책으로 편찬되었으며 나중에는 《아버지의 말씀The Words of the Father》이라는 제목으로 독일어로써 번역되었다(Blatner, 1985). 그는 아주 열정적인 영감을 가지고 많은 시를 짓고자 하였으며 실제로 벽에다 시를 짓기도 하였다. 그는 처음에 익명으로 시를 출판하려고 준비하였다가 한참 뒤에 자신의 이름을 넣게 되었다. 이 책과 논평은 주된 이론적 사고에 대한 많은 것을 표현하고 있었다.

이 시기에 모레노는 취미로 최초의 즉흥적인 공연극단을 만들었다. 전통적인 연극이 빈약하고 각본이 제한되어 있는 것에 좌절감을 느꼈으며, 연극이 사회와 연관되어야 한다고 생각하였다. 자신의 접근을 '자발성 극장Theater of Spontaneity'이라고 불렀다.

1921년 4월 1일 모레노는 비엔나의 조그만 홀에서 최초의 시연을 개최하였다. 제1차 대전 이후 어떻게 해서 나라가 정치적으로 불안한 상황이 되었는가에 대한 질문을 대중에게 한 뒤, 관객들이 연극에 참여해 토론하게 한 것이다. 모레노는 일간신문에 실린 사건들을 그의 배우들과 즉흥적으로 재연해보는 '살아있는 신문The Living Newspaper' 등, 다양한 실험적 즉흥극을 연출했는데, 그것은 소시오드라마의 시작이었다. 1925년 전쟁 후, 오스트리아는 혼돈스러웠고 응용

사회과학과 치료적 연극에 관한 모레노의 실험들은 지지받을 수 없었기 때문에, 그의 '새로운 위대한 실험'과 함께 러시아나 미국으로 이민 가려는 마음을 먹게 되었다.

사람들과 함께하며 사회적 이슈와 관련 있는 연극을 만드는 가장 좋은 방법을 탐구하면서 모레노는 처음으로 "원형극장" 무대를 고안하였다. 청중들과 상호작용을 강조한 원형극장의 특징은 나중에 연극에 혁신적인 영향을 주게 된다(Moreno, 1971; Scheiffele, 1995). 흥미롭게도 1924년경 그는 지역의 한 극장 제작자인 프레드릭 크레이슬러와 법적 공방으로 어려움을 겪게 되는데, 프레드릭 역시 자신이 먼저 원형으로 된 극장을 발명했다고 주장하였다. 이것은 모레노가 "아버지 증후군paternity syndrome"을 가지고 있다는 것을 보여주는 하나의 사례가 되었으며, 그 이후로도 어떤 방법이나 접근법의 창시자 역할에 대해 예민하게 논쟁을 하는 경향을 보였다.

몇 년 뒤 모레노는 즉흥적인 드라마 과정이 실연자뿐만 아니라 청중들에게도 잠재적으로 치료적 도구가 된다는 것을 알게 된다. 자발성 극장은 그 후 4년간 그가 미국으로 이민을 가기 직전까지 계속해서 다양한 상호작용을 하는 즉흥적인 접근법을 실험하였다. 1911년에서 1923년까지는 모레노의 "가치 규범적 axionormative"인 기간이 되었으며, 이때 사회측정학 이론의 철학적인 밑거름을 개발하게 되었다(Renouvier, 1958).

그는 이후 미국으로 망명을 선택했는데 이유는 자신만의 이론을 추구하기 위해서는 자유가 필요했기 때문이다. 모레노가 미국으로 갈 수 있었던 것은 그가 다른 무엇보다도 발명가였기 때문이었다. 그는 자기녹음기wire recorder를 발명했는데, 오늘날 테이프 레코드의 전신으로써 탐구와 치료적 목적을 위하여 자신의 활동 과정들을 녹화하고 되돌려 보기 위해서 만든 것이었다. 미국의 한 회사가 이민을 도와주어 모레노는 1925년, 오스트리아로부터 이주해 뉴욕에 정착하였다.

모레노가 미국에 도착했을 때 그는 정신분석학의 인기에 놀랐다. 왜냐하면 비엔나에서는 정신분석학이 존중받기엔 아직 초보적 단계였기 때문이다. 미국에서의 정신분석학의 우월함이 그에게는 예기치 않았던 도전 의식을 불러일으켰다. 이후 여러 가지 한계에도 불구하고 그는 향후 20년 이상 혁신적인 연구 작업들을 해냈다. 주로 뉴욕에서 일하면서 그는 사이코드라마와 집단정신치료를 발전시켰으며 많은 책과 논문을 발표했다. 집단정신치료자들의 전문적인 모임을 조직했고, 뉴욕에서 개방 사이코드라마 회기를 열었으며, 많은 전문가들은 전통적 정신분석과는 다른 정신역동적 방법을 목격하였다. 매슬로우Maslow, 에릭 번Eric Berne, 윌 쉴츠Will Schilz는 현대 절충주의 정신치료에서 가장 혁신적인 기법들의 원천으로써 모레노의 역할을 상당히 존중하였다.

1940년 후반부터 1974년, 그가 세상을 떠날 때까지 그와 그의 아내 제르카는 인간 잠재력의 기본으로써 자발성과 창조성의 원리를 보여 주고 가르치고 나누기 위해 쉼 없이 노력했다. 또한 모레노는 사이코드라마가 아동의 놀이에서 출발하였으며, 태고적부터 전해 내려온 아동의 놀이의 자발성이 사이코드라마의 근간이 된다고 보았다.

3. 사이코드라마의 발전

모레노가 36세가 되었을 때, 미국에서 정신분석이 여전히 추앙을 받고 있는 것을 보고 충격을 받게 되었는데, 새로운 언어에 대한 어려움을 극복하고 직업과 자격증을 얻으면서 모레노는 자신의 여생을 보다 훌륭하게 장식할 수 있는 활동적이고 혁신적인 삶을 계획하게 된다. 1927년 이후 모레노는 계속적으로 즉흥극에 대한 실험을 하면서 카네기홀에 몇 가지 프로그램을 제안하기도 하였다. 그는 또한 뉴욕시의 시나이 병원Mt. Sinai Hospital과 다른 지역에서 역할극을 액팅하기도 하였다. 1931년에 모레노는 뉴욕의 싱싱교도소에서 정신과 의사로 상담을 하였고 극단경험과 상호작용 집단치료의 초기 실험에 대해서 영어로 기사를 쓰기도 하였다.

1932년경 모레노는 처음 필라델피아에 있는 미국정신의학회의 연차 대회에 참석하여 "집단치료Group therapy"나 "집단심리치료Group psychotherapy"라는 용어를 최초로 사용하였다. 모레노의 접근법은 치료사 중심therapist-centered이라기보다는 훨씬 더 상호작용적이고 집단중심group-centered이었다. 이후 모레노는 뉴욕의 허드슨에 위치한 헬렌 홀 제닝스Hellen Hall Jennings기관과 제휴하여 여성들을 위한 뉴욕 시립훈련학교에서 상담을 맡았다. 그 후 몇 년간 그는 역할극을 소개하면서 사회측정학의 체계를 만들었으며, 이후 뉴욕의학협회에서 자신의 초기 작품을 전시하였고 이것을 "사회측정학적 운동"의 공식적인 출발로 간주하였다.

1934년 모레노는《누가 살아남을 것인가? - 인간 상호관계의 문제점에 대한 새로운 접근》에 대한 책을 발표하였으며, 당시에 미국에서 가장 역동적인 정신과 진료센터였던 워싱턴의 성 엘리자베스 병원에 사이코드라마를 소개하였다. 그는 그 분야의 여러 리더들로부터 많은 지지를 받았다.

1930년대 중반에는 집단치료의 몇몇 개척자들은 다양한 작업을 시도하게 되었다. 폴 쉴더P. Schilder는 뉴욕에 있는 벨레뷰 병원에서 새롭게 변화된 정신분석적 접근을 채택하여 적용하게 되었으며, '후원자 자매 프로그램Guardians' Big Sister Programs'의 유대인위원회Jewish Board에 자원한 사무엘 슬라브손Samuel R. Slavson은 그룹 홈에 있는 십대 소녀들에게 예술과 수공예 활동을 할 수 있도록 자원봉사를 시작하였다. 슬라브손은 나중에 정신분석으로 전향하였고, 자신의 작업을 "이상 분석", "자아 치료"라고 불렀다. 이후 학령기나 유치원 시기에 있는 아동집단에 연극치료를 교육적으로 사용하는 것을 시도하였으며, 나중에 슬라브손은 모레노와 중요한 경쟁 관계로 발전하게 되었다(Scheidlinger, 1993).

그 시절 모레노는 뉴욕시의 허드슨 강에서 약 60마일 떨어진 곳에 사설 정신병원인 비콘 힐 요양소Beacon Hill Sanitarium를 열고, 전문가 양성을 위한 사이코드라마 극장과 부속시설들을 건설하였다(또한 같은 해에 정식으로 완전한 시민권을 얻었다). 1937년에 모레노는 자신의 첫 번째 전문 간행물인《사회측정학: 상호대인관계 일지》를 발표하였는데, 기존 잡지사와 출판업자들의 인식이 부족하여 직접 뉴욕의 비콘에 있는 비콘하우스에서 출판업을 설립하였다(보스턴의 비콘출판사와는 다름). 뿐만 아니라, 브루클린에 있는 181개의 공립학교에 사회측정학적 검사의 절차를 적용하기도 하였다. 모레노는 이때를 "두 번째 사회측정학적 단계"의 시작이라고 생각하였다. 이 시기에 쿠르트 레빈Kurt Lewin, 무자퍼 쉐리프Muzafer Sharif, 그리고 사회 심리학의 미개척 분야의 다른 학자들 역시-치료에 근본을 두고 있지 않더라도-집단의 역동성에 대해 중요한 연구들을 시작하는 시기였다. 모레노는 레빈을 비롯하여 몇몇 그의 제자들과 만났고 그들에게 영향을 미쳤다. 사회 심리학 분야에 있는 가드너 린제이Gardner Lindzey는 다음과 같이 말하였다. "모레노의 저서 《누가 살아남을 것인가?》는 사회 심리학의 얼굴을 바꿨다. 단 한 사람이 사회과학 분야의 발전에 그렇게 중대한 영향을 미친 사례는 거의 없었다(Lindzey & Byrne, 1968)."

이 시기는 또한 자조집단이 형성되고 있는 시기이기도 하였다. 시카고에 있는 아브라함 로Abraham Low박사는 정신질환이 있는 환자에게 "의지 훈련"을 시켰고, 1941년에는 재활업체Recovery Inc를 조직하여 치료 후 프로그램으로써 자조 집단에게 토론과 선택된 책을 읽도록 하였다. 그 시기에 모레노의 첫 번째 부인인 플로랜스는 교육과 아동발달에 아주 활동적이었으며 모레노의 자발성 이론과 사이코드라마에도 많은 도움을 주었다(그들에게는 1939년에 태어난 레지나라는 딸이 하나 있었다). 모레노의 동생 윌리엄은 성공한 사업가로 제이콥을 신뢰하고 존경했으며, 실질적인 경제적 후원자가 되었다.

1941년에는 두 번째 사이코드라마 극장이 세워졌고 워싱턴의 성 엘리자베스 병원에서 액팅에 들어갔다. 모레노는 정신 정화와 사이코드라마 분야에서 보다 독창적인 논문저술에 적극적이었으며, 사이코드라마에 대한 그의 글들은 역할극에 대한 다른 저술들과 더불어 사회측정학 잡지에 실리게 되었다. 제2차 세계대전 중에 집단치료가 군이나 재향병원에서 폭넓게 사용되기 시작하면서, 이 시기 영국에서는 포크S.H. Foulkes와 제임스 앤소니E. James Anthony가 집단분석학파를 조직하게 되었다.

모레노는 처음으로 집단치료사들을 위한 "미국 집단심리치료 및 사이코드라마학회ASGPP: American Society of Group Psychotherapy and Psycho drama"라는 전문학회를 조직하였으며1942, 뉴욕 시내의 파크거리 101번지에 사회측정학 기관과 사이코드라마를 위한 극장을 개장하여 공개 상담을 시작하였고 다양한 훈련기관에서 호기심 많은 전문가들을 끌어들이게 되었다. 이것은 "사회측정학 발달의 제 3단계"의 시작이었으며, 뒤이어 집단심리치료와 사회측정학, 사이코드라마 등이 미국 전역에 알려지게 되었고 이후 세계적으로 전파되었다(모레노의 공개 상담은 1970년 초반까지는 주로 밤에 계속 이루어졌다). 흥미롭게도 같은 해 슬라브손Slavson은 정신분석의 실험을 위한 미국 집단심리치료학회American Group Psychotherapy Association를 설립하여 《국제집단심리치료학회지The international Journal of Group Psychotherapy》를 출판하였다. 정신분석의 헤게모니가 점점 커져가면서 이 집단은 곧 이 분야의 지배적인 조직이 되었다.

모레노는 두 번째 저널인 《사회의학: 집단치료와 집단간치료지Sociatry: A Journal of Group and Intergroup Therapy》를 출간하기 시작하였는데1945, 이는 ASGPP의 공식적인 전문기관지가 되었고, 2년 후에는 '집단심리치료'로 이름이 바뀌었다. 다음 해 그는 《사이코드라마Psychodrama》 초판을 출간하여 그 주제에 대한 독창적인 책이 되었다. 코시니Corsini와 푸지Putzey는 많은 책들과 논문들에서도 이 책을 소개하였다. 또한 그는 "T-집단T-Group"의 방법을 개발하였는데, 이것은 나중에 참만남집단 운동으로 발전하는 계기가 되었으며 모레노가 많은 영향을 끼치게 된다(Gottshalk & Pattison, 1969). 1960년대 초와 1970년대 초에 참만남집단의 흥망성쇠가 있고 난 후, 수많은 집단의 기법들이 여러 자조집단과 개인적인 성장을 위한 프로그램으로 통합하게 되었는데, 여기에는 구조화된 경험과 행위경험을 포함하였다.

그 후 몇 십 년 동안 모레노는 심리치료 분야에서 혁신과 절충을 위해 가장 활동적인 촉매 역할을 하였는데, 특히 이때는 대안적인 접근법이 전문적인 치료라는 승인을 얻기 어려웠던 이유가 정신분석가들의 영향력이 절대적이었던 시기라서 더욱 그 의미가 크다. 그의 저술과 뉴욕에서의 공개적인 상담은 남아프리카에 막 도착한 프리츠 펄스Fritz Perls에게도 많은 영향을 주었다(Shepard, 1975).

1940년대 초반, 사이코드라마의 방법은 점점 세련되어져 갔다. 사회측정학과 집단심리치료와 함께, 모레노의 작업은 학교, 레크리에이션, 발달 장애를 가진 사람들을 위한 재활프로그램, 관리자 그리고 교사에서 영업사원에 이르기까지 전문적인 훈련과 같은 다양한 장면에 적용되기 시작하였다. 역사적으로 볼 때, 1950년대 중반 이전 당시에 심리치료에서 지배하고 있던 정신분석의 주류가 이 집단심리치료의 혁신을 받아들이지 못했다는 것을 기억하는 것이 중요하다. 모레노는 사이코드라마에 몰두하는 것만큼 집단심리치료의 발달에도 헌신적으로 노력하였다. 그는 사이코드라마의 보다 상호작용적인 접근의 중요성을 강조하고 싶어 하였다. 그럼에도 불구하고, 정신분석에 기반을 두고 있는 리더들이 포함된 집단치료의 여러 국내외 회합을 만들었으며 또 조직하는 것을 도왔다. 이런 회합들을 통해 조슈아 비레Joshua Bierer의 "사교클럽", 버지니아 사티어Virginia Satir의 가족치료, 멕스웰 존스Maxwell Jones의 치료적 공동체, 그리고 조지 바실로우George Vassilou의 집단심리치료에서 예술치료기법의 사용과 같은 새로운 접근법을 상호 교류할 수 있었다. 모레노는 치료의 방법으로 창조적인 예술의 사용을 특히 강조하면서 심리치료에서도 혁신적인 다양한 방법을 개발하도록 격려하였다. 예를 들어, 무용 치료의 선구자인 마린 체이스Marian Chace, 1945는 모레노의 저널에 자신의 최초의 논문 중에 하나를 포함시키기도 하였다.

모레노는 50대 중반에서 60대 중반의 나이가 되면서 최고의 결실을 보았다. 그는 왕성하게 저술 활동을 이어나갔다. 뉴욕에서 이루어진 그의 공개 상담은 많은 전문가들이 전통적인 정신분석적 방법이 아닌 사이코드라마의 방법을 목격할 수 있는 전기를 마련했던 것이다.

4. 사이코드라마의 현재

1950년까지 모레노는 많은 학생들에게 인기를 얻고 있었으며 그를 따르는 많은 추종자를 거느리게 되었다. 또한 1941년부터 제르카Zerka는 모레노의 삶의 일부가 되어 그의 저술과 편집 그리고 다른 수많은 일들을 돕는 조력자이자 삶의 동반자가 되었다. 그 이후 20여 년 동안 모레노 부부는 넓은 세상을 여행하면서 전문가들의 회의나 병원, 대학 세미

나에 참석하여 발표와 시범 액팅을 하였다. 출판 활동도 계속하여 1956년에는 《사회측정학Sociometry》이 미국 사회학회에 보내졌고, 1960년대 후반에 모레노는 다시 사회측정학에 기반을 둔 잡지를 출간하였다. 환자의 치료는 1950년대까지 비콘에서 계속 이루어졌지만 1960년 중반에 문을 닫고 이 요양소를 훈련기관으로 바꾸어 다시 문을 열었다. 모레노가 70세가 되면서, 제르카가 그의 뒤를 이어 연구소를 책임지게 되었다.

모레노는 또한 해외로 여행을 하면서 유럽의 여러 심리학자들과 계약을 체결하였는데, 1954년 그는 집단심리치료의 국제위원회International Committee on Group Psychotherapy의 설립을 도우면서 '국제심리치료학회International Association of Group Psychotherapy'의 최초 창시자로 추대되었다. 이 조직은 분석적 접근, 사이코드라마적 접근 및 다른 접근법을 모두 포함하면서 매 2~3년 마다 국내 및 국제회의를 하면서 지금도 계속 번성하고 있다. 이후 모레노는 1960년대에 국제사이코드라마 회의를 조직하려는 시도를 하기도 했다.

모레노는 1974년 5월 14일 비콘에 있는 집에서 계속된 심장발작 때문에 85세의 나이로 세상을 떠났다. 그가 사망하기 전 한 주 내내 식음을 전폐하다가 점점 쇠약해져 갔다. 그 동안에 그는 옛 친구와 방문객을 따뜻한 마음으로 환대하였으며Yablonsky, 1976, "이 사람은 정신의학에 즐거움과 웃음을 남기고 간 사람이다."라는 묘비명을 미리 써두고 죽음을 맞이하였다.

모레노는 인간과 인간 사이의 영역을 탐색하고 변화시킬 수 있는 도구를 개발하였다. 그것이 바로 사회측정학과 즉흥극을 통해 한 개인의 정신을 행동으로 표현하는 사이코드라마였으며, 사회적 맥락 안에서 상호 간의 존재에 대한 탐색을 하는 소시오드라마로 발전시켰다. 모레노는 인간의 상호작용에 대한 자신의 접근법을 임상적 환경에만 국한하지 말아야 한다고 주장하였지만 그의 주장은 그의 사망 이후에야 받아들여졌다. 모레노는 사후에 점점 더 중요한 사상가로 평가되고 있으며 그의 영향력은 전 세계적으로 확대되고 있다. 특히 그의 역할이론을 바탕으로 하는 역할 연습은 기업, 학교, 치료센터 등 수많은 현장에서 채택되고 있으며, 인간의 창의력과 자발성을 독려하고 있다. 모레노는 모든 치료는 '인간의 치유'를 목표로 해야 한다고 생각했고 그가 확립한 사이코드라마 체계는 오늘날의 절박한 많은 사람들에게 새로운 문제 해결법으로 제시되고 있다.

우리나라에서는 사이코드라마가 주로 병동 정신과 의사들에 의해 도입되기 시작하였다. 문헌상 한국에 최초로 사이코드라마가 소개된 것은 1969년 한국 최초의 정신의학 교과서인 '정신 의학'에서 한동세 교수에 의해서였다. 이후 1975년에 현재 국립정신건강센터라고 불리는 국립 정신병원에서 김유광 교수에 의해 처음 시연되었고 그 효과가 보고 되었다(김유광·김혜남, 1988). 이후 1980년대 들어오면서 서울대학교 심리학과 사이코드라마 연구회가 처음으로 교내에서 즉흥극 형식으로 상연되면서 큰 호응을 거두게 되었으며, 이듬해부터 전국의 많은 심리학과에서 사이코드라마 연구회를 만들어 최근에는 대학 문화의 하나로 정착되었다.

1990년대 들어오면서 사이코드라마는 정신병원 이외에도 여러 학과 및 기관에서 실시가 되기 시작했으며, 대학로를 비롯한 소년원, 사회복지기관 등 다수의 분야에서 사이코드라마 공연이 자주 이루어지게 되면서 일반인들에게도 용어가 널리 알려지게 되었다. 1992년에 이정숙이 대학생을 대상으로 한 소시오드라마 효과성 연구로 박사학위 논문을 발표한 뒤로 사이코드라마 관련 연구가 꾸준히 이루어지고 있으며, 2000년대에는 한양대학교에 아동심리치료학과 대학원이 설립되면서 사이코드라마와 소시오드라마가 전공과목으로 개설되기도 하였다.

우리나라에 처음 사이코드라마가 보급된 지 벌써 50년이 되어가고 있다. 2001년 2월부터는 의료 현장에서도 정신치료극이란 이름으로 건강보험 수가가 등재되었으며, "정신치료극psychodrama은 주연 환자, 관람한 환자 모두에게 치료적 효과를 볼 수 있으므로 사이코드라마를 전 병동 환자에게 관람시킨 경우, 이들 모든 환자에게 정신치료극 산정은 타당하므로 인정한다."라고 명시하면서 정신건강 문제에 대한 사이코드라마의 치료적 효과는 이미 입증되었다고 볼 수 있다. 이후 사이코드라마의 실천 분야는 하루가 다르게 확장하고 발전하고는 있지만, 사이코드라마에 대한 이론적 고찰이나 과학적 연구에 대한 성과물은 그 속도를 여전히 따라잡고 있지 못하다. 우리나라에서 사이코드라마의 창시자인 모레노의 원저서인 《Psychodrama》가 2015년에야 공식적으로 국내에서 번역 출판되었다는 것이 그 증거로 보여진다. 물론 사이코드라마가 이론보다는 실천이, 증명보다는 경험이 더 중요한 독특한 실천 학문이라는 특성 때문이기도 하다. 그러나 임상가로서 우리가 잊지 말아야 할 것은 철저한 이론적 개념 습득을 바탕으로 하지 않은 기법의 적용은 오히려 내담자에게 독이 될 수도 있다는 것이다.

사이코드라마의 경험을 일컬어 'AHA!'의 경험이라고도 한다. 사이코드라마를 임상현장에서 안전하고 효과적으로 실천하기 위해서는 기본 이론에 대한 이해는 물론이고 임상적인 지식과 그 적용에 대한 철저한 훈련과 사이코드라마의 경험의 축적은 앞으로 더욱 철저하게 요구될 것이라 생각된다.

사이코 드라마의 이론

2

자발성과 창조성
문화보존
카타르시스와 자기통합
텔레
잉여현실
행위 갈망

사이코드라마는 주인공, 디렉터, 보조자아, 관객, 무대로 구성되어 있다. 처음 준비단계에서 다양한 기법들을 통해 집단원들의 자발성을 촉진 시킨 후에 주인공을 선정한다. 주인공은 디렉터의 지시와 보조자아의 도움으로 자신의 이야기를 토대로 삶의 다양한 측면을 무대라는 안전한 장치 위에서 표현하고 탐색하면서 구체적인 장면을 표현한다. 주인공은 즉흥적이고 창조적으로 연기하여 극에 몰입하는 경험을 하여 카타르시스를 경험한 후 새로운 반응양식을 탐색하고 훈련하는 과정이 이어진다. 또한 무대를 바라보는 관객도 함께 몰입하여 카타르시스를 느끼고 자신의 감정을 정화하고 통합한다. 이와 같이 사이코드라마 일련의 과정과 감정의 통합을 이루기 위해서 다양한 이론과 철학을 사용한다. 이 장에서는 사이코드라마의 이론적 토대가 되는 개념에 대해 다루어보고자 한다.

1. 자발성과 창조성

사이코드라마는 정해진 대본이나 고정된 형식에 의해 이루어지는 것이 아니라 지금 그리고 여기Here and now에서 일어나는 창조성에 의해 진행되고 창조성을 훈련할 수 있는 기반을 제공한다. 이러한 창조적인 작업이 이루어지기 위해서는 참가자 각자가 능동적으로 참여하는 자발성을 중요하게 생각한다. 주인공이 현실 속에서 표현하지 못한 세계를 마음껏 표현하게 함으로써 주인공의 자발성과 창조성을 향상시키는 것이 사이코드라마의 일차적인 목표이다. 사이코드라마 집단원들은 사이코드라마 무대 위에서 체험을 통해 한 번도 해보지 않았던 행동과 마음속에 있었지만 하지 못했던 말들을 표현한다. 그리고 못 이루었던 꿈을 실현해보고, 원하는 삶을 살아보면서 자신이 원하는 새로운 나를 창조한다. 사이코드라마 무대를 실현하기 위해서는 자발성과 창조성을 필요로 한다. 자발성과 창조성은 모레노J.L. Moreno가 말하는 사이코드라마의 토대를 구성하는 개념으로 제일 먼저 설명하고자 한다.

모레노는 인간이 가지고 있는 무한한 자발성과 창조성에 주목한다. 그에 따르면 인간은 근본적으로 태어날 때 자발성을 가지고 태어난다고 했고, 인간의 가장 최초의 자발적 행위를 출생이라고 정의한다. 그러나 자라나면서 가치관과 행동양식, 규범과 같은 여러 가지 요인들로 인해 많은 사람이 자신의 행동에 대해 제약을 가하고 통제하기 때문에 결국 인간이 본래 가지고 태어난 능력인 자발성과 창조성이 약화된다고 말한다. 자발성과 창조성이 약화되면 익숙한 상황에 그대로 적응하게 되고, 습관적이고 고정적인 관성에 젖은 삶을 산다고 한다. 모레노는 습관적이고 고정적인 관성에 젖은 삶을 가장 경계했고 자발적이고 '지금-여기'에서 생생하고 새로운 반응을 끌어내 에너지가 있는 삶을 강조하였다. 이러한 삶을 위해서 자발성과 창조성을 키우는 것이 중요하다. 사이코드라마는 자발성과 창조성을 키우는 기회를 제공한다. 그리하여 안전한 무대 위에서 연습 후 대인관계나 집단에서 새롭고 적절하게 반응할 수 있도록 한다.

모레노는 공원에서 아이들이 노는 특성을 관찰하면서 자발성과 창조성에 대해 고민했다. 아이들이 놀이 상황에서 대본 없이 생생하게 역할을 자발적으로 수행하는 것을 보고 어린아이들은 성장하면서 자발적으로 놀이 방법을 습득하는 것을 알게 되었다고 한다. 아이들이 순간적으로 생생하게 역할을 자발적으로 수행하는 것처럼 '지금-여기'에서 반응하는 것을 자발성이라고 한다.

자발성Spontaneity이란 라틴어의 'Sua Sponte'에서 나온 말로 의지의 자유라고 한다. 여기에 덧붙여 모레노가 말하는 자발성은 '지금-여기'라는 현재 상황에서 일어나고, 이전에는 경험해보지 않았던 새로운 상황에서 적절한 행동을 끌어내며, 친숙한 상황에서 새로운 반응을 하게 하는 에너지이다.

자발성이 높은 사람은 에너지가 높다. 그리고 주변에 사람들과 관계에서도 적절하게 잘 반응하며 새로운 상황도 쉽게 받아들일 수 있기 때문에 집단생활에서도 적응이 쉽다. 하지만 자발성을 가지고 하는 행동이 모두 좋은 행동이라고 말할 수는 없다. 자발성을 가지고 행동하더라도 상황에 대한 적절성과 창조적인 면이 모두 적합하여야 이상적인 자발성이라고 할 수 있다.

모레노는 자발성을 병적인 자발성, 상투적인 자발성, 천재적인 자발성으로 구분한다. 첫 번째로 병적인 자발성은 새롭지만 부적절한 자발성으로 정의한다. 예를 들어 도로에서 길이 막혀서 짜증났을 때 짜증 난 기분을 해결하기 위해 영화에서처럼 보닛 위에 올라가서 춤을 춘다면, 이것은 새롭기는 하지만 적응적인 자발성은 아니다.

두 번째, 상투적인 자발성은 새롭거나 창조적이지는 않지만 적절하고 상황에 맞는 행동을 일상적으로 관습대로 하는 것을 말한다. 예를 들어 차가 막혔을 때 차 안에서 큰소리로 노래를 부른다거나, 짜증나는 상황을 적절하게 대처하는 것이다.

마지막으로 세 번째는 천재적인 자발성이다. 새롭고 창조적이면서 적절한 자발성을 뜻하며, 상황에 적절하게 적응하며, 요구하는 방식으로 대화를 나누고 적극적으로 참여하는 것을 말한다.

위의 세 가지 자발성 중 모레노가 강조한 것은 천재적인 자발성으로 놀랍고 예상치 못한 상황에서 발생하는 높은 수준의 자발성이다. 특히 예상치 못한 상황에서 즉흥적으로 집단에 함께 어울리면서 높은 수준의 자발성에 도달하는 상황을 제일 좋은 자발성이라고 보았고 가장 창조성이 잘 일어난다고 한다. 자발성은 창조성과 밀접한 관계가 있고 창조적인 과정의 촉매제로 작용한다. 자발성과 창조성이 전제가 되어야 사이코드라마를 통한 주인공의 내적 상처가 치유될 수 있다.

자발성이 즉각적으로 예상하지 못한 상황에서 반응하는 것이기 때문에 충동성과도 연관 지어 생각할 수 있지만, 충동성과 자발성은 구별해야 한다. 앞서 언급한 병리적인 자발성처럼 충동에서 나온 자발성은 오히려 병리적인 영역에 속한다. 충동성은 자발성에서 창조성이 결여된 것으로, 충동성은 상황에 맞는 적절한 행동이 아니기 때문에 창조적인 행위로 이어질 수 없다.

모레노는 자발성과 창조성의 관계를 〈그림 1〉로 표현하였다. 자발성이 없는

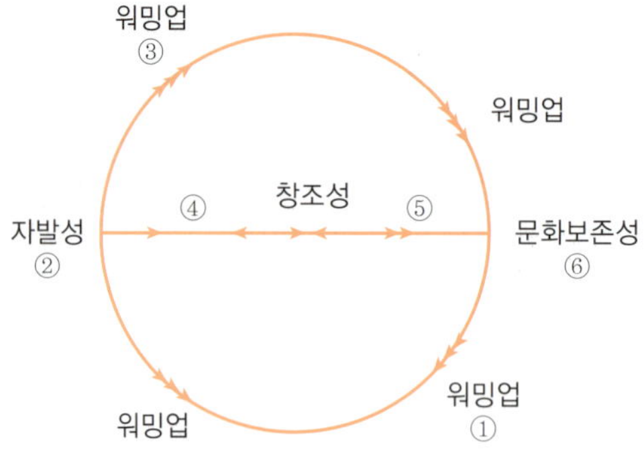

그림 1 ▸
창조성 규범
(모레노 1953/1993)

상태에서 워밍업(①)을 통해 자발성을 끌어올리면 자발성이 증진한 상태(②)에서 다시 2가지 방향으로 전환한다. 첫 번째 방향은 창조성이 없이 계속 자발성만 존재하다가 (③) 다시 자발성이 없는 상태(⑥)로 전환한다. 두 번째는 자발성이 촉매가 되어 창조성을 깨워서 창조적인 과정을 거쳐(④) 예술작품, 시, 영화 등 창조성의 결과물을 도출하여 (⑤) 사람들에게 널리 인정받고 대대로 전해지는 문화보존(⑥) 상태가 된다.

그림 1 설명에서 알 수 있듯이 자발성이 창조성으로 변하거나, 창조성이 자발성이 되지 않는다. 자발성은 창조적인 과정의 촉매제가 되고 창조적인 활동을 할 수 있는 밑바탕을 제공한다. 자발성과 창조성은 별개의 개념으로 따로 기능하는 것이며, 각각 독립적인 기능을 수행하지만 서로 밀접한 관련이 있고 상호작용하는 것이다. 창조적인 생각을 하고 있어도 자발성이 없이는 실제로 실현할 수 없다. 예를 들어, 시험이 얼마 남지 않았을 때 시험공부를 하기 위해 시험범위를 다 공부할 계획을 세워도 막상 자신이 스스로 공부하고자 하는 의지가 없으면 공부할 수 없고 계획을 실현할 수 없다. 자발성은 창조성의 필수적인 요소로 행위의 순간에 스스로 유발되는 행동이며 강제적이 아니라 자유롭게 새로운 과제나 상황에 몰입하게 한다. 그리고 인간의 내면세계와 외부세계가 사고와 행동 수준에서 자유롭게 그리고 쉽게 넘나들 수 있게 해준다. 그리고 높은 자발성을 가지고 있지만 창조성이 없는 경우는 목적이 없고 비생산적인 활동이라고 볼 수 있다. 창조적인 생각을 가지고 자발성이 적절히 발휘된 결과로는 시,

이야기, 예술작품 같은 결과물을 들 수 있다.

따라서 자발적 행동에 가장 필수적인 요소는 새로운 경험에 대한 개방성과 어떤 문제에 주도적으로 접근하고자 하는 의지이다. 또한 디렉터가 주인공이 스스로 연기에 몰입할 수 있도록 순발력 있게 대처해야 함은 물론이다. 자발성이 높은 사람은 낯설고 새로운 경험에 개방적이며 천성적으로 호기심이 많다. 자발성과 창조성은 통찰력과, 육감 그리고 이미지의 근원지인 무의식에서 출발하며, 사이코드라마는 이러한 타고난 창조성의 잠재력에 접근할 수 있게 한다.

그렇다면 자발성을 어떻게 기르고 자발성 정도를 어떻게 파악할 수 있을까? 모레노는 자발성 테스트와 자발성 훈련 개념을 개발하였는데, 주인공이 적응해야 하는 상황이나 위기 상황 속에서 적절히 반응하는지를 테스트하는 것이 '자발성 테스트'이고, 그런 상황 속에서 더 적절히 반응하도록 단계적으로 훈련하는 것이 '자발성 훈련'이라고 하였다. 자발성은 과거에 의해 영향은 받지만 그로 인해 결정되는 요인이 아니고, 지금 여기라는 순간에 반응하는 요인이다. 어떤 사람은 사람들은 많은 사람 앞에서 긴장하지 않고 편안하게 발표할 수 있는 반면 어떤 사람들은 실수할까봐 초조해한다. 또한 상황에 따라서 자발성이 달라지기도 하는데 익숙한 사람들 앞에서는 스스로 주도하고 나서는 편이지만 낯선 상황에 가면 말수가 적어지고 소극적으로 되는 사람이 있다. 이렇듯 사람마다 자발성 정도가 다르고, 상황에 따라 자발성의 차이가 있다. 개인이 가진 두려움이나 분노 같은 기본적인 감정 반응을 자발적으로 표현할 수 있는지를 역할 놀이를 통해 확인한다.

모레노는 사람과 상황에 따라 적절히 반응하도록 '자발성 훈련'을 단계적으로 적응하여 훈련하도록 제안하였다. 자발성을 의도적으로 발달시킨다는 생각이 모순처럼 느껴질 수 있다. 그러나 사이코드라마의 목적이 집단원들이 특정 상황에서 적절하게 반응하기 위해 자발성과 창조성을 높이는 것을 목적으로 진행되는 것이기 때문에, 자발성 훈련을 통해 자발적으로 상호작용하고 문제를 해결하는 힘을 키우도록 하는 것이다.

2. 문화보존

성경책, 다빈치의 예술작품, 모차르트의 교향곡 등 시대를 이어져 내려오는 작품과 문화유산들은 문화적인 전통과 가치를 함께 지니고 있다. 우리나라의 경우 역사적으로 경복궁, 불국사 석굴암, 팔만대장경 등 수많은 침략과 분단을 겪으면서도 문화보존을 위해 힘을 쏟아 지금까지도 내려오는 가치 있는 작품들이다. 그리고 현재까지 많은 사람들이 가치를 인정하고 우리나라만의 전통적인 가치관을 이해하고 이어가기 위해 노력하고 있다. 모레노는 문화적 가치가 있는 결과물들을 문화보존Culture Conserve이라고 하였다. 문화보존성은 자발성과 창조성과 밀접한 관련이 있는 개념으로 사이코드라마의 이론적 토대 중 두 번째로 설명할 개념이다.

자발성과 창조성은 새로운 문화를 창조하기 위한 토대가 된다. 새로운 문화가 정착되고 사람들 사이에 퍼지면 사회적 고정관념이 형성되어 모든 사람들이 공유하고 사회를 살아가는 데 기준이 된다. 또한 위대한 예술작품, 문학, 영화가 고전으로 정착되면 사람들은 작품을 통해 희망을 얻기도 한다. 그러나 새로운 창조적인 활동 없이 전통적으로 내려오는 작품과 가치관들만 지배하는 삶은 일종의 환상이며 현실성, 인간성, 자발성, 창조성이 없다. 모레노는 이러한 현상을 경고한다. 문화보존성이 사회에 넓게 영향을 미치면 경쟁적이고 완벽을 요구하는 사회가 되고, 도전을 두려워하게 되어 새로운 것에 도전하고 창조하려는 필요성이 줄어든다.

일단 창조된 것은 자발성이 없는 상태, 즉 문화보존의 상태가 된다. 창조되면서 자발성은 끝난 것이다. 문화보존성에 영향을 받아 그대로 저항 없이 받아들여 만족스러워하면 발전할 기회가 줄어들게 되고, 자발성을 발휘하는 법을 모르고 심지어 사람들은 자발성을 요구하는 상황을 피하기도 한다. 모레노는 이러한 상황이 익숙해지면 사람들은 창조자가 아닌 모방자로 살 것이라 경고한다.

그러나 한편으로는 문화보존의 상태에 머물러 있는 훌륭한 작품들은 자발성을 다시 회복하게 해주는 매체가 되기도 한다. 예를 들어, 모차르트의 교향곡을 들으면서 음악가는 또 다른 악보를 창조해내고, 다빈치의 작품을 보면서 누군가는 새로운 작품을 만들어낸다. 문화보존이 우리의 자발성이 생겨나도록 영감을 주고 더 나아가 무언가를 새롭게 창조하도록 돕는다.

모레노는 창조성이 치유와 성장 과정에서 필요한 것이라고 보았기 때문에 창조성이 결핍되면 정신병리나 개인주의가 나타난다고 주장한다. 대표적으로 '정상증'과 '로봇증'을 예로 들었다. '정상증'은 누구든지 문제를 가지고 있지만, 문제가 없이 정상적으로 보이려는 몸부림으로 표현했다. 그리고 '로봇증'은 문화적이나 사회적으로 보수적인 태도에 갇혀서 고정관념과 습관에 따라 살게 되고 프로그래밍 된 기계처럼 행동하는 상태를 말한다.

문화보존성이 사회적으로 순기능으로 작용하기 위해서는 새로운 것에 영감을 줄 수 있는 자발성을 촉발하는 발판으로써 역할을 해야 한다. 문화보존 상태가 결과물로써 영구적으로 고정되어 있는 실체가 아니라 끊임없이 사람들에게 영향을 주는 사회적, 문화적, 심리적 구성물로 인식되어야 한다. 즉, 문화보존이 결과물 그대로 존재하는 것과 자발성과 창조성의 촉발제로 보존되는 것에 대한 구분이 필요하다는 것이다.

문화보존은 사회문화적인 분야뿐만 아니라 개개인에게도 적용되는 개념이다. 모레노는 개인 각각의 창조적인 행위도 새로운 상황에 대한 적절한 반응이든 이전 상황에 대한 새로운 반응이든 간에 개인의 문화보존물로 생각했다. 그리고 개개인이 가지고 있는 태도나 행동반응 유형을 개인적 문화보존으로 설명하였다. 개인적 문화보존에는 의사소통패턴, 스트레스 대처방안, 말투 등 개인이 삶을 살아가는 데 필요한 감정, 행동, 사고 등이라고 할 수 있다.

티안 데이튼Tian Dayton은 내담자가 가진 개인적 보존을 이해하면 내담자를 파악하는 데 도움이 될 것이라고 하였다. 내담자의 개인적 문화보존 패턴을 이해하기 위해, 행동양식의 시작점을 파악하는 것이 제일 먼저 관찰할 내용이다. 그 다음 그 사람이 살아온 배경이나 경험을 파악하고 이후에 설명할 사회측정학적 방법을 통해 관찰한다. 그리고 비슷한 자극에 대해 다른 방식으로 행동하도록 새롭고 독창적이면서 적절한 선택을 할 수 있도록 돕는다.

3. 카타르시스와 자기통합

사이코드라마를 통해 주인공과 보조자아, 관객은 정서를 해소하고 억눌린 정서를 배출하는 기회를 제공받는다. 그리고 그동안 알지 못했던 모습을 인식하고 '아하!'라고 하는 통찰을 경험한다. 이 장에서는 사이코드라마 장면에서 정신내적으로 작용하는 정서의 정화와 통찰의 경험을 카타르시스로 설명하고자 한다.

카타르시스Catharsis는 고대 그리스의 철학자인 아리스토텔레스 저서인 《시학》에서 유래된 말로 관객들이 경험할 수 있는 효과로 정의한다. 아리스토텔레스는 비극이 관객들에게 공포와 연민을 불러일으켜 이 감정들을 통해 인간이 가지고 있는 감정이 순화될 수 있다고 믿었다고 한다. 이 정신적 승화 과정을 카타르시스라고 부른다. 아리스토텔레스 시대 이래로 '카타르시스'라는 말은 여러 가지 의미로 해석되었지만, 현재는 환자의 '정서적 정화'를 의미하는 의학적 용어로 받아들여지고 있다.

고대 로마에서는 카엘리우스 아우렐리아누스라는 의사가 아리스토텔레스의 카타르시스 이론에 기초하여 연극의 치유적 기능을 인정하고 흑담즙의 과다로 발생하는 멜랑콜리 증상의 치료를 위해 코미디 관람을 처방했다고 한다. 즉, 관객이 이야기를 자신의 이야기라고 생각하고 주인공에 감정이입을 하면서 자신의 내면세계에 더 가까이 다가가게 되는 것이다.

19세기 프로이트Freud는 억눌린 자아를 해방하는 것을 카타르시스라고 정의했다. 무의식 속에 있는 마음의 상처나 콤플렉스, 말, 행위 감성을 통해 밖으로 발산시켜 노이로제를 치료했다. 20세기 모레노는 기존 드라마 이론에 아리스토텔레스의 카타르시스적 원리와 동아시아지역의 종교적 의식을 통합하여 주인공에게 각본과 고정된 역할에서 벗어날 기회를 주는 자율적인 드라마 방식을 적용한다. 모레노는 사이코드라마를 통해 자기 자신의 이야기에 주인공이 되어 직접 연극을 하면서 표출되는 눈물, 기쁨 등의 효과를 중요하게 생각했다. 모레노는 카타르시스의 전통적인 어원학적 의미를 확장해서 정서의 이완과 경감뿐만 아니라, 통합과 정돈, 과거로부터의 해방뿐만 아니라 지금 이곳에서의 진실한 삶, 수동적이고, 언어적인 반영뿐만 아니라 활동과 비언어적, 사적인 것과 공공적인 것, 대인관계를 넘어서 종교적이고 심리적인 경험까지 확장시켰다.

사이코드라마 속 카타르시스는 집단원들이 자각하고 그들 혹은 다른 사람들 마음속에 숨어있는 감정을 표현할 수 있게 돕는다. 그리고 집단원들에게 정서를 표현하고 환기할 기회를 제공하여 즉시 안정감을 제공하고 지금 느끼는 정서보다 더 큰 가치를 찾게 한다.

간혹 집단원들 중에 감정을 표현하지 않는 사람은 특정한 상황을 다루기 어려운 경우가 많다. 본인이 처한 특정한 상황이 처리가 제대로 되지 않아서 감정을 표현하기 어렵기 때문에 이러한 경우는 자발성을 기르는데 걸림돌이 된다. 따라서 카타르시스를 통해 감정을 충분히 표현하도록 하여 자발성을 기르게 하고 통찰을 하도록 도와서 상황을 새롭게 볼 수 있는 출발점을 제공한다.

사이코드라마에서는 다음과 같이 다양한 방식으로 카타르시스를 표출한다.

1) 정화의 카타르시스

실제로 사이코드라마를 접해보지 않았더라도 TV 시청 도중에 사이코드라마 장면을 경험할 수 있다. 특히 가족들 간의 갈등을 다루는 시사교양 프로그램에서 흔히 목격할 수 있는 장면 중 서로 갈등을 재연하고 해결하면서 고함치고 때로는 눈물을 흘리는 장면과 같이 감정을 표출하는 것을 볼 수 있다. 이것이 바로 정화의 카타르시스이다. 정화의 카타르시스란 무언가에 대한 감정을 분출하는 것이다.

2) 통합의 카타르시스

분출한 감정을 구체적인 형태로 관찰하고 그 원인과 연결할 때 통합의 카타르시스가 발생한다. 그 순간 우리는 감정이 일어난 의미를 알게 되고, 어떻게 영향을 주고 지금, 이 순간의 생각, 감정, 행동을 이끄는지 알게 된다. 통합의 카타르시스는 생각, 감정, 행동의 전환 후에 일어나는 진정한 감정 인식변화를 동반한다. 데이튼은 '심리극에서 카타르시스를 통해 주인공은 자신의 고통을 드러내고, 상처와 분노, 소외, 사랑, 욕구를 완전히 표현할 자유를 얻는다.'고 한다.

카타르시스는 사이코드라마를 직접 액팅하는 주인공만 느끼는 감정이 아닌 보조자아나 관객도 함께 경험한다. 카타르시스가 일어나는 방법에는 주인공 내면에서 일어나는 방법, 드라마에 참여하는 보조자아에서 일어나는 방법이 있다. 또한, 같이 공연을 관람한 관객은 주인공과 자신을 동일시하여 일어난다. 사이코드라마를 본 사람들은 방금 무대에서 보았던 문제 해결이 마치 자신의 일인 것처럼 여기게 되고 주인공이 문제를 해결하는 것을 보고 후련해하는 경험을 하기도 한다. 이것을 관객 카타르시스라고 한다. 그리고 사이코드라마가 끝날 때 그동안 배웠던 것에 대한 느낌을 얘기하면서 새로운 카타르시스, 즉 집단 카타르시스를 경험한다.

3) 사이코드라마적 황홀경

주인공이나 역할수행자들이 사이코드라마를 공연하는 동안 빠져들어 몰입하고 카타르시스를 경험하게 되어 신체, 심리적으로 이완되고 자기 내면으로 몰입하는 것을 경험할 수 있다. 데이튼은 무아지경으로 빠져드는 상태, 즉 몰입을 '사이코드라마적 황홀경'으로 표현한다.

몰입은 우리의 일상생활에서도 일어난다. TV를 보거나, 운전할 때도 그 상황에 자연스럽게 빠져들어 시간이 어떻게 지나가는 줄 모르게 몰입을 하게 되면 뇌에 있는 기저핵을 자극하여 내면을 통찰할 힘, 자신의 내면에 집중할 수 있는 능력을 갖추게 된다. 사이코드라마적 황홀경을 경험하는 동안에도 몰입과 같은 의미로 기저핵을 자극하여 근육을 움직이고, 감정과 행동을 통합하고 욕구를 조절할 수 있다고 가정할 수 있다. 데이튼은 사이코드라마적 황홀경이 내면 깊숙이 탐색하고 기존의 의미에 상징을 부여하고 새로운 관점을 갖게 한다는 점에서 명상과도 유사한 면이 있다고 보았다.

사이코드라마를 실제상황처럼 느끼고 보조자아들을 인생의 대리인이라고 생각하여 극에 몰입하여 의식하지 못했던 자기 내면을 만나게 된다. 이러한 황홀경 경험은 자기 이해를 높이고 내면을 통찰할 수 있는 기회가 된다. 그러나 내면에서 머무르는 것에서 끝나지 않고 사이코드라마가 끝나면 벗어나게 하는 작업이 필요하다. 정화의 카타르시스를 통해 과거에 억압되어 있던 생각과 감정을 말로 표현하고 부정되었던 일을 표출하면서 치유의 가능성을 얻게 된다. 그리고 그것을 다시 느끼고 통합하는 작업이 필요하다. 다시 말해 분열되고 억압되어 있던 감정들을 '지금-여기'에서 다시 느끼고 통합하는 순간 '통합의 카타르시스'가 일어난다. 단순히 자신의 감정을 인식한다는 것에서 그치지 않고 감정이나 생각들을 훈습work through하여 건설적인 의미로 승화되고 수용될 수 있는 것으로 바꾸는 것이 중요하다.

4. 텔레

지금 처음 만난 집단이 있다고 상상해 보자. 집단원에 대한 아무런 정보를 제공하지 않고 여기 집단원 중 오늘 저녁 식사를 같이 하고 싶은 사람을 한 명만 정하라고 한다면 그저 끌리는 대로 누군가를 선택할 것이다. 모레노는 선택을 결정하는 데 영향을 미친 누군가를 향해 보이지 않는 이끌리는 감정을 텔레Tele라고 정의한다.

사이코드라마에서는 웜업Warm-up과 소시오메트리Sociometry를 이용한 집단 작업을 통해 서로 알아가는 액션소시오그램Action sociogram을 진행하는데, 집단 안에서 상호 간 호감과 비호감 선택을 행동으로 묘사하는 것을 액션소시오그램이라고 일컫는다. 집단원 간 선택의 바탕에는 모두 텔레가 깔려있다. 다양한 집단원이 모이면 감정적인 흐름이 발생할 수밖에 없다. 집단 간의 사이에 발생하는 다양한 감정을 설명하는 텔레에 관해 이야기해 보고자 한다.

모레노는 텔레를 두 사람 사이에 흐르고 있는 감정을 설명하기 위해 '거리를 두고'라는 의미가 있는 그리스어 '텔레tele'라는 단어를 빌려와서 사용할 것을 제안하였다. 보이지 않는 이끌림, 두 사람 사이에 일어나는 감정적 흐름, 서로 어느 정도 떨어진 사이, '두 사람 사이에 흐르는 감정', 상호 끌리는 힘으로 정의하였다. 사람들 간의 한마디로 정의할 수 없는 관계, 개인의 개별성과 연관성, 상호성, 의사소통, 상호작용 등과 같은 대인관계 현상을 묘사하기 위해 새로운 개념을 만들어 낸 것이다. 말 그대로 사람들이 거리를 두고 다른 사람과 접촉하고 의사소통하여 정서적인 메시지를 전달한다는 뜻이다. 모레노는 사이코드라마 속에서 텔레를 집단원 사이에 흐르는 감정이라고 정의했다. 텔레의 소통은 주인공과 타인을 연결해주는 역할을 하며 집단원 안에서도 1대1 관계, 주인공과 디렉터 관계에서뿐만 아니라 집단원 간, 혹은 전체 집단원이 느끼는 감정에서도 텔레가 관찰된다. 텔레가 흐르는 방향은 고정적이지 않고 집단을 진행하고 시간이 지날수록 집단원 사이에 흐르는 감정은 다른 양상으로 흘러가기도 한다.

예를 들어, 이전에 만난 적 없는 집단원을 어머니 역할을 할 사람으로 골랐을 때, 이는 어머니와 관계 맺는 방식이나 자기 개인사 중 실제 어머니와 닮은 모습을 발견하였기 때문에 선택을 한 것이고 이는 텔레가 작용한 것이다. 주인공과 선택된 집단원이 무대 위에서 다양한 대화와 행위화를 통해 극적으로 표현이 되는 과정을 거쳐서 텔레가 변화한다. 또한, 잉여현실을 지지하고 지금-여기로 불러내어 탐색하고 행동을 통한 경험을 바탕으로 무의식적인 것을 의식적으로 바꾸어 경험해보고 해결할 수 있도록 하여 사이코드라마 속에서 타인뿐만 아니라 자기 자신을 만날 수 있다.

주인공은 사이코드라마가 진행되는 과정 동안 마음 안에서 흐릿하고 명확히 뚜렷하지 않던 문제들이 뚜렷해지면서 주인공 안에서 내적 텔레가 일어난다. 자기의 내적 텔레들 간의 관계를 자동-텔레Auto tele라고 한다. 정신분석학적 의미로 설명한다면 '무의식의 의식화'를 들 수 있다. 무심결에 무의식적으로 하던 행위, 생각을 의도적으로 의식화시켜서 알아차림을 통해 자기 변화와 치유의 과정에 더 가까이 다가갈 수 있다.

사람과 사람 사이에 느껴지는 감정이라고 하여 전이를 떠올릴 수 있다. 그러나 텔레는 전이와 다르다. 모레노는 전이적인 관계를 감소시키고 텔레를 발전시

킴으로써 자기 자신이 지닌 세계관 내부의 왜곡된 부분을 바로잡을 수 있다고 보았다. 전이는 프로이트의 정신분석이론에서 생겨난 개념으로 유아기에 학습되어 억압된 것이 치료에서나 실생활, 현재 관계에서 무의식적으로 재연되고 있는 관계의 패턴을 말한다. 과거에 경험하였지만, 현재에 작용하는 관계 양상의 반복으로 '일방적'인 관계 전이로 이루어진 주인공과 보조자아와의 관계는 치료에 효과적이지 않다.

피터 캘러만P. F. Kellerman은 모레노의 텔레 정의를 더욱 발전시켜서 단순히 감정적인 흐름 이상으로 좋은 부분과 나쁜 부분까지 포함하여 자신이 어떤 사람인지 깨닫게 되는 참만남을 수반한다고 설명한다. 현재를 왜곡시키면서 과거를 반복하는 '전이'와는 달리 '지금-여기'에 적합한 새로운 반응이라고 보았다.

모레노는 '아동발달에 관한 자발성 이론'을 발표하면서 아동발달과 함께 텔레의 분화도 설명하였다. 아이는 9개월 동안 엄마 뱃속에서 세상에 태어날 준비를 하고 자발적으로 출생한다. 출생과 함께 새로운 환경에 잘 적응하고 살아가기 위해 제일 중요한 것은 주 양육자와 상호작용하는 것이다. 이 상호작용이 텔레의 시작이다.

모레노의 아동발달이론에 따르면 텔레는 초기에는 분화되지 않는다. 처음 태어났을 때 자신과 타인을 구별하지 못하고 이러한 시기를 '최초의 우주First universe'로 정의하였다. 그 안에서 두 개의 발달단계로 나눠진다. 그 첫 번째 단계는 '전체-정체성All-identity' 시기로 텔레가 분화되지 않아서 아이가 배고파서 울면 엄마가 젖을 주고, 기저귀가 찝찝하여 울면 엄마나 다른 양육자가 기저귀를 갈아주는 행동이 마치 자신이 전지전능하여 일어난 일이라고 느낀다. 왜냐하면 타인과 자신에 대한 구분이 없는 시기이고 자신을 포함한 모든 사물이 분화되지 않고 하나로 통합된 시기이기 때문이다.

두 번째 단계는 '분화된 전체 정체성Differentiated all identity'의 기간 혹은 '전체-현실All-reality' 시기로 자신을 포함한 모든 사람과 사물이 분화되기 시작한다. 그러나 아직 실제 세계와 상상의 세계, 현실과 환상을 구별하지 못한다.

시간이 지나면서 2~3세가 되면 사람에 대한 텔레에서 대상에 대한 텔레가 분화되고 긍정적 텔레와 부정적 텔레가 구분되며 실제 대상과 상상의 대상에 대한 텔레가 분화된다. 모레노는 이 시기를 '두 번째 우주The second universe'라고 정의하였다.

5. 잉여현실

사람은 태어나고 성장하면서 현재를 살아가는 동안 많은 상상도 함께 한다. 사람들과 끊임없이 소통하고 관계를 이어나가면서 생각하는 상상이 일부는 실제로 현실에서 실현되기도 하지만 실제로 일어날 수 없는 상상은 밖으로 표출되지 못하고 머릿속에 그대로 남아있게 된다. 이것이 잉여현실이며, 잉여현실을 통해 제약 없이 상상한다.

잉여현실은 사이코드라마를 가장 사이코드라마답게 해주는 원리이다. 누구나 실제 일어난 일이 아니라고 알고 있지만, 현실처럼 가장해서 역할극을 진행하여 주인공이 마음속에 있던 사건들이 현재 일어난 것처럼, 생명이 없는 대상이 살아있는 것처럼, 과거에 해결되지 못했던 미해결 사건과 관련 있는 중요한 인물인 것처럼 행동한다. 도덕적인 판단 없이, 현실적으로 받아들여지는 것인지 아닌지의 어떠한 구분과 평가도 없이 어느 것이든 일어날 수 있는 가상의 무대를 제공하는 것이다. 사이코드라마 속에서 주인공의 감정과 정서적인 만족을 끌어내기 위해서는 문제에 처한 상황을 적절한 장면으로 설정하고 생생한 역할연기를 통해 주인공이 실제로 일어난 일처럼 느껴야 한다. 실제로 일어난 일처럼 느끼게 해주는 것이 바로 잉여현실을 경험하는 것이다.

모레노는 잉여현실이란 어떻게 왜곡되었건 관계없이 완전히 주관적인 방법으로 느끼고 자각하는 주인공의 진실이라고 정의한다. 예컨대 우리의 의식, 무의식적 판타지 속에는 결코 일어날 수도 일어나지도 않을 많은 사건들이 발생한다. 그것은 그 자체만으로 하나의 진실이라고 이야기할 수 있을까? 그러나 정신병자에겐 망상이나 환각조차도 그에게 있어서는 진실일 수 있다. 사이코드라마에서는 참여자가 지각하고 느끼는 것이 현실적으로 옳은지 그른지 판단하지 않고 재연되기 때문에 모레노는 사이코드라마를 진실의 극장이라 말한다. 그래서 모레노는 잉여현실이 행위화되는 드라마가 현실보다 더 우선권을 갖는다고 말한다.

잉여현실은 많은 다른 용어들로 표현되기도 한다. 신비의 세계, 신화의 세계, 초현실의 세계, 가상의 세계, 꿈의 영역, 어둠의 왕국, 내면의 대화, 심리적 진실, 상상 속의 현실, 확장된 현실, 거대 현실, 놀이적 가상현실, 또는 미지의 중간세계 등이 있다. 잉여현실은 쉽게 언어화되거나 개념화될 수 없는 특성을 지니며 우리가 일상에서 흔히 해 왔던 식으로는 깊이 있게 경험될 수 없는, 익숙치 않은 시각에 의해서 조망이 가능한 세계로 표현될 수 있다. 일상 현실 가운데에서 끊임없이 작동하면서도 언제나 현실원칙, 합리적 이성에 의해서 제지당하고 내면에 갇혀 살아야 하는 것처럼 보인다. 잉여현실은 현실이 허용하는 범위 안에서만 자신을 드러낸다. 제아무리 찬란한 꿈과 이상이라 할지라도 일상현실에 적용되지 않고 일상현실의 벽을 넘는 것은 그 순간 평가절하되고 무용지물화 된다.

블라트너A. Blatner는 잉여현실을 자기의 의식을 반영한 세계이며, 자신을 다른 사람의 입장에서 거리를 두고 조망할 수 있는 능력과 상상력에 의해 표현되는 세계라고 하였다.

1) 잉여현실의 기능

잉여현실에서는 어떤 구분도 평가도 법칙도 존재하지 않는다. 원인과 결과, 시작과 끝, 과거와 미래, 남성과 여성, 의식과 무의식, 삶과 죽음 등 그 어떤 대립 관계, 양면성이나 이중성도 의미가 없어진다. 더 진실한 것도, 더 실제적인 것도 없으며 일관성이나 합리적 논리도 무의미하다. '잉여현실'이 갖는 의미는 '현실'의 의미와 반대적이라고 할 수 있다(최헌진, 2003).

(1) 실존적 명료성을 입증한다.

잉여현실이 과학적으로 증명되거나 지적개념으로 명료화되지는 않았지만, 사람들 안에서는 자리 잡고 있다. 다양한 형태의 무의식이 의식과 연관된 잉여현실

잉여현실의 세계를 표현하는 장면

- 이미 죽은 사랑하는 사람을 불러서 이야기해 보기
- 어렸을 때 충격적이었던 사건에 중요한 인물을 불러내어 재현해보기
- 이루지 못한 꿈을 이루어보기
- 나를 힘들게 하고 서운하게 했던 사람을 불러내어 감정을 털어놓기
- 사후세계에 대해 상상해보고, 자신의 일생을 되돌아 볼 수 있도록 심판받기
- 상상을 초월하는 힘을 가진 존재가 되어보고 초능력 써보기

을 통해 표현되면서 실천되고 살아가기를 원한다.

(2) 변화를 요구한다.

현실 속에서 나타내지 못한 욕구나 무의식중에 있는 생각을 드러내어 현실에 있는 고정관념, 논리에 저항하는 힘을 가진다.

(3) 자유를 의미한다.

일어나지 않는 일을 일어날 수 있게 하고, 경험해보지 못했던 일들을 경험하게 한다. 현실에 있는 시공간적인 제약에서 벗어나서 어디든 이동할 수 있다. 먹지 않아도 배가 부를 수 있고, 잠을 자지 않아도 잔 것처럼 개운할 수 있다. 현실의 절망의 끝을 볼 수 있으며 갈등의 종결을 바라보도록 한다.

2) 사이코드라마와 잉여현실

사이코드라마에서 주인공의 변화과정은 과거의 장면들을 재현해보고 그 장면 속에서 경험할 수 없었던 잉여현실을 마음껏 표현해보고 새로운 행동들을 훈련하는 과정들을 통해 이루어진다. 잉여현실을 통해 현실보다 더 넓은 것을 수용하기 때문에 단순히 상황을 무대 위에서 연기하는 것과 재연하는 것 이상의

확장된 내용을 다룰 수 있다.

잉여현실은 사이코드라마 내에서 가장 광범위하고 깊게 표현된다. 지금 이곳에서, 순간에서, 자발성을 통해 용기를 가지고 탐험을 하며 도전을 한다. 그것은 집단에 대한 신뢰와 상호 긍정적인 텔레에 의해서 가능하다. 그리고 사이코드라마에서는 그 어떤 것도 허용되는 분위기이기에 분석, 비판, 조롱, 멸시 등의 염려 없이 익숙치 않은 만남의 세계 속으로 들어갈 수 있다. 어떤 길도 계획됨이 없이 들어가기에 잉여현실을 탐구하는 데 있어서 가장 알맞은 방법이 된다. 불분명했던 환상이 선명하게 그 모습을 드러내고, 주저했던 세계가 친근하게 다가오며, 어둠이 빛으로 가득 차게 된다.

켈러먼Kellerman, 1992은 "as-if"허구의 치료 가치를 다음과 같이 말한다. ① 허구의 세계이기에 고통스러운 사건, 생활들을 학습할 수 있다. ② 현실에서 일시적으로 벗어나 현실을 관망해 볼 수 있고, ③ 자신의 자발성에 따라 새로운 현실을 실험하고 새로운 세계를 형성해 볼 수 있다. ④ 또한 자신이 부정했던 현실을 재확인해 볼 수가 있으며, ⑤ 자아 기능을 강화해서 내외의 압력들을 올바르게 처리해 나아갈 수 있는 능력을 높여 준다. 잉여현실 내에서는 그 어떤 것도 소홀하게 다루어지지 않는다. 아무리 사소한 것이라도 의미 있는 것으로 존중되고 확대된다.

잉여현실은 사이코드라마 내에서 변화된, 새로운 "나"의 출발을 향한 발판을 마련한다. 디렉터와 보조자아와 함께 다양한 기법들을 통해 표현된다. 그것은 곧 현실의 확장이며 나의 확장이다. 놀이 정신, 거리감 유지, 유머를 통해 현실의 존재 조건들을 허용하게 하며, 일상적 관계의 틀을 가능하게 한다. 안전하게 마련된 장치 위에 현실과 상상을 넘나들면서 판단하지 않고 비판하지 않는 상황을 제공한다. 주인공은 그동안 꺼내지 못했던 마음속에 감추어져 있던 다양한 자아의 모습을 구체화 과정을 통해서 무대 위로 올려 내면의 다양한 자아들을 만나게 된다. 비극이 희극으로 바뀌고 아픔과 분노가 사랑으로 변한다. 환상이 현실로 등장하고 논리 정연한 관계들이 의미 없이 사라져간다. 이때 카타르시스가 변화의 촉매제로 작용한다. 새로운 깨달음의 경험을 통해 변화된 나를 만나게 된다. 목표에 이르는 수많은 방법들을 실험해 보며 다양한 감정들을 용광로에 달구어 보고 나의 정체성과 그림자를 동시에 부딪쳐 봄으로써 새로운 인식, 올바른 경험들을 창조하게 된다.

6. 행위 갈망

인간은 어떤 목적을 가지고 행동이나 행위를 한다. 목이 말라 물을 마시고 싶어서 스스로 물을 찾아 마시는 것, 피곤하면 휴식을 하고 쉬고 싶은 것들 모두 인간의 자연스러운 본능이자 욕구이며 해소하기 위해 행동한다. 모레노는 이러한 목적을 달성하기 위해 인간은 움직이고자 하는 의지가 있다고 말하였고 그것을 행위 갈망이라고 한다. 모레노는 행동behavior과 행위action 중 행위에 더 초점을 두어야 한다고 했다. '행동'은 움직임과 사실을 관찰하는 것을 가리키지만, '행위'는 움직임과 살아있는 생생한 사실을 가리킨다(최헌진, 2003).

사이코드라마 집단원들은 이야기를 나누면서 주제와 관련된 행위를 하고 싶은 욕구와 충동을 느끼게 된다. 집단원들이 가지고 있는 다양한 행위 갈망 중에서 지금-여기에서의 가장 강렬한 행위 갈망을 찾아내어 행위화하는 것이 사이코드라마 과정이라고 할 수 있다. 행위화란 그동안 억눌려 있고 자신의 내면에만 머물러 있던 정서를 표현하도록 도와줌과 동시에 갈등이 해결될 수 있도록 방법을 찾아주는 것이다.

사이코드라마 안에서는 이런 행위화를 안전한 상황과 테두리 안에서 적절하게 할 수 있도록 돕는다. 사이코드라마 장면 안에서 워밍업을 통해 자발성이 증가하여 주인공이 되고 싶다는 욕구 즉 '행위 갈망'이 생긴 사람이 자연스럽게 그날의 주인공이 되고 행위화를 통해 행위 갈망을 만족시키는 것이 사이코드라마의 목표 중 하나이다.

예를 들어 누군가에게 수용 받고 싶거나, 거부하는 것 등을 강력하게 느끼고 표현해 보고 싶은 욕구를 느끼기도 하는데 사이코드라마라는 안전한 환경을

사이코드라마에서 행동표출의 의미(김수동, 2003)

- 외적 행위, 동작을 통한 액팅
- 감정표출
- 과거 사건의 재연, 또는 미래의 일을 마치 '지금-여기'에서 일어나는 것처럼 미리 행동화, 행위화 하는 것
- 외부 세계에 내적인 현실을 표현하는 것
- 비언어적 의사소통, 자발적인 행위-언어를 사용하는 것
- 사이코드라마 무대 위에서 모든 행위

연출하여 집단원이 가지고 있는 다양한 행위 갈망을 표현해 볼 수 있는 기회를 제공한다. 무대 위에 마련된 치료적 환경에서 역할연기나 자기표현을 지속해서 표출할 수 있도록 격려받고 수용 받으면서 위로를 받고 자신의 문제와 갈등을 역할연기로 표출하여 카타르시스와 비슷한 '행위 완성'에 이르게 된다.

활용

1. 목적

(1) 집단원 간 응집력 높임
(2) 서로 상호교류하고 집단원 이해
(3) 집단 전체가 참여하여 의견을 나눌 수 있는 수단 마련

2. 방법

(1) 진행자와 참가자 역할을 정한다.
(2) 집단은 자신들이 탐색하고자 하는 질문을 생각한다.
(3) 질문이 정해졌으면 진행자가 참가자들에게 질문을 하고 생각나는 사람에게 가서 어깨 위에 손을 얹으라고 한다. (서로를 손가락으로 가리켜도 된다.)

"같이 공부를 해야 한다면 누구와 하고 싶습니까?"
"이번 학기 동안 가장 힘들었을 것 같은 사람은 누구입니까?"
"집들이에 초대되어 간다면 누구의 집에 가고 싶습니까?"
"처음 가는 곳에서 맛집을 찾을 때 누구에게 물어보겠습니까?"
"식당에서 혼자 밥을 잘 먹거나, 술을 혼자서도 잘 마실 것 같은 사람은 누구입니까?"
"휴일에 집 밖에 절대 안 나갈 것 같은 사람은 누구입니까?"
"좀비영화를 좋아할 것 같은 사람은 누구입니까?"
"무인도에서 가장 오래 살아남을 수 있을 것 같은 사람은 누구입니까?"

3. 참가자들이 선택하면 선택한 이유에 대해 설명하도록 시간을 준다.

4. 집단이 탐색하고 싶어 하는 질문을 다 끝낼 때까지 반복한다.

그리고 참가자들에게 많은 선택을 받았거나 혹은 선택받지 못했을 때 기분은 어떠한지, 소외되거나 선택권이 없을 때 기분을 확인한다.
특정 질문에 집중적으로 선택받는 사람이 있는지 살펴본다. 어떤 질문에서 집중적으로 선택을 받았는지 살펴보고 그 사실에 대해 어떻게 느끼고 있는지 물어본다. 서로가 서로를 지목한 경우도 살펴본다.

* **주의점** 텔레 연습 시에 부정적인 질문은 하지 않는 것이 좋다. 텔레 연습은 집단 응집, 역동을 확인하기 위함이기 때문에 부정적인 낙인화가 생기지 않도록 주의한다.

역할 이론

3

역할은 사이코드라마, 소시오드라마, 그리고 사회측정학을 관통하는 매우 중요한 개념이다. 모레노는 역할을 '자아가 취하는 구체적인 형태'라고 하였으며, 아직 형태로 통합되지 못한 우리의 자아는 우리가 연기하는 역할을 통해 만들어지는 것이지 자아를 바탕으로 역할이 형성되는 것은 아니라고 하였다. 일반적으로 역할은 한 사회 내에서 개인에게 주어진 사회적 지위나 위치에 따라 기대되는 행동을 의미한다. 그러나 모레노는 한 단계 더 나아가 역할에 따라 인간의 감정과 생각, 행동이 달라지며 우리가 수행하는 역할에 따라 느끼고, 생각하고, 행동하게 된다고 보았다. 즉, 모레노는 한 개인의 특성은 그의 행동을 지배하는 역할의 범위에 의해 결정되고, 모든 문화의 특징은 그 구성원들에게 다양한 수준의 성공을 요구하는 역할에 의해 결정된다고 하였다(Moreno, 1934).

1. 역할의 정의

모레노는 일찍이 역할role의 개념에 관심을 가졌고, 다양한 방식으로 실험하고 확장하고 발전시켜서 그것들을 사이코드라마 안에서 활용하였다. 그래서 사이코드라마에서 '역할'의 의미는 매우 중요하다. 모레노는 아이들과 함께 즉흥 놀이를 하면서 역할 놀이role playing를 시작했고, 후에 아이들에게 작은 극장을 만들어 주었는데 이러한 경험들이 나중에 창조성과 자발성 이론의 시초가 되었다. 그는 연극배우들의 무대를 보면서 역할 역동에 대한 개념을 생각했고, 역할 테스트를 통해 역할이 개인의 문화적 특성을 결정하는 중요한 기초가 된다는 가설을 성립했다. 또한 모레노 자신과 부인인 제르카, 아들인 조나단과는 역할 교대에 대한 실험을 하면서 다양한 방식으로 자신만의 역할 이론을 만들었다.

역할role이라는 단어는 라틴어 명사 rota와 rotula가 프랑스어rolle을 거쳐서 영어가 된 단어로, 고대 그리스 연극에서 연출자들이 양피지 두루마리에 배우의 역할을 적고 배우들이 그것을 보고 연기한 것에서 유래하였다. 이후 정통 연극에서의 역할은 배우가 자기 자신 외에 무대 위에서 표현하는 다른 인물을 설명하는 단어로써 사용되어져 왔다. 그러나 사이코드라마에서는 역할의 개념을 조금 더 넓은 의미로 파악하고 있다. 역할은 극작가가 창조하는 상상 속의 인물일 수도, 사회적 신분이나 직책을 의미하는 것일 수도, 현실에서는 존재하지 않는 잉여현실 속의 인물일 수도 있다. 그것은 '백설공주'나, '인어공주'처럼 존재하지 않을 수도 있고, '판사', '변호사' 같은 사회적 신분을 나타내는 단어로 지칭될 수도 있고, 꿈이나 환상 속에 존재하는 '또 다른 나'일 수도 있다.

모레노에 의하면 역할은 자기self의 출현보다 앞선다. "역할들이 자기로부터 출현하는 게 아니라 자기가 역할들로부터 출현한다." 이 말은 전통적인 심리학에서 주장하는 이상적인 자기self를 부정하는 말로써, 역할들의 상호작용에 의해 자기가 저절로 출연하게 되는 것이지 자기에 의해 역할이 만들어지는 것은 아니라고 하였다. 즉, 역할은 한 개인이 특정 상황에서 특정인과 만나는 특정 상황에 개인이 취하는 기능적인 형태이며 미리 어떤 역할이 만들어져 있거나 기대되는 것은 아니라고 하였다. 따라서 이상적인 자기에 의해 역할이 수행되는 것이 아니라, 다양한 역할을 경험하고 수행함에 따라 얼마든지 변화된 자기를 형성할 수도 있다는 것이다. 원형이나 본질과 같은 정형화된 자기self 개념을 부인한 역할에 대한 모레노의 이러한 주장은 사이코드라마를 더욱 현실적이며 자유롭고 창조적으로 만들고 있으며, 다른 극치료와 구별되는 가장 독특한 개념이다. 하나의 개인으로 존재한다는 것은 다양한 역할들의 총합체라고 할 수 있다. 한 개인이 지니고 있는 역할에는 '엄마, 딸, 선생님, 학생, 운전사, 환자, 손님, 여성' 등 다양한 역할이 존재하고, 각 개인은 자기 역할에 맞는 행동을 수행하게 된다. 우리는 알게 모르게 많은 역할을 동시에 수행하고 있다. 〈그림 2〉에서 제시하고 있듯이 한 개인에게는 수많은 역할이 존재한다.

이 역할의 수행을 통해 자신에 대해 만족할 수도, 좌절감을 경험할 수도 있

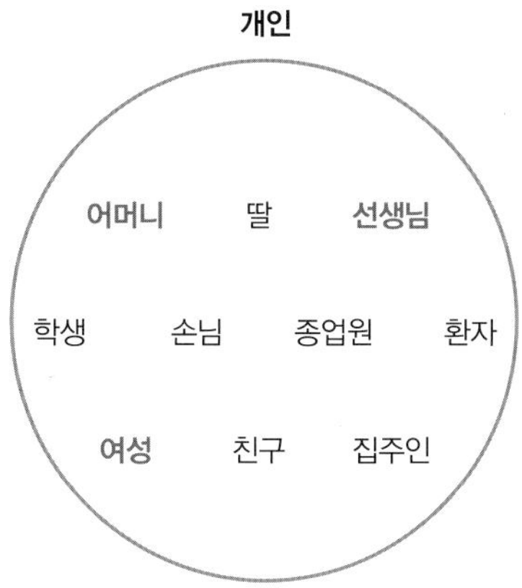

◂ 그림 2
한 개인이 가지는 다양한 역할의 예

는데, 각각의 역할에는 그에 맞는 행동과 자질을 요구하기 때문이다. 예를 들어 '선생님'에게는 '선생님'에 어울린다고 여겨지는 행동이나 자질 즉, 옳음과 틀림을 판단하고 지시적이거나 상대를 평가하고 훈계하는 자질이 요구된다. 만약 '선생님'이라는 역할을 수행하는 한 개인이 이러한 자질을 가지고 있다면 그 사람은 '선생님'이라는 자기 일에 책임과 사명감을 가지고 몰두할 수 있고, 자신의 지식을 어떻게 하면 타인에게 잘 전달할 수 있는지 최선을 다하려 할 것이다. 그러나 이 역할의 수행을 위해 '어머니'나 '부인'으로서의 다른 역할 수행에는 소홀해질 수 있으며, 이로 인해 때로는 다른 역할들과 갈등을 겪을 수도 있다. 이러한 역할 갈등을 통해 개인은 자신의 역할에 대해 점검해 볼 수 있고, 타인과의 관계에서의 자신의 위치에 대해 생각해 볼 수 있게 된다. 그러나 많은 사람들은 사회적 상황에서 역할 수행의 충돌이 일어나는 경우 혼란을 경험하고, 불안해한다. 그리고 치료 현장에 오는 많은 내담자들의 경우 이러한 역할 갈등으로 인한 심리적 곤란을 경험하고 있는 경우가 많다.

1) 역할 간 갈등과 역할 내 갈등

우리는 다양한 역할들을 수행함에 있어서 '역할 간 갈등'이나 '역할 내 갈등'을 겪기도 한다. '역할 간 갈등'은 한 사람이 여러 역할을 수행하게 될 때 겪는 갈등이다. 만약 중학생 자녀를 둔 엄마가 학교에서 교사로서 일을 하고 있다면 이 사람은 엄마로서의 역할 수행과 선생님으로서의 역할 수행에 갈등을 겪을 수 있다. 학교에서는 교사로서 체계적이고 지시적인 태도를 갖는 것이 훌륭한 역할 수행이 되지만 집에 와서도 똑같이 지시적인 태도를 보이게 된다면 중학생 자녀와는 갈등을 겪을 수도 있게 된다. 이때에는 좀 더 부드럽고 감싸 안아주는 따뜻한 양육적인 엄마로서의 역할 수행이 필요할 수도 있다.

'역할 내 갈등'은 한 역할 안에서 수반되는 다양한 속성과 관련이 있다. 3살 자녀를 키우는 엄마가 밥을 먹지 않으려고 투정을 부리는 아이에게 '좋은 엄마'로서 잘 타이르고 부드러운 목소리로 말을 하고 싶지만, 자신도 모르게 훈육을 위해 엄하게 소리를 지르고 아이를 혼내고 난 뒤 죄책감을 경험하는 일들이 생기게 된다. '엄격한 엄마'로서의 역할과 '자상하고 좋은 엄마'로서의 역할에 혼란이 생겼기 때문이다. 우리는 한 역할이 가진 다양한 속성을 이해하지 못하면 역할을 수행하는 데 있어 혼란과 갈등을 경험할 수도 있게 된다. 모레노는 역할role은 개인이 특정 순간과, 특정 사람 그리고 특정 상황에 반응한다고 가정하고 있기 때문에 여러 형태로 나타날 수밖에 없고 시시각각으로 변화하며 필요나 성장 발전의 방식에 따라 스스로를 재정의해야 한다고 하면서 다음과 같이 말하였다.

> *"사람은 항상 몇 명의 친구와 몇 명의 적들을 가지고 있는 것처럼, 모든 개인은 자신의 입장에서 바라보는 다양한 역할을 가지고 있는 반면, 타인의 입장에서 자신을 바라보는 반대의 역할에 직면합니다. '자아'라고 알려진 것은 그가 자신의 입장과 주변에서 바라보는 입장과의 상황에서 역할 관계의 패턴을 중심으로 움직일 때 구체적으로 나타나는 형태인 것입니다. 우리는 역할 사이의 역할과 관계를 특정 문화 내에서 가장 중요한 발전이라고 생각합니다. 즉, 역할은 문화의 단위이며 자아와 역할은 지속적으로 상호작용하고 있습니다."*

모레노는 역할이라는 용어를 이용하여 상호작용과 태도 및 기대들로 이루어진 복합체에 이름을 붙여줌으로써 한 개인의 존재 자체와 역할을 구분하고 역할을 객관화하도록 하였다. 따라서 우리는 역할을 검토해 볼 수도 있고 재조정할 수 있고 다른 역할 수행 방식들을 시도해 볼 수 있는 것이다. 즉 "역할" 개념은 안전하고 자유롭게 자신을 탐색하고 의식적이며 창조적으로 자신의 역할 수행방식을 선택할 수 있는 기회를 마련해 주었다.

2) 역할 역동

모레노는 배우가 무대에서 배역을 연기하고 있을 때 깨닫는 갈등을 관찰했고, 그것을 통해 역할 역동이라는 개념을 생각했다. 전통적인 연극에서 무대 위의 배우가 역할을 연기할 때 최대한 배우의 사적인 인물로서의 자신을 억누르고 공식적인 역할을 연기하지만 이는 완벽할 수 없다. 배우가 연기하는 역할 뒤에는 배우의 사적인 성격이 숨어있다. 모레노는 이것을 "일차적인 역할-개인 갈등primary role-person conflict"이라고 불렀다. 배우는 무대 위 '오페라의 유령' 속 '팬텀' 역할을 수행할 때 그 역할로서 말하고 행동하지만, 그 역할을 수행하는 순간에도 개인적인 자기 자신으로서 동시에 존재한다. 그리고 팬텀을 연기하는 배우와 팬텀 역할 사이의 갈등이 생길 수 있고, 이것은 크리스틴을 연기하는 배우가 자신의 극 중 역할과 겪는 갈등과 유사하다. 동시에 배우들 간의 상호작용은 역할 간의 상호작용을 보충한다. 모레노는 이러한 역할 사이의 관계를 다음 표로 설명했다. 연극에서 배우는 맡은 역할을 입고 연기하는 동시에 '자기'로 존재한다. 사적인 존재로서의 '자기'가 연극을 상연하기 전에 어떠한 일을 겪었다면, 무대 위 역할을 수행할 때 완전히 자유로울 수는 없다. 〈그림 3〉에서는 연극 배우가 무대 위에서 맡은 역할을 수행할 때 겪는 역할 관계의 양상을 나타내고 있다.

모레노는 이러한 개인적인 역동과 사회적인 역동을 이어주는 것이 역할이라고 생각하였으며 개인적인 역할들이 연결되어 사회적인 역할 네트워크를 형성한다고 보았다. 어떤 역할도 상호 관계적 역할reciprocal role 없이는 존재하지 않으

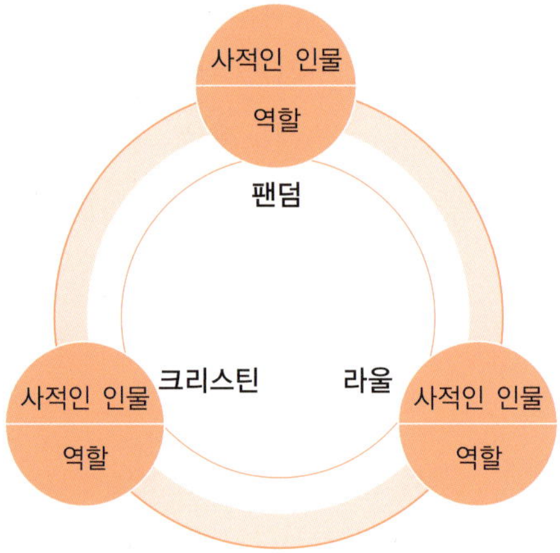

그림 3 ▸
개인이 배우로서 역할을 수행할 때 겪는 역할 관계도

며 모든 관계는 역할로 연결되어 있다. 그렇기 때문에 모든 역할은 사회적 계약 하에 놓여 있게 된다. 따라서 대부분의 역할이 충분히 기능하지 못한 상태가 되면 변화과정(생성과 소멸)을 겪게 되고 이 과정에서 역할은 나름대로 그 밑에 부수적인 하부 구조의 역할을 가지고 하부 역할들 사이에 역동적인 충돌과 변화, 갈등을 겪게 된다고 보았다.

모레노는 인간을 근본적으로 '역할 수행자'로 보았으며, 사회는 '살아 있는 무대'로 보았다. 따라서 사이코드라마 안에서 우리는 역할에 내재되어 있는 생각, 감정, 행동, 행위 갈증, 충동, 소원, 욕구, 압력과 같은 요소를 탐색해 볼 수 있으며, 이는 인간의 성장을 위한 훌륭한 도구가 된다.

2. 역할 테스트

모레노와 그의 동료는 역할을 연기하는 한 개인이 아니라 개인이 수행하는 역할 자체, 그리고 그 역할의 특징과 그 역할에서 보여주는 태도에 관심이 있었다. 중요한 것은 역할을 수행할 때 역할의 특징을 보여주는 그 사람만의 태도인 것이다. 이러한 가정을 검토하기 위해 역할 연구를 위한 특별한 프로그램을 시행했다. 성격 형성과 역할 사이에는 밀접한 상호작용이 있다고 보았고, 한 개인의 역할 범위는 그 개인에게 주어진 문화 속에서 발전되기 때문에 "역할 테스트role test"를 통해 개인의 역할 행동을 측정하고, 특수한 문화가 개인 내에서 분화된 정도와 문화에 대한 개인의 해석을 드러낼 수 있다고 보았다. 모레노에게 역할은 심리적 의미를 가지면서 동시에 사회문화적인 구성체로서의 중요한 의미를 가졌다.

역할 테스트는 개인과 사회심리학을 통합했던 모레노에게 있어 중요한 실험이 되었다. 많은 심리학자들은 개인의 "성격"을 분석하고 탐구하기 위한 실험과 가설을 제시했지만 모레노는 역할이 개인의 성격 형성과 매우 밀접하게 관련된다고 생각했다. 한 개인의 역할 범위는 그 개인에게 주어진 사회적 맥락, 문화, 환경, 가정 환경 등의 영향을 받는다고 보았다. 모레노는 역할 테스트를 통해 한 개인의 역할 행동을 측정하고, 한 문화가 개인 내에서 달성된 분화의 정도와 문화에 대한 해석을 측정하고자 하였다. 지능검사가 개인의 정신 연령을 측정하는 것처럼 역할 테스트는 그의 문화 연령(cultural age)을 측정하여 개인의 생활 연령과 문화 연령 간의 관계를 밝힌 문화적 성숙도를 알아내고자 하였다. 모레노는 이러한 자신의 역할 이론을 검증하기 위한 프로젝트를 실시하였다(손창선·이옥진 재인용, 2015).

1) 역할테스트 프로젝트

모레노는 자신의 역할 이론을 위해 두 곳에서 프로젝트를 실시하였다. 먼저, 프로젝트 A는 작은 마을에서, 프로젝트 B는 뉴욕시의 빈민가에서 실시되었다. 프로젝트 A를 실시하기 위해 가장 먼저 그 마을에 살고 있는 사람들 중 5명을 선정해서 마을 공동체의 특징적인 역할들을 선택해 보도록 했다. 5명의 심사단은 마을의 여러 역할들 중에서 55개의 역할을 선정했고, 그 중에서 공동체를 대표할 수 있는 가장 대표적인 15개의 역할이 최종 선정되었다. 최종 선정된 15개의 역할은 어머니-아버지, 형제-자매, 경찰, 교사, 의사, 택시기사, 우체부, 성직자, 배관공, 은행가, 변호사, 철도 기술자, 승무원, 가게 주인, 판사로 결정되었다.

테스트를 위해 사용될 역할은 공동체의 합의로 이루어지는데, 이는 문화마다 공동체마다 자신들이 살고 있는 사회에서 특징적이라고 생각하는 역할에 대한 합의가 다를 수 있기 때문이다. 프로젝트 B에서도 유사한 절차가 진행되었고, 최종적으로 15개의 역할을 선정했을 때, 프로젝트 A와 10개의 역할은 같았고, 5개의 역할은 불일치했다. 프로젝트 B에서는 우체부, 배관공, 성직자, 은행가, 철도 기술자는 목록에 포함되지 않았다.

2) 역할 테스트 과정

프로젝트의 두 번째 단계에서는 각각의 마을에 살고 있는 6명의 아이들이 15개의 역할을 어떻게 시연하고 지각하는지를 분석하는 것이었다. 역할 시연과 역할 지각은 연결되지만 분석적인 이유로 구분되었다. 먼저 15개의 역할을 각각 시연해 보도록 했고, 시연할 수 없는 역할이 있는 경우에는 역할 지각을 할 수 있는지 확인했다. 이 모두는 연극적인 방식으로 진행됐다. 6명의 아이들에게 다음과 같은 역할 시연을 요구하였다.

(1) 역할 시연

역할 시연은 한 아이가 선별된 15개의 역할을 행위로 보여주는 것인데, 부담을 줄이기 위해 놀이처럼 제시되었다. 참가자가 역할을 시연한 후에, 보조자아로 지도 받은 높은 연령의 다른 아이가 각각의 역할이 무엇인지를 맞추는 관객 역할을 했다. 혹시 참가자가 어떤 역할을 시연하기를 거절하면, 15개 역할에 포함되지 않는 어떤 역할을 보조자아가 보여주며 알아맞혀 보도록 하면서 워밍업할 수 있도록 했다.

참가자에게 제공된 지시의 예는 다음과 같다. ① "의사또는 가게 주인 등 선별된 역할가 무엇을 하는지 우리에게 보여 달라."라고 한다. ② 만일 참가자가 망설이거나, 또는 역할 시연을 마쳤다면 "의사가게 주인 등 선별된 역할는 그 외에 무엇을 할까?"라고 질문한다. ③ 만일 참가자가 역할 시연을 전혀 할 수 없다면 "연기를 못하겠으면, 의사가 무엇을 하는지 우리에게 말로 설명해보라."라고 한다. ④ 참가자가 역할을 정확히 설명했다면, 그 역할을 다시 시연해 보도록 격려한다.

(2) 역할 지각

참가자들이 역할을 시연하지 못하면, 그 역할들을 알아볼 수 있는지 아닌지역할 지각를 확인한다. 동일한 성인이 그 역할들을 표준화된 순서로 각 역할 단계와 함께 연극 형식으로 보여 주고, 참가자는 몸의 태도나 몸짓, 어떤 특징적인 행위나 말 등을 통해 이 역할이 무엇인지 알아낸다. 참가자마다 역할이 무엇인지 바로 알아보는 경우도 있고, 몇 차례의 시연을 통해 알아보는 경우도 있다.

(3) 역할 테스트 결과

다음은 두 아동에게 진행된 역할 테스트 결과이다. 두 아동은 같은 마을에 살았고, 같은 연령6세이었으며, 어린 시절부터 이웃이자 친구이며, 지능은 평균 이상이었다.

표 1

구분	리타(IQ 118)	케이(IQ 140)
가게 주인	1. (손님 역할을 하면서) "바나나 좀 살 수 있을까요? 얼마예요?" 2. 손님 맞은 편의 카운터 뒤쪽으로 가는 것처럼 움직이며, "25달러입니다." 3. 손님의 위치로 돌아와서, "좋아요. 몇 개 살게요." 4. 가게 주인에게 돈을 지불한다.	"모르겠어요." • 지각: 첫 단계의 시연 후에, 역할을 알아본다.
의사	1. "이제 얘들아, 너희들을 진찰할 거야." 아이의 머리를 잡는 몸짓과 동작을 한다. 인형을 사용하여 진찰하는 흉내를 낸다. "꼬마 숙녀에게 무슨 일이 생겼나? 목을 다쳤군. 내가 여기를 고쳐줄게요." 가위를 집어서 종이를 오린다. 2. "자, 여기 그녀를 위한 약이 있어요." 3. 붕대 대신 종이 조각을 아이 위에 두르고, 약을 주는 몸짓을 한다. 4. "그럼 얼마인가요?", "50달러입니다."	힘없는 목소리로 "나는 사람들이 아플 때 돌봐줘요."

결과적으로 두 아동은 매우 다른 역할 반응을 보여주었다. 리타는 15개의 역

할 중 14개를 시연했고, 케이는 단지 2개의 역할을 시연했다. 케이는 인지적으로는 더 우수한 지능을 가졌지만 더 낮은 수준의 역할 시연과 역할 지각을 보였다. 케이는 따로 진행된 자발성 테스트에서도 낮은 점수를 보였다. 케이는 우수한 음악적 재능을 가졌으며 감성적이고 직관적인 아이지만 유아기 때부터 다른 아이들을 무서워했고, 네 살 까지 집단의 다른 아이들이 다가오면 끊임없이 울었다. 초기의 소시오메트리 연구를 케이가 있던 유아원에서 실시했는데, 그녀의 지위는 "극단적인 고립자"였다. 그러나 소시오메트리 연구 이후 2년 동안, 케이는 사회관계에서 전혀 어색해 보이지 않았고 표면적인 관찰로는 "훨씬 더 자발적"인 것처럼 보이기도 하였다. 그러나 자발성 테스트에서는 사회적 자발성이 여전히 부족해 보였다. 케이는 역할 테스트에서 "놀이"에 열광했고, 역할 예시를 보면서 무엇인지 설명할 수 있었지만, 그것들을 시연할 때는 표현하는 것을 어려워했다. 반대로 리타는 음악적인 재능이나 글쓰기, 손재주가 뛰어나지는 않았지만 자발성 테스트에서는 높은 점수를 받았다. 유아원에서의 소시오메트리 측정 결과 고립되지도, 굉장히 인기가 있는 것도 아니었다. 역할 테스트 결과 케이는 사회적인 불안의 상황에 대처하는 것에 더 어려움이 있었다는 것이 밝혀졌다. 그리고 케이를 통해 낮은 자발성 점수는 소시오메트리 점수 및 낮은 역할 점수와 관련된다는 것을 알 수 있게 되었다.

그 밖에도 두 개의 도시에서 이루어진 역할 테스트 실험 결과 및 분석을 통해 알 수 있는 내용은 지능과 문화적 성숙의 정도가 유의미한 관계가 있는지 확실치 않다는 것이었다. 또한 역할을 표현할 때 불안정함을 많이 느끼는 아동은 역할을 과대적으로 표현하거나 이 역할, 저 역할로 역할들의 무리 짓기clustering를 한다는 것이다. 예를 들어 또 다른 참가자인 엘라는 "교사"역할을 이렇게 표현했다.

"어린이 여러분, 오늘 여러분은 책을 읽어야 해요. 여러분은 수업도 잘해야 하고 다른 것들도 배워야 해요. 만일 수업을 잘 하면, 우리는 박물관에 갈 거예요. 우리는 교장 선생님인 브라운 부인에게 물어봐야 해요." 그러고 난 뒤 엘라는 기괴한 행동을 하며 팔을 앞뒤로 흔들면서 다른 역할을 설명했다 "나는 서

커스단에서 가장 크고 가장 뚱뚱한 여자랍니다." 엘라의 역할 설명은 모호하면서 장황했고 일치하지도 않았다.

반면, 리타는 역할 표현에 있어서 열광적이면서도 특정 역할들에서 중요한 부분들을 간략하고 명확하게 보여주었다. 리타는 엘라가 표현하는 역할 실행 시간의 절반에 역할 시연을 완료했다. 리타의 문화 연령과 문화적 성숙도가 훨씬 높았던 것이다.

모레노는 같은 역할에 대해서 다르게 반응하는 아이들을 연구했고, 이 부분이 문화적 분화와 해석에 매우 중요하다고 생각했다. 예를 들어 아버지와 어머니 역할에서, 엘라, 리타, 제리는 아버지-어머니-아이의 관계를 보여주고 각각 관련되는 갈등을 보여주었는데, 특히 모성적이고 가정적인 측면의 어머니를 강조해서 보여주었다. 경찰 역할에서 두 아이는 경찰을 교통을 관리하는 로봇으로 보여주었고, 리타는 교통경찰을 사람들을 체포할 수도 있고, 총을 쏘고 폭력배를 다루는 일을 하는 사람으로 보여주었다. 프레디는 경찰의 역할을 체포하고 감옥에 보내는 것만을 강조했다. 역할 테스트 결과 한 아이가 15개의 역할을 표현할 때 각 역할들 사이에서는 조금 더 우세하거나 우세하지 않은 역할의 모습이 나타났고, 이것은 개인 내적인 역할 관계에서뿐 아니라 다른 아이들과의 사회적인 역할 관계에도 영향을 미쳤다.

역할 테스트는 역할이 개인의 문화적 특성을 결정하는 가장 중요한 요소라는 전제를 기초로 하고 있다. 아이들의 역할 시연 능력은 역할 지각과 관련이 있었는데, 역할 지각이 자동적으로 역할을 시연하는 능력으로 연결되는 것은 아니었다. 반면, 자신이 지각하는 것 이상으로 역할 시연을 구현하는 아이에게는 자발성 요인이 작동하고 있었다. 참가자들이 친숙하게 알고 있었던 역할이라고 하더라도, 불안하고 당황하는 상황에 놓이게 되면 아이들은 역할 시연을 힘들어했다. 지능이나 기억과 같은 인지적 의존과 부족한 자발성은 역할 시연을 구현하기에 도움이 되지 못했던 것이다. 따라서 스스로 자신의 삶에 대한 추동인 자발성만이 역할 시연을 가능하게 하는 것이었고, 어떠한 준비 없이도 역할을 쉽게 시연하는 아이들이야말로 사회적 성숙을 가진 것이었다.

3. 역할의 분류

역할에 대한 학습은 태어나기 전부터 시작된다. 그리고 태어나면서부터 인간의 발달 단계에 맞춰 계속해서 변화하고 발전한다. 역할에 대한 경험이 사고, 감정, 행동 속에 스며들게 되고, 역할에 내재되어 있는 다양한 요소를 탐색해 봄으로써 자신에 대해서 탐색해 볼 수 있게 된다. 역할에는 그 역할로서 표현하고 드러내고자 하는 생각, 감정, 행동, 욕구, 충동, 관계에서의 욕구, 방향성 등이 내재되어 있다. 인간의 자아는 자신이 수행하고 있는 역할을 통해 형성되고 역할은 점점 더 복잡한 형태를 갖추게 된다. 모레노는 "역할은 사회적 세계의 무의식으로 들어가 형태와 질서를 부여한다."고 말했다. 그는 역할을 정신·신체적 역할, 사회적 역할, 사이코드라마적 역할로 구별한다.

1) 정신 · 신체적 역할

역할은 태내에서 태아의 역할로서 가장 먼저 수행된다. 태아의 역할은 숨쉬고, 먹고, 자고, 배설하고, 공격하는 등의 신체적인 형태로 시작된다. 이처럼 사람이 처음으로 수행하는 역할은 신체적이고, 언어를 배우기 전에 이루어지며, 자기 자신을 주위 환경이나 어머니와 구별 없이 느끼며 하나의 존재로 인식하는 것과 관련되어 있다. 그리고 유아기를 거쳐 성장하면서 기어 다니기, 걷기, 울기, 소리 지르기 등과 같은 정신-신체적 역할을 계속해서 수행한다. 사람들은 감각을 통해 정신-신체적 역할을 체득하면서 세상을 이해하고 받아들이기 시작한다.

2) 사회적 역할

우리가 일반적으로 역할이라고 부르는 것이 바로 사회적 역할이다. 사회적 역할은 가정, 학교, 사회 등에서 다른 사람들과 함께 수행하게 되는 대인관계에서의 역할이다. 여기에는 선생님/학생, 주인/손님, 어머니/자녀, 사장/직원 등의 관계가 있다. 이 사회적 역할을 통해 사회 내에서 직책과 위치를 가지게 된다. 그리고 한 사회·문화 내에서 통용되는 사회적 역할을 제대로 수행하지 않을 경우 여러 문제가 생길 수 있다. 이것이 앞에서 이야기했던 역할의 행동에 대한 사회적 기대와 자질에 대한 요구이다. 만약 한 회사를 책임지고 있는 CEO가 있다면, 마땅히 그 사람이 회사를 잘 운영하고 직원들에게 적절한 임금을 제공하고 회사의 이익과 직원의 이익을 함께 고민해 주기를 바란다. 그런데 정작 이 사람이 자신의 이익에만 관심이 있어 회사 운영을 제멋대로 하고 절차에 맞지 않게 세습을 하고, 공금을 횡령하게 된다면 법적인 책임과 더불어 CEO로서의 역할의 자질에 의심을 품게 될 것이다. 이처럼 사람들은 사회적 역할을 통해 본인이 속해 있는 사회·문화에 맞는 행동과 자질을 요구받는다. 그리고 한 개인은 매우 다양한 사회적 역할을 동시에 수행한다.

3) 사이코드라마적 역할

사이코드라마적 역할은 생각하기, 느끼기, 행동하기와 같은 자아의 내적 측면을 나타내는 상상 속의 역할로서, 내면적인 역할을 말한다. 희생자, 고통받는 사람, 친절한 사람, 꿈꾸는 사람 등과 같은 역할로 표현될 수 있다. 사이코드라마적 역할은 사회적 역할보다 광범위하고, 꿈, 상상, 생각과 같은 현실과는 다른 잉여현실을 드러낸다. 그곳에서 자신이 되어보고자 하는 역할, 되고 싶었으나 되지 못한 역할, 어쩌면 무의식에 가두어 놓은 환상과 같은 역할을 경험할 수 있게 된다.

유아는 정신-신체적 역할을 수행하면서 '신체'라고 부르는 것을 경험하고, 느끼고 탐색하게 된다. 그리고 이러한 역할 수행을 통해 '정신'을 경험한다. 사회적 역할은 '사회'라 부르는 집단을 형성하고, 그 안에서 개인이 수행하는 사회적 역할과 역할 간의 관계를 보여주게 된다. 그 후 신체, 정신, 사회는 그들의 자아를 구성하는 매개체가 되는 것이다. 그리고 모레노는 사이코드라마적 역할을 추가했는데, 이러한 사이코드라마적 역할을 통해 개인의 자아가 완성될 수 있다. 다음의 도표를 보면, 가장 중심에는 정신-신체적 역할이 있고, 그 바깥쪽으로 사회적 역할과 사이코드라마적 역할을 나타내는 두 개의 원이 있다. 두 역할 사이에는 점선이 있고, 이는 두 역할 사이가 유동적이라는 것을 의미한다. 발달 단계에서 보자면 정신-신체적 역할이 가장 처음 등장하고, 그 후에 사회적 역할이 개발되고 마지막에 사이코드라마적 역할이 개발된다. 상상과 현실의 경계가 분명해지면 혼합되었던 사회적 역할과 사이코드라마적 역할도 서서히 분리된다.

사이코드라마에서는 여러 가지 역할을 탐색하게 되는데, 그 중에서도 가장 중요한 것은 사이코드라마적 역할을 탐색해보고 경험해 보는 것이라고 할 수 있다. 무대라고 하는 안전한 공간에서 평소에 해 볼 수 없었고, 시도할 수 없었지만 필요했던 역할을 연습해 볼 수 있게 된다. 모레노는 타고난 자발성과 창조성이 억눌리고, 그로 인해 상황 대처 및 문제 해결 능력 역시 침체되는 것을 문제 증상으로 생각했고, 사이코드라마적인 역할을 무대 위에서 실현해 보는 것을 사이코드라마의 치료적 목표라고 생각했다. 모레노가 제시한 역할 개념은 〈그림 4〉와 같다.

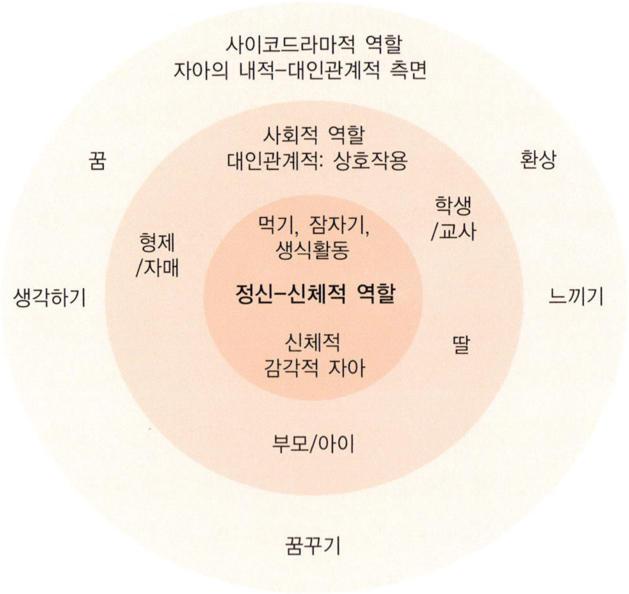

그림 4 ▸
모레노가 제시한 역할 개념
「Psychodrama Vol. Ⅰ 인용」

4. 역할 학습

모레노는 역할을 학습할 때 다음의 세 가지 단계를 거친다고 생각했다. 각 단계는 역할 획득, 역할 수행, 역할 창조로 정의했다.

1) 역할 획득

역할 획득role taking 과정은 외부세계를 인식하고 경험을 모방하고 자기 것으로 받아들이는 과정을 통해 역할을 받아들인다. 역할 획득은 유아기 때부터 시작하며, 만지고, 더듬고, 물고, 우는 모든 과정 속에서 무의식중에 학습된다. 경험하는 모든 것들은 뇌에 기록되고 이를 통해 유아로서 존재하는 방법을 학습하게 된다. 과거의 학습은 비슷한 상황을 직면하게 되었을 때 다시 부상하고, 역할이 바뀌었을 때 재연된다. 역할 획득은 뇌의 기본 체계를 형성하고, 이러한 체계를 정신적, 감정적 지도로서 반복해서 이용한다. 그래서 특별한 이유가 없는 경우에도 자신의 인생 각본을 연기해 볼 수 있는 것이다. 역할 획득은 행동의 무의식적인 부분을 결정한다. 역할 획득 과정은 치료 작업에서 워밍업으로 활용되기도 한다. 바로 사이코드라마로 들어가지 못할 때, 내담자들이 준비되지 않은 상황일 때 작업에 참여한 내담자들의 역할 획득 정도를 탐색해 볼 수 있다. 신데렐라나 흥부 놀부 등 기존 이야기를 활용해서 진행할 수 있으며, 쉽게 알아채거나 확인할 수 있는 역할들을 경험하거나 답습해 볼 수 있다.

2) 역할 수행

역할 수행role playing은 더욱 의식적으로 일어난다. 과거에 학습된 역할을 수행하게 되고 그것은 자신의 무대 위에서 일어나게 된다. 극에 몰입하게 되면 더욱 심층적인 역할을 수행하게 되고, 자신이 무엇을 하고 있는지, 그것이 무엇을 의미하는지 인식하고 있다. 이러한 과정은 사이코드라마 기법인 더블이나 역할전환, 거울 기법을 통해서 드러난다. 역할 획득과 역할 수행의 과정은 순차적이지만 또 반복적으로 나타난다. 역할 획득은 했으나 역할 수행이 되지 않는 경우 다시 역할 획득의 과정을 경험하면서 심화된 과정으로 몰입할 수 있도록 한다. 과거의 경험을 반복적으로 경험해 보는 것이 역할을 새롭게 수행해 보는 것에 도움을 줄 수 있다.

3) 역할 창조

역할 창조role creating는 역할 획득과 역할 수행의 두 과정이 충분히 통합되었을 때, 새롭고 독창적인 방식으로 역할을 재구성할 때 이루어진다. 수행하는 역할을 통해 자아와 삶을 창조하고, 역할을 충분히 경험하고 학습하고 과거의 학습으로부터 새로운 사실을 깨닫게 될 때, 역할 획득과 수행에 대한 안정감이 자리 잡게 되고, 우리는 내적 차원을 경험해 보는 것에 도전할 수 있게 된다. 역할을 통한 사이코드라마 치료 작업의 최종적인 목표는 답습해 오던 역할을 자발성과 창조성에 의해 새로운 역할로 창조하고 시험해 보는 것이다.

우리는 새로운 역할을 배울 때 앞에서 말한 역할 획득, 역할 수행, 역할 창조의 발달학적 단계로 진행이 된다. 예를 들어 피아노를 배울 때를 생각해 보자. 처음에는 건반을 두드리는 것조차 어렵고 어디에 손을 올릴지, 페달은 어떻게 밟을지, 악보를 어떻게 읽을지 몰라서 하나씩 배우고 반복해서 연습해야 한다. 악보대로 정확하게 연주하는 것은 역할을 획득하는 것과 같다. 악보에 맞추어 피아노 건반을 하나씩 누르고, 검은 칸과 흰색 칸에 어떤 손가락을 놓아야 하는지 배우게 된다. 피아노의 기초 과정에 익숙해지면 악보를 더 빠르게, 더 느리게, 더 크게, 더 부드럽게 연주하면서 악보의 연주법을 실험하게 된다. 악보를 보고 연주를 나름대로 응용해서 연주하게 되는 시점이 역할 수행이다. 음악의 이론과 실천에 더욱 숙달이 되고 자신만의 연주 스타일이 생기면 역할을 창조할 준비를 하게 되고 이때부터는 스스로 연주하거나 즉흥적으로 반복해서 연주할 수 있게 되고 작곡까지도 할 수 있게 된다.

치료 작업에서 내담자가 겪는 역할 학습의 과정도 이와 비슷하다. 지적 장애를 가진 성인 내담자는 처음에 흥부 놀부 이야기를 연극으로 해 보자고 했을 때, 흥부, 놀부가 어떤 역할을 수행해야 하는지 몰라서 전혀 연극을 할 수 없었다. 이때에는 각 역할의 특성에 대해서 먼저 인식할 수 있도록 해야 한다. 흥부는 '동생이고, 착하고, 배려심이 많고, 참을성이 많고, 다른 사람을 잘 도와주고, 가난하고' 등의 특성을 찾고, 놀부는 '형이고, 욕심이 많고, 뚱뚱하고, 화를 잘 내고, 밥을 많이 먹고, 부자이고' 등의 특성을 함께 찾는다. 그리고 각 역할의 특성을 대사와 행동으로 표현해 보면서 역할을 획득할 수 있도록 한다. 처음에는 어색하고 대사와 행동을 할 때 조심스럽지만 점차 이 역할이 익숙해지면 놀부가 밥을 달라고 찾아 온 흥부를 쫓아내는 장면을 아주 맛깔나게 표현하기도 한다. 그러면서 점차 다른 역할들의 수행도 할 수 있게 되는데, 흥부 부인, 놀부 부인, 제비, 도깨비 등의 역할도 점차 빠르게 역할을 획득하고 수행할 수 있게 된다. 이러한 단계가 지나면 대본이나 정형화된 역할이 없는 즉흥극을 하면서 새로운 역할을 창조하고 역할의 속성을 새롭게 해석하는 역할 창조에 이르게 된다.

4) 역할 연습 및 훈련

역할은 '무의식의 영역에 들어가 형태와 질서를 부여하는 힘'이 있다. 치료 작업에서는 내담자들이 자신의 무너진 외부 세계를 인식하고 균형을 되찾고, 내적 세계에서의 균형까지 회복하게 만드는 역할을 처방해 줄 수 있다. 그래서 내담자의 내면뿐만 아니라 살아오면서 수행했던 다양한 역할까지 탐색해야만 한다. 균형을 잃어버린 역할은 무엇이며, 과도하게 수행하거나 적게 수행하는 역할은 무엇인가? 내담자의 균형을 회복하기 위해 줄여야 하거나 더욱 부각시켜야 하는 역할은 무엇인가? 역할에 내재된 압박, 긴장, 행위 갈망은 무엇인가?

예를 들어 친족에게 성폭행을 당한 청소년의 경우 자기 정체감에 대해서 혼란을 겪게 되고 자신의 존재 가치에 대해서도 매우 심각한 치명상을 입는 경우가 있다. 그들이 기존에 획득했던 역할과 수행하는 역할 사이에 큰 차이가 생기기 때문에 특정 역할을 중단하거나 새로운 역할을 획득하고 수행하는 것이 필요하다. 그러지 못하고 기존에 획득한 역할을 고수하려고 하면 더 큰 위험에 처하거나 자신을 보호할 수 없게 될 수도 있다. 그러나 상처를 입고 아픈 내담자들이 스스로 자신의 역할을 인식하고 자신에게 필요한 특정 역할을 새롭게 습득하는 것이 쉬운 일만은 아니다. 사이코드라마는 이런 내담자들에게 새로운 역할을 획득하고 수행하고 창조할 수 있는 일련의 과정을 제공한다. 치료 과정을 통해 자신의 내적, 외적 세계가 치유되고 새로운 균형과 질서가 자리 잡혀 안정적이고 통합적인 존재가 되었을 때 새로운 역할을 시험해 볼 수 있게 된다.

친족 성폭행을 당한 청소년들은 기존의 역할 개념에 큰 혼동이 온다. 같이 살고, 밥을 먹고, 의지하고, 믿었던 가족 특히 부모와의 관계에서 좌절과 절망과 분노를 경험한다. 자신을 성폭행한 아빠를 신고해야 하고, 자신을 회유하고 압박하는 엄마에게서도 벗어나야 한다. 그리고 새로운 환경인 보호소나 쉼터에 적응해야 한다. 그러나 그 곳에서의 새로운 역할 획득과 수행은 쉽지 않다. 비슷한 처지의 청소년들과 함께 살아야 하고, 부모가 아닌 다른 어른들, 복지사나 치료사의 보호를 받아야 한다. 이 과정에서 새로운 역할 획득에 실패한 청소년은 자신에게 큰 고통과 피해를 주었던 가정으로 다시 돌아가기도 한다. 이 과정에서 혼자서는 기존의 역할을 탐색하고 끊어내고, 새로운 역할을 획득하고 수행하면서 역할 창조까지 가는 것이 쉽지 않다. 이때, 사이코드라마의 방법들이 새로운 역할을 탐색하는 것을 도와주고 연습할 수 있도록 한다.

5. 역할 발달 이론

사이코드라마는 사이코드라마만의 기법을 통해 역할 발달 이론을 제시했다. 더블, 거울, 보조자아, 역할 교대는 역할의 발달 이론이자 인간이 성장 과정에서 겪게 되는 발달의 형태와도 비슷하다.

1) 1단계: 더블(모방)

사이코드라마에서의 더블 기법은 '보조자아'가 '주인공'의 감정 및 생각을 그대로 표현해 주는 것을 뜻한다. '보조자아'는 '주인공'이 되어 그가 느꼈고 생각했음직한 것들을 말한다. '주인공'은 '보조자아'의 말과 행동을 통해 자신에 대해 다시 한 번 탐색하게 된다. 이를 통해 생애 초기 유아와 엄마와의 관계와도 유사하다는 것을 알 수 있다. 유아는 생애 초기에 감각을 통해 먹고, 잠자고, 느끼고, 울면서 신체적 역할로서 존재한다. 그리고 이때 유아에게 가장 밀접한 존재로서 영향을 끼치는 사람이 바로 엄마이다. 유아는 엄마를 통해 삶을 살아가는 방식을 모방하고 엄마를 그대로 따라하면서 모든 것을 배운다. 즉 유아는 엄마의 일종의 더블이 되어서 신체적 역할을 배우고 개인으로서의 자아상의 기초가 마련되고 발달한다. 모레노는 이 단계를 유아가 어머니와 함께 존재하는 상태라고 했고, 이러한 관계적 공유를 통해 유아의 근원적인 체계가 형성된다고 했다.

대상관계 이론에서 위니컷Winnicott은 유아의 삶의 최초 몇 주 동안은 절대적 의존의 시기로 엄마는 아기에게 몰두하고, 아기는 마치 엄마를 자신의 일부인 것처럼 느낀다고 했다. 아기는 절대적으로 엄마에게 의존하고, 엄마의 돌봄조차 알아차리지 못하는데, 엄마 역시 아기에게 의존하며 밀접하게 연결되어 있다고 한다. 이때 아기는 엄마의 세계 속에서 모든 것을 같이 경험하고, 이러한 관계 속에서의 조화를 곧 자신과의 조화라고 생각하게 된다. 즉, 엄마의 감정이 곧 자신의 감정이며, 자신의 감정이 엄마의 감정이라고 생각한다. 반대로 엄마와의 부조화는 곧 자신과의 부조화로 여기게 된다. 자신이 감각적으로 신체적으로 느끼는 것에 대해서 엄마의 적당한 보살핌이 없다면 유아는 자신의 감각 및 신체적 느낌에 부정적인 경험과 부조화를 느끼게 될 것이다. 유아기의 감정적 소통의 경험은 성인으로까지 이어지기 때문에 엄마와 아기의 감정적 유대 관계를 맺는 것은 발달 과정에서 매우 중요하다.

이러한 관점에서 사이코드라마 실행 과정에서 '보조자아'가 더블이 되어 '주인공'의 감정을 그대로 느끼면서 표현하는 것은 매우 중요하다. 그러나 실제 실행에서 '주인공'의 생각이나 감정을 꼭 그대로 표현하지는 않아도 된다. 만약 '더블'이 '주인공'의 생각이나 감정과 다른 이야기를 하더라도 '주인공'은 더블인 '보조자아'를 통해 자신에 대해 새롭게 탐색해 볼 수 있는 기회를 가지게 된다.

2) 2단계: 거울(반영)

거울 단계는 대상을 그대로 비추어 보여주는 단계이다. '보조자아'는 '주인공'이 하는 말이나 행동을 그대로 거울로써 보여준다. '주인공'은 자신을 있는 그대로 비춰주면서 조금은 거리를 둔 다른 존재를 통해 자신에 대해서 다시 한 번 생각해 보게 된다. 위니컷에 따르면 생후 6개월부터 두 살 때까지는 상대적 의존의 시기로 점차 유아가 독립된 자아로 나아가는 시기이다. 영아는 자신이 엄마로부터 독립되어 있음을 인식하기 시작하며, 주위 환경을 '자기 자신'이 아닌, 자신을 비추는 다양한 산물로써 인식하게 된다. 하지만 여전히 세상이 자신을 중심으로 돌아간다고 믿는 시기이기도 하다. 이때 영아가 경험하는 세계가 안정적이고 호의적이라면 영아는 세상을 안정적이라고 느낀다. 반대로 영아가 느끼는 감정, 욕구, 필요를 채워주지 못하고 외부의 세계가 불안정하다면 자신에 대해서도 불안정하고 불편하고 이해 할 수 없는 존재로 인식하고 불안과 부조화를 경험하게 된다.

사이코드라마 실행에서 더블단계와 거울단계 사이의 이동은 자유로우며, 상호보완적이다. 더블단계와 거울단계는 유아가 엄마나 외부세계와 겪는 조화와 수용, 공감과 관련이 있다. 그리고 사이코드라마적 치료가 필요한 많은 사람들은 이러한 공감과 수용의 단계에서 많은 어려움을 겪었을 수 있다. 불안하고 불안정한 외부세계에 대항해 자신을 더욱 통제하고, 공격적이며, 타인의 호감을 사기 위해 노력하고, 버림을 받을까 두려워할 수 있으며, 이것이 점차 고착화되었을 수 있다. 그래서 이 단계에서의 충분한 '더블'과 '거울'은 매우 치료적이다. 수용적이고 공감적인 이 단계들을 통해 '주인공'은 내면의 무의식에 들어가 새로운 역할 관계를 경험해 볼 수 있게 되고, 이것이 치료의 시작점일 수 있다.

3) 3단계: 보조자아

이 단계는 독립의 시기로 자신의 정체성을 확인하는 분리와 개별화의 단계이다. 하지만 우리는 보조자아 단계에서 아직까지는 자신에게 필요한 것을 타인을 통해 충족하게 된다. 나와 타인이 완전히 구분되지는 않는 상태인 것이다. 우리는 타인의 감정을 나의 감정처럼 생각하고 느낀다. 나와 구별된 다른 사람이라고 생각하면서도 내가 느끼고 생각하는 것을 타인도 느끼고 생각한다고 여기며 서로의 감정을 공유하고 있다고 생각한다. 이때 사이코드라마에서 '보조자아'는 자신이면서 자신이 아닌 이야기를 한다. '주인공'은 '보조자아'가 '주인공'이면서도 자신의 생각과 의지를 가지고 하는 말과 행동을 통해 새로운 역할을 탐색하게 되고, 자신에 대해서 분리하고 거리를 두게 된다. 그러면서 '보조자아'에게서 받아들이지 못하는 이야기와 자신의 감정, 생각의 차이를 성찰하면서 점차 분리와 개별화의 과정으로 나아가게 된다.

타인과 개별화되지 않은 사람들은 타인과 자신을 구분하지 못하고, 자신의 내적 세계와 타인의 내적 세계가 동일하다고 인식하거나, 적어도 서로의 감정을 공유하고 있으며, 내가 상상하는 감정이 곧 그들의 실제 감정이라고 생각한다. 이것은 모레노의 원가족 사회원자를 통해서 확인해 볼 수 있는데, 주인공이 원가족 사회원자를 그렸다고 했을 때, 각각의 가족 구성원은 실제 그들의 모습일까. 원자로 표현된 가족 구성원은 실제 가족의 모습이기보다는 주인공의 감정, 생각, 경험 등이 확장된 것이다. 그리고 이러한 주인공의 내재화된 대상관계의 작업을 통해 주인공이 어려워하고 문제로 여기는 감정 및 생각들을 해결할 수 있도록 도와야 한다.

예를 들어, 가족 치료로 의뢰되어 온 한 어머니와 청소년 자녀가 있다. 이들에게 가장 큰 걸림돌은 바로 '아버지'였다. 어머니와 딸은 아버지가 '무섭고, 권위적이며, 자기중심적이고, 가부장적이며, 공감하지 못하고, 제멋대로'라고 말했다.

사회적 원자를 그렸을 때, 어머니는 자신과 자녀 셋을 한 곳으로 그리고, 아버지를 반대편에 혼자 있도록 그렸다. 공간에 의자로 가족 원자를 구조화하고 빈 의자 기법으로 아버지의 생각과 감정을 살펴보았다. 어머니는 아버지가 '외롭고, 쓸쓸하고, 불쌍하게' 느껴진다고 했다. 또한 어머니는 '아버지'가 무서워서 하고 싶은 말도 잘 못하고 피하기만 했다고 말했는데, '보조자아'의 대사를 통해 아버지에 대해서 다시 한 번 경험하고 느껴보는 시간을 가질 수 있었다.

4) 4단계: 역할 교대

역할 교대 단계에서는 나와 타인을 완벽하게 분리된 존재로 인식하게 된다. 타인을 나와는 다른 감정과 욕구를 가진 개별적인 존재로 인식하고 바라볼 수 있는 것이다. 동시에 나 자신에 대해서도 다양한 관계 안에 속해 있는 한 개인으로서의 나를 인식하고 인정하게 된다. '역할 교대'는 내가 온전히 상대방, 타인이 되어보는 경험이다. 그리고 그 존재로서 말하고 생각하고 느끼는 경험을 하는 것이다. 내 자신이 다양한 욕구와 필요, 충동, 의지, 개별성, 독립성을 가진 존재라는 것을 충분히 인식하고, 타인 역시 나와 같이 개별적인 존재라는 것을 인정한다면 사람 관계에서의 많은 충돌이나 갈등은 사라질 수 있다. 그래서 온전히 나와 너를 있는 그대로 받아들이는 과정으로서의 '역할 교대'는 사이코드라마에서 필수적이다.

6. 역할 적용

1) 역할 훈련 연습 I

다음은 한 노인복지관에서 생애 전환기를 맞은 노인들을 대상으로 역할 연습을 실시하여 그 실제 과정을 제시하였다. 실제 역할 연습의 적용이 어떻게 이루어지는지 사례를 통해 살펴보기로 한다.

(1) 목표

참가자들이 자신이 수행하는 역할의 범위를 알고 역할 사이의 관계를 파악하고, 자신의 역할을 통해 얼마나 만족감을 느끼는지를 탐색한다.

(2) 과정

① 참가자들에게 펜과 종이를 나눠주고, 종이에 원을 하나 그리고, 그 안에 자기 이름을 적게 한다. 그리고 원 밖으로 선을 그어 각각의 선에 자신이 지금까지 살아오면서 수행했던 역할을 적게 한다.

예) 엄마, 딸, 며느리, 할머니, 교사, 아내, 춤추는 사람, 행복한 사람 등

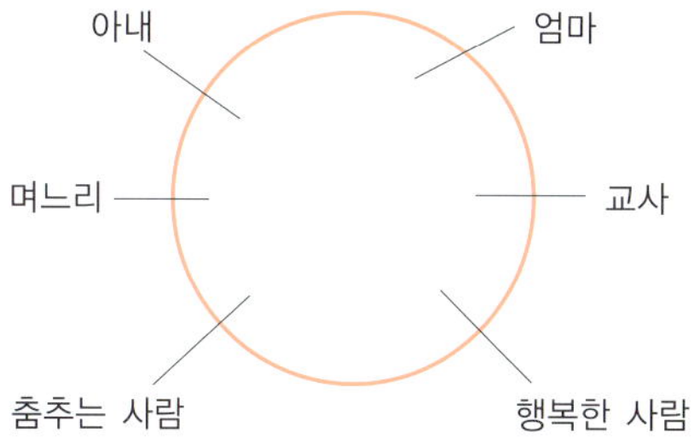

② 구성원들에게 자신이 탐색하고 싶거나 갈등이 있는 역할을 하나 고르게 하고, 다른 종이에 원을 하나 그리게 한 뒤에, 그곳에 선택한 역할을 적게 한다. 마찬가지로 원 밖으로 선을 그어서 각각의 선에 역할이 가지는 속성의 모습을 적게 한다.

예) 며느리 – 구박받는 사람, 고통받는 사람, 소외된 사람, 외로운 사람, 청소부, 대화상대, 함께 장보는 사람, 요리사, 운전사 등

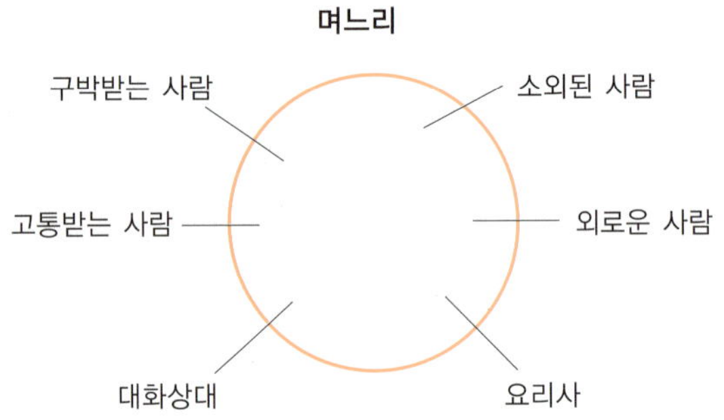

③ 다음에는 종이 옆에 맛, 냄새, 색깔, 질감, 소리, 움직임 등을 나타내는 단어를 한 줄로 적게 하고, 자신이 탐색하고 있는 역할을 가장 잘 반영하고 있거나 관계있는 단어를 찾아서 연상되는 내용을 적게 한다.

예) 갈색, 회색, 축축한, 거칠거칠한, '아……', 빠르게 빠르게, 탄 맛, 매운 맛 등

"우리 어머니는 늘 빠르게 움직이고, 거칠거칠한 손을 가지고 계셨어요."

④ 집단 구성원들과 서로 선택한 단어를 이야기하고, 그 단어를 선택한 이유를 말하게 한다.

⑤ 도표를 바탕으로 역할의 어떤 부분이 불편했고, 갈등이 있었는지를 연기 단계를 통해 탐색해 볼 수 있다. 적당하다고 생각되는 장면을 구성한 후, 주인공에게 자신이 겪고 있는 문제나 어려움에 대해 이야기하고 싶은 대상을 선택해 보게 하고, 빈 의자나 보조자아를 통해 표현해 보게 한다. 미해결 과제가 있는지와 그 대상은 누군지 등을 탐색한다.

⑥ 자신이 겪고 있는 문제나 갈등을 더욱 탐색하고 싶어 하는 사람들을 위해 비네트를 실시한다. 더블, 역할 교환, 인터뷰, 독백, 기타 유용하다고 생각되는 기법은 모두 활용한다. 주인공은 빈 의자 기법을 이용하거나, 문제가 되는 대상 또는 자기 자신의 모습을 연기해 줄 사람을 선택한다.

⑦ 비네트가 끝날 때마다, 혹은 여러 비네트가 끝난 후에 셰어링 시간을 갖는다.

2) 역할 훈련 연습 II

다음은 집단 구성원 중에서 사회불안으로 인해 직장 내에서 프레젠테이션을 할 때마다 불안과 걱정으로 어려움을 겪는 사람의 역할 훈련에 관한 실제 사례이다.

(1) 목표

자신에게 부족하다고 생각되는 역할을 연습하고 경험한다. 그 역할이 의미하는 것과 역할과 관계된 다른 역할과의 관계를 탐색한다. 고착되어 있는 역할을 임상적 환경에서 연습해 봄으로써 일상현실에서 새롭게 시도해 볼 수 있다.

(2) 과정

① 집단 구성원에게 자신이 해보고 싶은 역할이나 평소 어렵다고 생각했던 역할이 있는지 묻는다. 직장과 관련된 역할, 가족과 관련된 역할이나 친밀하거나 혹은 불안을 주는 관계에서의 역할과 관련이 있을 것이다. 디렉터는 주인공과의 인터뷰를 통해 갈등이나 불안, 두려움 등에 대해 깊이 있게 이해한다.

디렉터: "혹시 평소 어떤 역할을 수행할 때, 불안이나 두려움을 많이 느끼나요?
주인공: "저는 평소에 직장 동료들과 대화를 나눌 때는 그렇지 않은데, 앞에서 발표만 하려고 하면 식은땀이 나고 손이 떨리고 머릿속이 하얘지면서 준비한 발표를 제대로 못합니다."

② 주인공에게 어떤 역할을 수행할 지를 정하게 하고, 장면을 설정하고, 집단 구성원 중에서 다른 역할을 맡아 수행할 사람을 정한다. 자발적인 신청을 받을 수도 있고, 주인공이 선택할 수도 있다.

디렉터: "어떤 장면을 해 볼까요? 그 장면에서 어떤 역할인가요?"
주인공: "중요한 팀 프로젝트의 발표를 하는 장면을 해 보겠습니다. 제가 앞에서 발표를 하고 두 명의 팀원이 옆에 앉아 있습니다. 앞에는 사장님, 이사님, 부장님, 과장님 등 3~4분이 앉아서 제 발표를 듣고 있습니다."
디렉터: "다른 분들 중에서 역할을 맡아주실 분이 있을까요?"
(관객 중 5~6명이 함께 나와서 참여한다. 각각의 역할이 부여된다.)

③ 설정한 장면의 역할극을 시작한다. 주인공은 자신이 예상했던 역할을 연기하고, 디렉터는 필요하다면 주인공이 거리를 두고 자신을 볼 수 있도록 '더블'을 해 보게 할 수 있다. 그 후 다시 자신의 역할로 돌아가 연기를 계속한다. 집단 구성원 또한 주인공 본인이나 다른 역할을 수행하고 있는 주인공을 더블할 수 있다. 역할 교대를 통해 주인공이 다른 사람의 역할이 되어 볼 수도 있고, 자신의 모습을 타인의 시각으로 바라볼 수도 있다.

디렉터: *이곳은 회사의 회의실입니다. 주인공은 앞에서 모두에게 팀 프로젝트에 대해서 발표를 합니다.*

주인공: *(말을 하다가) 떨려서 더는 말을 못하겠어요.*

디렉터: *어떤 상황이 가장 떨리나요?*

주인공: *잘 모르겠어요. 사람들이 바라보는 것이 너무 무서워요. 몸이 굳어서 아무 생각도 안나요.*

디렉터: *어떤 점이 제일 무섭나요?*

주인공: *시선이요, 사람들이 저를 바라보는 시선이 무서워요.*

디렉터: *혹시 그 중에서 가장 무서운 시선이 있나요? 그 시선이 어떻게 느껴지나요?*

주인공: *사장님의 시선이요. 나를 바라보는 시선에서 감시하고 잘하고 있는지 확인하고 책망하려는 눈빛이 느껴져요.*

디렉터: *혹시 예전에도 이러한 비슷한 시선을 느낀 적이 있나요?*

주인공: *(생각에 잠기더니) 네, 있어요. 예전에 우리 아버지가 나를 보던 시선이 그랬어요. 학교 성적표를 받아오는 날이거나 발표가 있는 날에는 꼭 저렇게 나를 바라보면서 무서운 표정을 지었어요.*

디렉터: *그래요? 그럼, 저 사장님을 아버지라고 한 번 생각해 볼까요?*

(그리고 사장님 역할을 한 관객을 주인공의 앞으로 나오게 한다.)

디렉터: *아버지에게 어떤 말이 하고 싶나요?*

주인공: *모르겠어요. 아무 말도 생각이 안나요.*

디렉터: *좋아요. 그럼 다른 관객 분 중에서 주인공의 더블이 되어줄 분을 찾아볼게요.*

(관객 중 한 명이 더블이 되어 주인공의 옆에 선다.)

더블: *아빠, 나는 아빠가 나를 그렇게 바라보는 것이 무섭고 싫어요. 꼭 나를 질책하고 책망하는 것 같아요.*

주인공: *(듣고 있다)*

더블: *나는 아빠가 나를 응원해주고 지지해 줬으면 좋겠어요. 그러면 나는 시험도 발표도 더 잘할 수 있을 것 같아요.*

주인공: *(눈물을 흘린다)*

디렉터: *어떠신가요?*

주인공: *아빠에게 나도 저런 말이 하고 싶었던 것 같아요.*

디렉터: *그럼 우리 이 시간을 통해 아빠에게 하고 싶었던 말을 해 보도록 해요.*

(디렉터는 주인공의 보조자아가 되어 줄 사람을 2명 선택하여 주인공의 옆에 세운다)

자, 이제 아빠에게 하고 싶었던 말을 해 보도록 해요.

주인공: *아빠, 나는 시험을 보거나 발표를 해야 할 때마다 아빠가 나를 바라보는 시선이 무서웠어요. 나도 잘하고 싶지만 잘 안 될 때도 있는데 아빠의 표정은 늘 화가 난 것 같았어요.*

보조자아 1: *아빠, 나도 아빠한테 칭찬 받고 싶었어요. 더 잘해서 아빠가 나를 자랑스러워했으면 좋겠다고 생각했어요. 아빠랑 즐겁게 야구장도 가고, 놀이동산도 가고 싶었어요.*

보조자아 2: *난 너무 화가 났어요. 아빠가 매일 나에게 공부를 강요하고, 잘하라고 해서 나는 더 하기 싫었다구요.*

디렉터: *(주인공에게) 어떠신가요?*

주인공: *기분이 이상해요.*

디렉터: *그래요. 그럴 수 있어요. 이제 주인공이 직접 아빠가 되어 볼 거예요. 아빠로서 하고 싶은 말을 할 수도 있고, 듣고 싶었던 말을 아들에게 해 줄 수도 있어요.*

(주인공이 아빠로 역할을 바꾼다. 보조자아 중 한 명이 아들의 역할을 대신한다.)

주인공(아빠): *나는 네가 그렇게 생각하는지 몰랐구나. 그저 나는 네가 더 잘 되기를 바래서 그랬던 거란다. 네가 날 무서워하는 것이 나도 힘들구나. 나의 사과를 받아주겠니? 나는 네가 늘 잘 되기를 바라고, 늘 너를 응원한단다. 네가 뭔가를 잘 못하더라도 네가 나의 자랑스러운 아들인 것만은 변함이 없단다. 사랑한다.*

(역할을 바꾸어 다른 보조자아가 주인공이 말한 아빠의 대사를 그대로 이야기한다. 주인공은 그 이야기를 듣는다.)

주인공: *저도 아빠를 사랑해요.*

④ 장면이 자연스럽게 해결될 때까지 진행 후 종결한다. 주인공의 개인적 통찰과 집단의 동일시 등을 통한 통찰을 나누게 한다.

활용

역할 연습은 아동부터 노인에 이르기까지 다양한 연령에 다양한 장면에 실시될 수 있다. 다음에 제시된 역할 연습은 통합 학급으로 운영되는 학교에서 신체장애 및 지적장애, 발달장애, 주의력결핍 과잉행동장애, 틱장애 등 장애를 가진 아동과 비장애 아동이 한 학급에서 생활하는 경우, 비장애 아동과 장애 아동이 서로를 이해해 볼 수 있도록 한 프로그램 내용이다. 이 역할 훈련 연습은 아동을 대상으로 하여, 아동에게 친숙한 '피노키오' 동화를 활용하였다.

1. 목표

아동들이 경험해 보지 못한 역할을 새롭게 경험해 봄으로써 새로운 역할을 획득하고 훈련할 수 있다. 아동을 대상으로 실시하는 경우 동화나 역할극 등을 활용한 역할 훈련이 효과적일 수 있다.

2. 과정

(1) 디렉터는 학급의 집단 구성원인 아동들과 둥글게 앉는다. 이 프로그램의 목표를 간략하게 설명한다. 그리고 장애와 비장애에 대한 학급 구성원들의 경험이나 생각을 듣는다. (학급 구성원이 대부분 비장애 아동이고, 소수의 장애 아동이 참여할 수 있기 때문에 디렉터는 학급에 대한 정보를 학급의 교사를 통해 미리 듣는 것이 진행에 유용할 수 있다.)

(2) 디렉터는 아동들의 이야기를 충분히 들은 후 피노키오 이야기를 한다. 전체 이야기를 전달할 필요는 없고, 수업 목표에 따라 이야기 구성에 초점을 맞춘다. 나무로 만들어진 피노키오가 학교에 처음 갔을 때 어떤 일들을 겪었을지 상상해 보게 한다. 그리고 직접 움직여 보고 어떤 생각과 느낌이 드는지 잠깐 나눈다.

디렉터: *우리는 이제 모두 피노키오가 되어 볼 겁니다. 피노키오는 나무로 만들어져 있어서 움직이는 것이 자연스럽지 않고 불편했어요. 그리고 나무인형이기 때문에 아직 배우지 못한 것이 많아서 생각하고 말하는 것이 어려웠어요. 자, 이제 움직여 볼까요.*

(디렉터는 분위기에 어울리는 음악과 조명을 사용할 수 있다.)

디렉터: *(만약 아동들이 움직임을 어려워하면 구체적으로 디렉팅할 수 있다.) 왼쪽 팔이 자유롭게 움직이지 못한다고 상상하고, 왼쪽 팔을 몸에 붙이고 걸어볼까요? 혹은 한쪽 다리를 움직이는 것이 불편하다고 생각하고 움직여 보겠습니다.*

(잠시 후)

디렉터: *여러분, 피노키오처럼 움직여 보니 어떤가요?*

(3) 디렉터는 집단 구성원 중에서 피노키오 역할을 맡아서 역할 훈련을 해 볼 아동이 있는지 묻는다. 그리고 피노키오 역할을 맡은 아동의 의견에 따라 제페토 할아버지, 학교 선생님, 학교 친구들 등의 역할을 맡을 아동이 중앙으로 나오도록 한다. 피노키오와 다른 역할들이 역할 연기를 잘 할 수 있도록 구체적으로 질문하면서 안내한다.

디렉터: 처음으로 학교에 간 피노키오에게 어떤 일이 생겼을까요? 피노키오는 학교에 오면서 어떤 생각을 했고, 어떤 기분이었을까요? 피노키오를 처음 본 친구들은 어떤 생각을 했을까요? 선생님과 친구들은 피노키오에게 어떻게 행동 했을까요? 그리고 친구들과 함께 학교생활을 하게 된 피노키오는 어떤 일을 겪었을까요?
(역할극을 진행한다.)

(4) 피노키오와 다른 역할들의 연기를 보고, 디렉터는 적절하게 더블, 역할 교대, 보조자아, 독백, 빈 의자 등의 기법을 사용하여, 아동들이 다양한 역할을 새롭게 경험하도록 하고, 새로운 역할을 연습해 볼 수 있도록 한다.

*(**역할극의 내용:** 피노키오는 학교에서 친구들과 놀고 싶지만, 나무로 만들어지고, 학교생활에 익숙하지 않다는 이유로 무시당하고 놀림 받는다.)*
***디렉터:** 피노키오가 되어 친구들을 보니까 어떤가요? 그 마음을 독백으로 한 번 이야기해 볼까요?*
***피노키오:** 친구들이 다르게 생겼다고 놀리고, 안 놀아주고, 무시하고, 괴롭혀서 너무 화가 나고 슬퍼. 나도 다른 친구들이랑 같이 재미있게 놀고 싶은데, 안 놀아줘서 너무 속상해. 나도 다르게 생기고 싶어서 그런 건 아닌데...*
***디렉터:** 이제, 어떻게 하고 싶은가요?*
***피노키오:** 친구들에게 같이 놀자고 이야기하고 싶어요.*
***디렉터:** 이야기해 볼 수 있겠어요?*
***피노키오:** 조금 무서워요. 어떻게 이야기해야 될지 모르겠어요.*
***디렉터:** 피노키오의 보조자아가 되어 줄 두 명의 친구가 필요해요.*
(피노키오는 보조자아와 함께 자신을 괴롭히는 친구들에게 하고 싶은 말을 한다. 역할 교대를 통해 어떤 말이 듣고 싶은지 해본다.)

(5) 역할극을 통해 제시된 학급의 문제나 어려웠던 상황들에 대해 이야기 나눌 수 있다. 가령, 장애 친구 때문에 곤란을 겪었던 일이나, 화가 났던 일에 대해 나눌 수 있고, 장애 아동 역시 다른 친구들 때문에 화가 나거나 속상했던 일들을 이야기해 볼 수 있다. 서로에 대해 알지 못했던 생각이나 감정을 나누고, 어떤 역할을 연습해 볼지 정한다.

***디렉터:** 피노키오가 다른 친구들과 함께 학교생활을 잘 할 수 있으려면 어떤 것이 필요할까요? 피노키오가 자기 생각과 감정을 잘 전달할 수 있도록 연습해볼까요? 피노키오를 도와주는 다른 친구가 있다면 어떻게 될까요? 도와주는 친구의 역할을 한 번 해볼까요?*
(디렉터는 다양한 상황에 맞게 장면을 구성하면서 아동들이 새로운 역할 훈련을 할 수 있도록 한다.)

(6) 역할극 및 역할 훈련이 끝난 후 전체가 함께 나누는 시간을 가진다.

사회측정학

4

사회측정학은 모레노가 최초로 대중에게 관심을 끌었던 학문으로 사이코드라마의 실증적·실용적 특징을 이론적으로 구체화하였고, 사이코드라마와 집단심리치료의 축을 이루며 함께 발전해오고 있다. 사람들의 삶은 끊임없이 선택을 하며, 사회측정학은 이러한 선택의 과정을 탐색하는 것이다. 이 장에서는 사회측정학의 요소와 기법에 대해 알아보도록 한다.

1. 사회측정학의 기본과 역할

사이코드라마의 창시자인 모레노는 인간의 자발성 촉진과 더불어 창조성을 회복하면 치유할 수 있다는 이상을 가지고, 완전한 치료를 위한 도구로써 사회측정학sociometry과 사이코드라마, 그리고 집단심리치료 체계를 구축하였다. 모레노의 이러한 견해는 인간관계의 사회적·심리적 차원과 더불어 그 의미를 재해석하게 되었고, 사이코드라마를 중심으로 한 집단심리치료와 사회측정학적 기법들을 임상현장에 적용하고자 하는 실용적인 접근이 꾸준히 시도되어 오고 있다. 이 시점에서 모레노가 구축한 핵심 체계들이 사회측정학이라는 축 아래에 있는 것임을 간과하여서는 안 될 것이다.

모레노가 자신의 사회측정학 체계를 혁명이라는 카테고리로 여겼다는 것에 주목할 필요가 있다. 모레노가 비엔나에서 매춘부들을 대상으로 사이코드라마를 시작할 때 그는 참여자 개개인이 다른 사람의 치유적 지지자가 되도록 하였다. 바로 이 치유적 지지가 이후 사회측정학으로 발전하였고, 모레노는 이를 통해 사회과학 발전의 새로운 시대를 열어가면서 예술적인 치료의 혁명을 시도할 수 있었던 것이다. 모레노는 치료의 매개체가 단지 지도자나 치료자에게만 나타나는 것이 아니고 오히려 집단 내 모든 참여자들에게 주어지는 것이라고 강조하였다.

사회측정학은 선택들의 문제를 다루는 것으로 대인관계적 선택과 한 집단 내에 존재하는 선택들의 상호관계성을 다룬다. 선택은 사회측정학과 사이코드라마가 가지고 있는 철학의 중심 주제이다. 모레노는 어떤 사회든 그들이 공유하는 주제에 따라 규준을 가지게 되며, 이 특정한 규준 아래 인간은 끊임없이 선택을 한다는 점에 관심을 가졌고, 이를 구체화하기 위하여 인간관계에서의 선택과 집단 내, 집단 간의 선택을 연구하면서 사회측정학 이론을 제시하였다. 선택은 글이나 말을 통해 나타나든지 아니면 행동으로 보이든지 항상 의식적인 부분으로 나타나며, 집단 구성원들에 의해 드러나는 생각, 느낌, 욕구 등은 선택의 동기가 된다. 그리고 이는 인간에게 필요한 모든 통찰력을 제공한다. 이때 선택을 가져오는 무의식적인 동기도 있을 수 있으나 이 역시 말과 행동으로 표현되는 순간 더 이상 무의식적인 영역에 속한 것이라고 볼 수 없다. 따라서 사회측정학은 행동지향적이며 집단 구성원들에 의해 실행되는 일반적인 행동에 초점을 맞춘다. 예를 들면 참만남 그룹과 사이코드라마와 같은 심리치료는 사회측정학에 포함된 사회도해sociogram를 활용하여 사람들이 선택하는 것이 무엇인지 가시화하여 의식하게 하는 것이라 할 수 있다. 즉, 사회측정학은 집단의 무의식적 역동을 의식화하기 위한 작업이며 집단 구성원들 간에 나타나는 관계성과 그러한 관계성의 이유에 대해 초점을 두고, 사회적 선택의 기본 구조를 객관적으로 측정하는 과학적 방법이다. 또한, 그 결과를 통해 인간의 대인관계를 측정하고 집단의 요소들의 다양한 이슈에 대한 상호피드백을 제공하도록 돕는 데 그 목적이 있다.

다양한 방법을 통해 사회측정학은 긍정적 혹은 부정적으로 이끌리는 사람,

심리적 영향력의 중심인 사람, 고립된 사람을 식별하는 데 도움이 된다. 이는 집단의 강도, 성숙도 및 기능을 평가하는 데 중요한 정보를 제공한다. 사회측정학은 집단이나 그 집단 내의 개인이나 다른 집단과의 행동을 예측하는 데 도움을 줄 수 있으며, 그것은 긍정적인 관계를 강화하고, 마찰을 줄이고, 구성원들을 만족시키기 위해 집단의 능력을 증가시키는 방법을 시도하는 기회를 줄 수 있다(Blatner, 2000; Moreno, 1978).

2. 사회측정학의 역사적 관점과 현 위치

사회측정학의 역사는 크게 3개의 기간으로 나뉜다. 첫 번째 기간은 1905년에서 1925년까지이며 모레노가 유럽에 거주하는 동안 사회측정학에 관한 유일한 저자로 소그룹에 대한 대인관계이론 inter-personal theory과 실험과 연구의 기본 토대를 마련한 시기이다. 두 번째 기간은 1925년에서 1941년으로 모레노가 미국에 거주하며 사회측정이론과 실천을 발전시켰고 협력자와 공동창작자가 증가한 시기이다. 세 번째 기간은 1941년부터 현재까지로 사회측정학과 하위분야가 일반적으로 받아들여지고 보편적으로 적용되는 시기이다.

사회측정학은 모레노에게 최초로 대중적인 관심을 가져다준 학문으로 1933년 뉴욕의사협회 학술대회에 많은 사회측정학 도표가 소개되었고, 모레노는 이때를 사회측정학의 시작점으로 언급하였다.

사회측정학이라는 용어는 1916년부터 사용하기 시작하였다. 1915년 미테른도르프 이탈리아 농민의 피난민수용소에서 첫 번째 사회측정학적 탐구가 이루어졌고 모레노는 지역사회 발달을 관찰할 기회를 가졌다. 이런 경험을 통해 모레노는 집단의 상호작용을 측정하는 방법으로써 사회도해를 개발하였다. 이때 도구는 수용소의 사회적 문제를 해결해주었으나 아쉽게도 더 이상 사용되지는 않았다. 사회측정학의 본격적 탐구는 연대순으로 확실하지 않지만 역사적으로 볼 때 1931년 싱싱감옥에서 일하던 직후로 발생한 것으로 보인다. 그는 싱싱감옥에서 임명기법이라는 것으로 사회측정을 시작했으며 수감자들의 친숙한 분위기 속에서 연구하면서 잘 어울리는 수감자들끼리 방별로 잘 배치하여 치료적 소그룹으로 묶어 주었다. 이후 미국으로 이주한 모레노가 성공을 거두게 되면서 그의 기념비적 저서 《누가 살아남을 것인가?Who Shall Survive?》 Moreno, 1953에 허드슨 여학교를 대상으로 한 장기적 사회측정학적 연구에 사회도해라는 사회측정 방법을 적용한 결과를 포함하였다. 1925년 이전에 모레노 체계의 대부분의 아이디어가 형성되었다면, 1930년대와 1940년대를 통해 오늘날의 사이코드라마와 사회측정학이 발달할 수 있었다.

모레노는 사회측정학 검사와 연구법을 사용하여 집단심리치료를 개발하였고, 현대의 사이코드라마는 사이코드라마 회기 내에서 사회측정학의 측면을 결합시키는 과정을 도입하여 현재까지 이어져 오고 있다.

3. 사회측정학의 이론

사회측정학은 참만남의 본질을 다루는 것으로 여러 가지 다양한 역할과 그 반대 역할의 축들을 연결해준다. 이는 일차적으로 집단의 자발적 행동 방법에서 비롯된다. 사회측정은 사이코드라마 및 소시오드라마 집단 작업의 기초이며, 집단 내에서 또는 집단 간에 무수히 많은 연결 네트워크를 제공함으로써 자기인식과 관련하여 행동하고 관계를 수정하고 변화할 수 있는 기회를 제공한다. 즉, 중요한 타인들과의 역할 교대에 따른 사회적 선택의 관계들을 개인의 사적 차원, 전문적 차원, 공동체적 차원에서 다루는 것이라 할 수 있다.

사회측정학은 'socius'와 'metron'의 합성어로 'socius'는 라틴어, 'metron'은 그리스어에서 유래했다. 'socius'는 '동반자', '같이하는 동료'라는 뜻이며, 'metron'은 '측정한다'라는 뜻을 나타낸다. 그러므로 사회측정학은 대인관계와 집단 내 상호작용의 측정을 의미한다고 할 수 있다.

사회측정학의 이론을 이해하기 위한 기본적 세 가지 개념으로 사회원자social

atom, 사회적 선택, 텔레를 제시할 수 있다.

첫 번째 개념인 사회원자는 개인이 살아가면서 만나는 타인과 개인을 지칭하는 개념으로 개인과 상당히 관련이 있고 동시에 그와 관련된 모든 개인의 핵이다. 그 관계는 정서적이거나 사회적이거나 문화적일 수 있다. 사회원자는 역동적이며, 개인은 자신의 행동을 수정하거나 일부 집단에서 탈퇴하거나 다른 집단과 연합함으로써 사회원자의 변화를 일으킬 수 있다.

두 번째 개념으로 사회적 선택은 개인이 사회원자를 결정하는 수단을 제공한다. 모든 대인관계의 역동은 개인의 완전히 준비된 상태에 대한 서로의 상호작용으로써 개념화된다. 그것들은 친밀감과 거부감의 정서적 긴장으로 명백하게 드러나기 때문에 타인으로부터 멀어지거나 향하는 행위자의 경향성의 양과 방향을 도표로 나타낼 수 있다. 이러한 선택들을 도표로 나타내기 위해 사회측정학적 검사와 사회도해를 이용할 수 있다.

세 번째 개념은 텔레이다. 모레노는 텔레를 사람들 사이에서 발생하는 보이지 않는 정서의 그물로 정의한다. 텔레는 개인과 개인에게 전송되는 가장 단순한 단위의 느낌으로 '서로 간의 거리' 즉, 둘 또는 그 이상의 대상들 사이에서 흐르는 모든 에너지를 의미하며, 타인에 대한 느낌의 인식과 통찰을 나타낸다. 이는 자발성, 창조성, 그리고 행동과 관련된 것이다. 그러므로 텔레는 항상 능동적이며, 타인에 대한 느낌의 인식과 통찰을 나타낸다. 이는 개인의 주관적 현실을

사회측정학적 선택을 위한 질문

- 내가 1박 2일로 여행을 떠난다면 지금 여기에 같이 가고 싶은 사람은 누구인가요?
- 지금 여기에서 가장 공부를 잘할 것 같은 사람은 누구인가요?
- 지금 여기에서 함께 운동하고 싶은 사람은 누구인가요?
- 같이 점심을 먹고 싶은 사람은 누구인가요?
- 친해지고 싶은 사람은 누구인가요?
- 당신을 무조건 이해해줄 것 같은 사람은 누구인가요?
- 내가 힘들 때 옆에서 위로해줄 것 같은 사람은 누구인가요?
- 함께 있으면 유쾌할 것 같은 사람은 누구인가요?

반영하는 것이며 또한, 개인의 심리적 현실을 다루는 것이다.

4. 사회측정학의 기법

집단은 모레노가 텔레라고 불렀던 개인적 선호로 결정된 비공식적 구조를 가지고 있으며 이런 패턴들은 사회측정검사로 측정된다. 사회측정검사는 집단의 무의식적 역동을 의식화하는 작업이며 특정 질문을 통해 개인의 의사결정을 촉진하기 위한 기준으로 활용한다. 사회측정 연구의 기본 목적은 집단과 집단 지도자들이 집단 구성원에 관한 정보를 알 수 있게 하는 일이다. 모레노는 이러한 목적을 달성하기 위한 여러 도구를 개발했고, 1934년 이후 사회측정검사는 다양한 연구방법과 결합하여 많은 치료 상황에서 활용되어, 그 결과 기존의 연구방법은 확장되고 개선될 수 있었다(Hale, 1981).

1) 사회측정의 목표

- 개인과 집단의 건설적인 변화를 촉진한다.
- 인식, 공감, 사회적 상호작용을 향상시킨다.
- 사회적 선택 패턴을 탐색하고 갈등을 줄인다.
- 역할, 대인관계 및 가치를 명확하게 한다.
- 은밀하면서도 명백한 집단역동을 공개한다.
- 집단의 응집력과 생산성을 향상시킨다.

2) 사회측정의 도구

사회측정을 위한 주요 도구로는 개인의 사회적 연결망인 사회원자social atom, 사람을 선택하는 사회도해sociogram, 느낌의 강도를 측정하는 스펙트로그램

spectrogram, 선택유형을 측정하는 로코그램locogram, 밀링milling이 있다.

(1) 사회원자

한 개인이 생활하는 사회적 단위 중 가장 작은 단위로 살아가면서 만나는 사람들 개개인을 지칭하는 개념으로 두 사람 사이에서 상호관계를 의미하며, 사회를 한데 묶어주는 접착제 역할을 한다. 다시 말하면 모든 개인은 동시에 수많은 친밀감과 거부감의 초점이고 타인의 역할과 관련된 수많은 역할의 초점이기도 하다. 사회원자는 개인이 타인과의 관계 속의 자신을 탐색하고 자신을 인식할 수 있는 기회를 제공하는 필수요소이며 또한 집단 탐색의 필수요소이다. 사회원자는 하나의 진단도구이자 치료도구로 개인치료와 집단치료 또는 장기간 치료 등 모든 형식의 치료에 유용하며, 집단에서 사용할 경우 내담자는 스스로를 돌아볼 수 있고 대집단이나 보다 작은 하위집단에서 그것을 공유할 수 있다. 또한, 그것은 과거나 현재 순간에서 공유될 수도 있다. 사회원자는 폭넓은 상황을 탐색하는데 도움이 될 수 있는 매우 유연하고 적절한 측정도구로써 가계도기법genogram의 탄생에 영향을 주었으나, 사회원자는 가계도기법과는 달리 개인의 관계 체계를 유동적이고 감정적인 방식으로 표현한다는 점에서 구분된다.

(2) 사회도해

선택의 결과를 나타내는 기하학적 패턴으로 집단원은 주어진 기준에 따라 하나 이상의 집단원의 선택을 표시하도록 요청받는다. 이는 펜과 종이를 사용하여 수행할 수 있으며 선택한 이유를 공유한다(Blatner, 2000). 사회도해는 사회원자를 통해 중요한 관계를 가진 사람의 도표나 차트를 만들도록 하는 것으로 개인을 원자의 중심 또는 핵에 위치시킨다. 이러한 관계의 상대적 중요성은 중심과의 거리, 크기, 기타 시각적 수단으로 표시된다. 관계에는 서로 긍정적이거나 부정적이거나 혼합된 관계가 포함된다. 사회원자를 통한 사회도해는 조사를 위한 도구, 자기인식을 증진시키기 위한 도구 또는 변화를 위한 발판으로 사용될 수 있다(Dayton, 2005; Hale, 1981; Leveton, 2001; Sternberg & Garcia, 2000).

(3) 스펙트로그램

스펙트로그램은 바닥에 그리는 그래프라 할 수 있는데 집단원은 특정 기준에 대해 좋아하는 의견 또는 느낌에 따라 가상의 선, 스펙트럼을 따라 선의 끝은 반대 극을 나타낸다. 집단의 상황과 목표에 따라 기준은 가벼운 것부터 깊이 있는 것에 이르기까지 다양할 수 있다. 집단원들에게 척도질문을 하고 자신이 생각하는 자신의 모습을 가장 잘 반영하는 곳에 가서 있도록 한다. 자신이 선택한 위치에 직접 서보는 과정을 통해 구성원들은 시각화와 함께 더 몰입하게 된다. 스펙트럼 내에서 자신의 위치를 정하고 모든 사람의 배치가 끝나면 집단원들은 그들의 배치에 대한 몇 가지 이유를 공유하라는 요청을 받게 된다(Blatner, 1996; Dayton, 2005; Sternberg & Garcia, 2000).

(4) 로코그램

척도질문에 대한 심리·정서적 반응을 바닥에 놓음으로써 표현하는 방법으로 비위협적으로 집단의 사회관계망을 만들고 강화하는데 유용한 워밍업 기법으로 사용가능하다.

척도질문 예시

- 당신은 얼마나 행복합니까?
- 당신은 미래에 대해 얼마나 큰 희망을 가지고 있습니까?
- 당신은 가족에게서 얼마나 많이 사랑받고 있습니까?
- 당신은 얼마나 많은 슬픔을 느끼고 있나요?
- 당신은 미래가 얼마나 두렵습니까?
- 당신은 얼마나 많이 혼란스러운가요?

이외에도 다음과 같은 후속 질문을 할 수 있다.

- 무엇이 그 점수에 있게 하였나요?
- 이 점수에 있게 되도록 당신은 어떤 일을 했나요?
- 이 점수에서 다른 점수로 가고 싶다면 무엇이 필요할까요?

(5) 밀링

사회측정학적 연결을 형성하는 과정으로 연극적, 사회측정학적 요소를 포함하고 있어서 집단의 워밍업에 유용하며 집단원들이 서로를 알 수 있게 하는 효과적인 방법이다.

모든 기법들의 공통요소는 집단에게 사회측정학적 원리가 친밀감, 거부감 혹은 공통관심사에 대한 타인과의 관계에서 사람들이 어디쯤 위치하고 있는지에 대한 피드백을 보내는 것이다. 이 피드백은 의미 있는 질문을 결정하고 그림이나 어떤 물리적 방식으로 반응을 표현하는 협동적 과정을 통해 이루어지며, 집단원들의 사회측정학적 연결망을 재검토하게 해준다.

5. 사회측정학의 적용

1) 사회원자

사회원자는 개인의 텔레와 관련된 범위를 의식화하여 시각적으로 표현한 것으로 개인이 정서적감정적으로 관계하는 것들 또는 인간 개개인을 의미한다. 사회원자는 개인 내면의 선택과 거절을 통해 구성된 대인관계 구조의 총합으로 Moreno, 1934, 가깝거나 멀거나, 살아있거나 죽은 사람들과의 관계들을 나타낸다. 사회원자를 통해 개인의 관계 범위를 나타내는 구체적인 정보를 얻을 수 있으며 특정집단 내에서의 사회측정학적 경험에 대해 양적, 질적 접근이 가능하다. 그러므로 사회원자는 치료에 집중할 수 있게 하는 좋은 측정도구이며 개인치료와 집단치료에서 유용하게 활용된다. 이는 종이에 도표를 그리는 활동으로 시작할 수도 있고 행동을 추가하여 액션소시오그램으로 활용하거나 워밍업이 되기도 한다.

사회원자는 삶의 모든 지점을 표현할 수 있으며 과거, 현재, 미래의 어느 지점이든지 탐색할 수 있고, 이를 통해 개인을 체계적인 방식으로 이해할 수 있게 해준다. 인간은 모두 특정한 사회원자를 가지고 태어나는데 만남의 본질은 원가족 사회원자에 의해 나타나며 성장과 함께 발전하여 개인이 가지게 되는 다양한 관계에 영향을 미친다.

좀 더 자세히 설명하자면, 사회원자의 상징체계를 이용하여 우리와 정서적 관계가 있는 사람들을 도형 또는 그림으로 나타낼 수 있으며, 이는 곧 사회도해가 된다. 이를 통해 사회원자를 해석함으로써 내담자에 대한 주요 정보수집과 내담자 스스로 과거에 대한 여러 가지 통찰을 얻을 수 있기 때문에 매우 중요한 의미가 있다.

(1) 사회원자를 활용한 기법

사회원자를 활용하여 개인의 사회관계망을 형성하는 무의식적 선택과 거부의 패턴을 의식화시키고, 디렉터와 집단원들이 참고할 수 있는 상호관계 지도를 만든다.

회기는 다음과 같은 형식을 따른다.

① 집단원들에게 펜과 종이를 나누어 준다.

② 여자는 원, 남자는 세모를 이용하여 자신의 삶에 의미가 있다고 생각되는 사람들을 자신의 원자를 중심으로 위치시켜 보도록 한다.

③ 자신이 느끼는 대로 가깝거나 멀거나 그리고 적당하다고 느끼는 크기나 비율로 위치할 수 있다. 그리고 그 옆에 사람의 이름을 쓰도록 한다.

④ 종이 위에 원자를 다 그렸다고 생각되면 집단의 크기에 따라 파트너나 소집단별 또는 디렉터와 일대일로 이야기를 나누어 공유하도록 한다. 이때 이 원자들은 지금 현재만을 반영하며 언제라도 바뀔 수 있다는 것을 알려주도록 한다.

⑤ 사회원자들에 대해 이야기를 나누며 공유하는 과정에서 집단원들은 관련한 많은 느낌을 떠올릴 수 있을 것이며 이러한 것들에 대해 모두 드러날 수 있도록 충분한 시간 동안 나누기를 하게 한다.

⑥ 나누기가 모두 끝났으면 액션소시오그램으로 확장하거나 이를 보관해두었

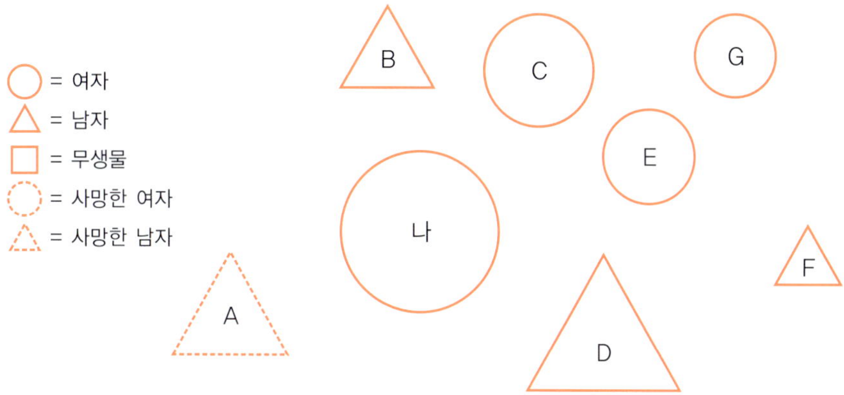

◀ **그림 5**
사회원자와 사회도해

다가 향후 성장을 측정하는 준거로 사용할 수 있다.

이와 함께 추가적으로 사회원자를 치료적으로 활용할 때는 사회원자를 다 그린 후 지워보라고 제시할 수도 있다. 치료적 측면에서 보면 지우는 것을 거부하기도 하고 거침없이 지워나가기도 한다. 이러한 부분에 대해 이야기를 나눠봄으로써 사회원자가 일종의 매개체가 되어 내담자와의 대화를 이어나갈 수 있다(알코올중독 환자의 사회원자, 우울증 환자의 사회원자 등).

사회원자의 상징체계는 다음과 같이 나타낼 수 있고Dayton, 2005, 이를 활용한 사회도해의 예시는 그림 5와 같다.

이처럼 사회도해를 통해 내담자를 중심으로 다양한 관계의 정보를 수집할 수 있으며, 이는 다음의 사회원자 해석법을 통해 보다 구체적으로 탐색해볼 수 있다.

(2) 사회원자 해석법

사회원자는 개인을 중심으로 한 사회관계망을 측정할 수 있다. 이는 개인이 스스로 진행하고 해석하기 때문에 다양한 통찰을 얻을 수 있는 좋은 방법이며 개인이 삶 속에서 보다 분명하고 중요한 문제가 무엇인지 탐색할 기회를 가지게 된다. 이는 관계를 악화시키기보다 더욱 강화시키고 연합할 수 있도록 해주고 아주 예민한 부분까지 표현해볼 수 있도록 지지적인 치료관계를 유지하는데 도움이 될 수 있다(Dayton, 2005).

① 크고 거리가 먼 이미지: 권위적 인물에 대한 관심을 상징한다. 어린 시절을 상징하는 원자인 경우 특정 시기에 아동이 양육자를 어떻게 인식했는지 나타내는 것일 수 있다.

② 작고 거리가 먼 이미지: 부정적 전이 또는 아동의 경우 경쟁적인 형제관계를 나타낸다.

③ 중첩되는 이미지: 특별히 설명되지 않는 경우 변화나 분리가 필요한 관계를 나타낸다.

④ 수평 혹은 수직선에 의한 분리: 수평이나 수직이 하나의 상징을 두 부분으로 나누는 경우 좌측과 우측이 차이가 있는지 주목한다. 과거와 현재, 남성과 여성을 나타내는 것일 수 있다.

⑤ 생략: 생략되거나 부재하는 특정 인물이 있는지 탐색할 수 있다.

⑥ 지우거나 수정하거나 여러 번 그린 이미지: 상황에 따라 더 탐색해 볼 수 있는 미해결된 과제나 불안 등을 나타낸다.

⑦ 자신을 상징하는 이미지의 위치와 상대적 크기: 다른 상징에 비해 자신을 상징하는 이미지가 얼마나 떨어져 있는가를 통해 개인이 각각의 사회원자를 대하는 자신을 어떻게 보고 있는지, 자신의 원자를 타인의 원자에 비교하여 어떻게 생각하는지 나타낸다.

2) 사회도해

사회도해는 한 집단 안에 속한 사람들이 가지고 있는 친밀감과 거부감 사이에서의 선택의 문제를 가시화한 것이다. 이는 집단 안의 가장 많은 선택을 받는 스타로부터 고립된 이들까지 계층적 단면을 보여주고, 집단 내 또는 집단 간의 역동을 수직적·수평적으로 나타낼 수 있다. 이처럼 사회도해는 개인과 집단과의 관계를 대표하며 사이코드라마에서의 사회도해는 살아있는 그림이다. 또한, 지금-여기에서 이루어지지만, 미래의 행동을 탄생시키므로 미래지향적이라 할 수 있다.

(1) 사회도해를 활용한 기법 - 액션소시오그램

액션소시오그램은 실제 회기에서 쉽고 유용하게 활용해 볼 수 있는 기법으로 사회원자나 장면을 행동으로 구체화할 수 있으며, 가상의 인물이 아닌 실제 사람들과 상호작용 할 수 있는 기회를 제공한다. 회기 내 진행은 다음과 같은 형식을 따른다.

① 집단원들에게 자신이 속한 집단의 사회원자를 그리게 한다.

② 주인공을 선정하고 주인공에게 자신의 사회원자를 연기할 집단원(보조자아)을 선택하게 한다. 누구부터 배치할 것인지, 왜 그 사람부터 선택했는지에 대해 이야기 나누어 볼 수 있다.

③ 장면을 설정하거나 집단원들을 배치한다.

④ 주인공이 멀리 떨어져서 자신이 만든 장면 전체를 보고 생각을 정리할 시간을 준다.

⑤ 주인공이 장면에 들어가서 위치를 잡도록 한다.

⑥ 집단원 중에서도 자리를 옮기고 싶은 사람이 있으면 옮길 수 있도록 한다.

⑦ 주인공이 사회원자들에게 가서 말을 시켜볼 수 있다. 이는 집단을 응집시키는데 도움이 된다.

⑧ 주인공 자신의 생각과 감정을 모든 사회원자들에게 자유롭게 표현할 수 있도록 한다(집단규범이 허용하는 수준 내에서). 이때 상황에 따른 역할 교대, 이중자아 등 적절한 기법을 활용할 수 있다.

⑨ 주인공이 원하는 대로 장면을 마무리하도록 한다.

⑩ 집단원들이 장면을 보면서 떠오르는 것과 보조자아들이 느낀 점에 대한 이야기를 나누는 시간을 충분히 가지는 것이 중요하며, 이는 보조자아들의 역할벗기에 도움이 될 것이다.

(2) 액션소시오그램 및 사이코드라마 액팅으로 이어지는 질문

| 사회원자 내 역할 |

- 당신의 어머니를 연기할 수 있는 사람은 누구입니까?
- 당신의 아버지를 연기할 수 있는 사람은 누구입니까?
- 당신의 할아버지를 연기할 수 있는 사람은 누구입니까?
- 당신의 할머니를 연기할 수 있는 사람은 누구입니까?
- 당신의 여자형제를 연기할 수 있는 사람은 누구입니까?
- 당신의 남자형제를 연기할 수 있는 사람은 누구입니까?

| 잉여현실 내 역할 |

- 당신의 우울한 마음을 연기할 수 있는 사람은 누구입니까?
- 당신의 분노하는 마음을 연기할 수 있는 사람은 누구입니까?
- 당신의 불안을 연기할 수 있는 사람은 누구입니까?
- 당신의 창의성, 재능, 질투심 등을 연기할 수 있는 사람은 누구입니까?

여기에서 사회측정학적 선택을 위한 질문 중 부정적 질문은 주의하도록 한다. 부정적 질문은 내담자의 특성에 따라 위협적으로 느껴질 수도 있고, 집단이 역기능적 혹은 불안정하거나 초기 단계라면 조심스럽게 일부만 사용하거나 사용하지 않는 것이 바람직하다. 부정적 질문을 견뎌낼 수 있는 힘을 가진 집단에서는 다음의 질문을 통해 활용해볼 수 있을 것이다(예: 가족 등).

- 당신의 마음을 불편하게 만드는 사람이 있나요? 대답은 "예" 또는 "아니오"라고 할 수 있습니다.
- 당신을 상처받게 하거나 화나게 만드는 사람은 누구입니까?
- 당신을 힘들게 하는 사람은 누구입니까?

3) 스펙트로그램

사회도해가 특정기준을 가지고 사람을 선택하는 것이라면 스펙트로그램은 장소나 사물, 활동 또는 추상적 개념에 대한 내적 긴장을 점수로 측정하고 바닥에 가상의 선을 그은 후에 해당 위치에 서게 하는 것이다. 다양한 규모의 집단에 적용할 수 있을 만큼 유연하고, 집단에서 탐색하고 싶은 내용과 관련된 적절한 척도질문을 통해 강력한 효과를 얻을 수도 있다. 이러한 질문을 통해 집단은 작업에 필요한 정보를 얻고, 집단원들은 서로 공통적으로 가지고 있는 감정이 있다는 것을 알게 된다.

(1) 스펙트로그램을 활용한 기법

스펙트로그램은 집단원들이 바닥 위의 그래프를 통해 특정한 문제와 관련하여 자신이 어느 정도의 의치에 있는지 표현하게 함으로써 집단의 응집력과 친밀감을 형성하고, 많은 집단원들이 경험적 작업에 참여할 수 있는 사회측정학적 방법을 제공한다. 진행은 다음과 같은 순서로 따른다.

① 집단원들이 모두 일어나도록 한다.

② 방을 반으로 나누는 가상의 선을 그려 집단원들에게 알린다.

③ 선의 양 끝은 극단을 나타내고 1에서 10까지를 나타낸다고 말한다. 중간지점을 5로 하여 방 한가운데에 그린다.

④ 집단원들에게 척도질문을 하고 자신의 대답을 가장 잘 반영하는 지점에 서 보도록 한다. 예를 들어 질문이 '현재 나의 기분상태를 숫자로 나타낸다면 어느 정도입니까?'라고 한다면 좋으면 10을 나타내는 방향으로, 나쁘면 1을 나타내는 쪽으로 향하는 것이다. 연속선상의 중간은 이것도 저것도 아닐 뿐 아니라 결정하지 못함을 나타낼 수도 있다.

⑤ 모든 집단원이 자신의 대답을 나타내는 지점으로 갔다면 같은 숫자에 정렬해있는 사람들끼리 모여서 이야기를 나누고 전체집단에서도 함께 나누는 시간을 가진다. 이를 통해 그들은 자동적으로 사회측정학적 관계를 형성하게

되며, 이러한 작업을 통해 주인공을 선정하기도 한다.

여기에서 1~10점 척도질문은 많은 목적을 제공하여, 집단원들이 주제에 관하여 더 본질적으로 생각할 수 있도록 해주고, 집단원들이 그들의 평가와 다른 집단원들의 평가를 비교하는 것에 호기심을 가지기 때문에 대부분 흥미를 유발시킨다. 더불어 디렉터가 정보를 빠르게 모을 수 있는 방법이 되기도 한다.

4) 로코그램

이 기법은 선택유형을 측정한다는 점에서 스펙트로그램과 다르고 사람을 선택하는 사회도해와 다르다. 로코그램이라는 용어는 '배치하다, 장소'를 의미하는 라틴어 loco와 '문서 도해'라는 뜻의 gram이 합쳐진 것이다. 로코그램은 집단이 나타내고 싶은 점을 장소를 통해 표현하는 방법으로 바닥에 가상의 원을 만들어 놓고 분할을 해서 집단원들이 선호하는 곳에 서보도록 하는 것이다. 로코그램은 경험적 체크인이 될 수 있으며 선호하는 곳에 모인 집단원들끼리 공통점이 생기므로 집단 셰어링이나 탐색할 주제에 집중하게 만드는 도구로 활용할 수 있어서 집단상담의 워밍업으로 적합하다. 분할된 공간이 의미하는 내용이 때에 따라 바뀌기도 하지만 로코그램 과정 자체가 변하는 것은 아니며 진행자의 창조성이 돋보일 수도 있다.

(1) 로코그램을 활용한 기법

로코그램은 특정한 질문에 대해 쉽고 구체적으로 표현할 수 있는 방법을 제시하여 집단원들이 자신의 선호성향을 드러낼 수 있게 하며, 집단의 친밀감과 응집력을 형성한다. 진행은 다음 순서를 따른다.

① 집단이 탐색하고 싶어 하는 문제가 무엇인지 확인한다.

② 문제에 대해 나올 수 있는 반응이 무엇인지 생각하고 그것을 의미하는 장소를 바닥에 4군데 정도 지정한다(가장 좋아하는 계절 또는 좋아하지 않는 계절, 기분 좋은 시간대 또는 스트레스 받는 시간대 등).

③ 집단원들이 자신의 생각을 잘 반영하는 곳으로 가면 자신들이 서있는 곳에 대한 이야기를 서로 나누게 하고 몇 개의 문장한두 개으로 요약해서 설명하도록 한다.

④ 집단원들이 서로 의견을 나눌 수 있도록 한다. 집단원들이 이야기를 나눠봄으로써 달라진 점이 있는지 물어볼 수 있다.

⑤ 집단이 원한다면 이 과정을 반복할 수 있고 집단원들은 다른 장소로 이동을 하는 등 다시 선택을 할 수 있다.

⑥ 주인공을 선정하거나 자리로 돌아가 나누기와 작업을 계속 진행할 수 있다.

즉, 디렉터는 "여러분은 어떤 계절을 좋아하나요? 좋아하는 계절을 느낄 수 있는 곳에 가서 서 보세요.", "좋아하는 계절별로 집단을 이루어 계절과 관련하여 이야기를 나누어보세요.", "이야기를 다 나누었으면 집단원 모두가 참여하여 신체를 이용하여 계절을 표현해보세요. 느낌도 좋고 상황도 좋습니다."와 같은 이야기로 도움을 줄 수 있다. 이처럼 계절을 표현해보고 감상하며 이야기를 나누는 것을 통해 친밀감과 신체활동에 대한 기대감을 향상시킬 수 있다.

5) 밀링

사회측정학적 선택과 결합한 기법으로 작업공간을 걸어다니며 집단이 워밍업하고 작업공간에 친숙해지며 자신과 다른 집단원들을 만날 수 있게 한다. 이를 통해 집단원이 경험적 작업 과정에 단계적으로 몰입할 수 있다.

(1) 밀링을 활용한 기법

밀링은 하나의 경험적 작업에서 다른 경험적 작업으로 매끄럽게 흘러갈 수 있는 형식을 만든다. 이를 통해 집단원들이 공간 내에서 자연스러운 만남을 가지고 서로를 알 수 있게 한다. 3분 이내로 지속하는 것이 바람직하며 진행은 다음을 따른다.

① 가운데의 빈 공간 또는 넓은 공간에서 집단원들이 자리에서 일어나 자유롭

게 천천히 주위를 돌아다니도록 지시한다.

② 조용한 음악을 틀어도 좋고 디렉터가 적절한 문장으로 단계를 말해주어도 좋다(심호흡, 눈맞춤, 말하기, 듣기 등).

③ 밀링을 멈추고 각자의 위치를 둘러보게 한다. 동선 중간에 누구를 만났고 자신의 행동과 상태에 대해 이야기를 나눈다.

밀링을 어느 정도 지속하면 텔레에 의해 사람들의 움직임이 바뀌기도 한다. 개인의 신체적·정서적 상태에 따라 돌아다니기도 하고 그 자리에 머무르기도 하며 스스로 느끼고 지각할 수 있다. 이를 통해 집단의 역동을 파악하고 서로 간의 텔레를 확인하게 된다.

'시선을 마주치기나 또는 피하기', '다른 집단원들의 손가락 끝이나 어깨, 팔꿈치를 가볍게 부딪치기' 등 집단원들이 돌아다니면서 할 수 있는 많은 활동들을 충분히 활용해볼 수 있다.

걷는 속도도 숫자로 나타낼 수 있는데 10이 제일 빠르게 걷기라면 처음에는 3으로 그 다음에는 4, 6 등으로 걷는 속도를 조절해보게 할 수 있다.

활용

가족원자기법

(1) 주인공에게 자신의 가족의 역동을 표현할 기회를 준다.
(2) 자신의 가족 구성원을 연기할 사람을 선택하게 한다.
(3) 가족이 있는 장소를 이야기해보고, 가족 구성원을 그곳에 마네킹처럼 배치시킨다.

디렉터: *"당신의 가족이 무언가를 하고 있습니다. 가족 구성원은 누구이며 어디에서 무엇을 하고 있나요?"*
주인공: *"엄마는 저녁식사를 준비하고 있고 언니와 나는 식탁에 앉아있어요. 아빠는 화가 났는지 현관문을 발로 차며 들어오고 있어요."*
디렉터: *"지금 여기에 엄마, 언니, 나, 아빠를 연기할 수 있는 사람은 누구인가요? 한 번 살펴보시겠어요?"*

(4) 각각의 구성원이 어떤 사람인지 설명하게 한다(형용사 단어 3개 또는 2~3문장).

디렉터: *"가족역할을 해주실 분들이 좀 더 역할을 이해하기 위해 가족의 특성을 세 가지 단어로 설명해주실 수 있을까요?"*
주인공: *"엄마는 차가운, 무서운, 성적에만 관심있는, 언니는 잘난 척하는, 무시하는, 욕심쟁이, 아빠는 화가 난..."*

(5) 지금 어떤 자세인지, 평소에 무슨 말을 자주 하는지 설명하도록 시킨다.

디렉터: *"자, 그러면 역할을 각자의 위치에 배치해주시고, 어떤 동작을 하고 있는지 설명해주세요. 부모가 손을 잡게 하거나 손을 들고 있게 할 수도 있습니다. 가족이 아주 가깝거나 멀리 떨어져 있게 할 수 있습니다. 또는 등을 맞대고 서있을수도 있습니다.", "역할을 맡은 분은 주인공이 원하는 대로 자세를 만들어주시면 됩니다."*

(6) 가족의 배치가 끝나면 디렉터는 주인공과 함께 가족원자로부터 조금 떨어져서 가족을 바라보게 한 후 무슨 생각이 드는지 물어본다.

디렉터: *"가족이 저기에 있습니다. 가족의 모습을 보시고 드는 느낌을 이야기해주세요."*
주인공: *"모두 화가 난 것 같아요. 저는 무섭기도 하고 울적하기도 해요."*
디렉터: *"생각한 대로 가족이 잘 표현된 것 같은가요? 혹시 가족의 위치나 동작은 원하는 대로 수정할 수 있습니다."*

(7) 가족원자가 완성되면 주인공이 원하는 가족 구성원에게 가서 1:1로 원하는 대화를 나누거나, 가족원의 더블을 주인공에게 해보도록 할 수 있다. 보조자아가 주인공의 가족원의 역할을 탐색할 수 있도록 주인공과 역할전환을 1~2번 반복한 뒤 가족원을 연기하는 보조자아와 주인공이 좀 더 깊은 대화로 들어갈 수 있도록 돕는다.

(8) 연기가 끝나면 주인공이 원하는 가족원자로 재구성해보거나 주인공이 원하는 대로 마무리 한다. 주인공이 원하는 가족의 원자를 완성한 뒤, 자신이 최종적으로 위치하고 싶은 곳에 가서 가족 전체 원자를 완성하도록 한 뒤 그 모습을 디렉터가 사진으로 남겨도 좋다.

가족원자기법은 주인공에게 가족 속에서 통제력을 가지게 되는 느낌을 주기도 하며, 가족의 역동을 이해하고 가족에 대한 통찰을 돕는데 도움이 된다. 사이코드라마의 가족원자기법은 사티어V. Satir가 자신의 가족치료 기법으로 도입하여 사용하기도 하였다.

사이코드라마, 소시오드라마, 그리고 집단심리치료

5

모레노의 삼원체계

소시오드라마

집단심리치료

모레노의 삼원체계와 사회측정학

모레노의 이론은 사회의학을 정신분석과 정신의학의 대안으로 제안하는 것으로, 완전한 치료와 사회병리의 해결을 위해서는 사이코드라마와 소시오드라마, 그리고 심리치료의 요소가 모두 포함되어야 한다고 주장하고 있다. 물론 이와 같은 주장은 당대에는 받아들여지지 않았기에 모레노는 조금 더 현실적인 대안을 구축하였으며, 그것이 바로 사이코드라마를 통한 집단심리치료의 방법이다.

따라서 이 장에서는 모레노가 제시한 집단의 역동성과 그 치료적 힘이 어떻게 사이코드라마, 소시오드라마, 그리고 집단심리치료의 삼원체계 안에서 이루어지는지에 대해 알아볼 것이다.

1. 모레노의 삼원체계

집단원 간의 지지나 유대감, 보편성과 같은 치료적 요소를 강조한다는 점에서 볼 때 사이코드라마나 소시오드라마, 그리고 집단심리치료의 구분은 얼핏 보기에 모호할지도 모른다. 이론이나 기법, 치료적 요인 등에 있어서는 이 셋은 차이가 크지 않다. 무엇보다 이 세 가지는 모레노의 사이코드라마 안에서 서로 복잡하게 얽혀 있다. 특히 근래 치료현장에서는 하나의 치료기법에만 국한하지 않고 내담자의 특성에 따라 다양한 기법들을 통합적으로 활용하는 전문가들이 증가하고 있으며, 이에 따라 사이코드라마와 소시오드라마, 그리고 집단심리치료 역시 통합적인 접근으로써 나타난다.

아동을 대상으로 하는 심리치료의 경우 언어를 기반으로 하기에는 어려움이 많은데, 이때 사이코드라마또는 소시오드라마 디렉터들은 미술, 음악, 글쓰기와 같은 활동을 심리극 기법과 매칭시켜 자연스럽게 아동의 자발성과 창조성을 이끌어낼 수 있다. 집단심리치료에서도 마찬가지다.

1) 공통점

우선 구조적인 면에서 이 셋 모두는 준비도입단계-작업단계-종결단계의 형태로 나뉜다는 공통점이 있다. 그리고 각각의 과정 가운데 사회측정학 기법이 사용된다. 소시오드라마의 한 요소인 사회측정학은 집단 내 인간관계를 측정하기 위한 도구이며, 사이코드라마나 집단심리치료에서도 해당 집단의 상호관계를 탐색하기 위해 자주 활용된다. 더불어, 앞서 언급한 것처럼 모레노는 집단심리치료에 사이코드라마와 소시오드라마의 요소를 모두 포함하고자 하였다. 이는 인간 자체에 대한 연구 뿐만 아니라 흔히 사회원자라고 말하는, 그 개인들이 살아가는 사회 또는 체계 안에서의 인간을 연구하기 위함이었다.

2) 차이점

그러나 모레노가 사이코드라마, 소시오드라마, 집단심리치료라는 각각의 개념을 정립하게 된 배경적 이론에는 차이가 존재한다. 가령, 사이코드라마와 소시오드라마의 구분에 있어서 우리는 탐구하고자 하는 것이 인간의 내면인지, 혹은 인간의 외부세계인지에 따라 명칭을 달리한다. 사이코드라마는 한 개인이 삶으로부터 경험하며 축적해 온 내면상태에 조금 더 관심을 두는 반면, 소시오드라마의 경우에는 그러한 개인과 개인이 서로 만나 구축하는 상호작용에 초점을 두기 때문이다.

집단원의 구성에 대한 관점 역시 다르다. 집단심리치료에서는 집단원을 구성할 때 각 개인이 동질적인 정신병리를 가진 사람으로 해야 할지에 대해 많은 논의가 있다. 반면 소시오드라마와 사이코드라마에서는 집단의 동질성이나 진단적 특성이 별로 중요하지 않은 요소라고 여긴다. 오히려 서로 다른 사람들이 모여 있는 집단 안에서 좀 더 폭넓은 범위의 개인 특성을 미리 경험하는 것에도 나름의 장점이 있기 때문이다.

2. 소시오드라마

우리는 누구나 살면서 한 번쯤은 자신이 속한 사회의 문제에 관심을 가져본 적이 있을 것이다. 그리고 어쩌면, 문제의 해결 혹은 변화를 바라는 마음으로 자신의 의견을 어떤 식으로든 고찰해 본 경험이 있을지도 모른다. 이상을 품고 외치는 젊은 혁명가들처럼 거창할 필요는 없다. 단지 누군가는 술자리에서 가볍게 시작한 정치 이야기에 열띤 토론을 해 본 적이 있을 것이며, 또 어떤 이는 당 시대에 이슈로 떠오른 사건의 기사를 인터넷에서 읽고 제 나름의 의견을 댓글로 끄적여 보았을 수도 있다. 혹은 어쩌다 듣게 된 지나가는 뉴스의 내용에 대해 가족끼리 이렇다, 저렇다, 이야기를 나눠 보았을 수도 있다. 사회란 개인이 속한 가장 큰 공동체이기 때문에 이러한 관심이나 행동은 인간이라면 당연한 일일 것이다. '공통된 사회적 문제'를 가지고 타인과 의견을 나누는 것. 소시오드라마는 여기서부터 비롯된다.

1) 소시오드라마의 기본 개념

소시오드라마는 합의된 사회적 상황에 대해 참여자들이 자발적으로 행동하는, 집단 중심의 행동 도구이자 일종의 교육 방법이다. 소시오드라마를 통해 자신의 생각과 감정을 표현하고, 문제를 해결하며, 보유한 가치를 명확히 할 수 있다. 대개 하나의 집단이 한 회기 내에 다루게 되는 공통된 사회적 이슈는 하나 혹은 많아야 두 개 정도이다. 이렇게까지만 설명하자면 소시오드라마는 단순히 토론과도 같아 보일 수 있다. 그러나 집단 안에서 거론된 공통의 이슈에 대하여 각 개인이 서로 의견을 나누는 것은, 소시오드라마의 지극히 단편적인 한 부분일 뿐이다. 이보다 더 나아가 소시오드라마에서는, 집단이 다루고자 하는 주제를 합의하고 나면, 집단원들은 동그랗게 둘러 앉아있던 자리로부터 벗어난다. 그들 하나, 하나가 어떠한 역할을 맡아 액팅을 하는데, 여기서 소시오드라마가 가진 힘이 작용한다. 가장 궁극적인 힘은 집단 전체가 하나의 목적의식을 갖고 나아갈 때 경험되는 유대감과 소속감이다. 또한 이전에 생각으로만 알고 있던, 혹은 미처 알지 못했던 타인의 입장이 되었을 때, 집단원 각각은 서로가 별반 다르지 않음을 알 수 있게 된다. 개인은 집단 내에서 실수에 대한 처벌 없이 상상력을 사용하여 삶을 실천할 수 있는 기회를 얻는다. 따라서 소시오드라마는 집단적 행위와 교육에 있어서 훈련의 장이라고 말할 수 있다.

이러한 소시오드라마의 특징들은 매우 중요한 치료적 요인이다. 집단이 제공하는 보편성과 유대감이 전제될 때 집단원들은 더 자발적으로 참여하게 되며, 그들 앞에 놓인 공통된 문제를 목표로 서로가 가진 것을 나누고, 교감하기 때문이다. 그리고 자신의 것이 아닌 타인의 페르소나를 씀으로써 그들은 가치와 사고, 삶의 경험 등에서 서로 개별된 개체임에도 불구하고 함께하는 타인들과 자신이 결국에는 비슷하다는, 휴머니티에 대한 진실에 다가갈 수 있다.

위너Wiener, 1995는 소시오드라마를 두고 '사회적 상황에 대한 이해의 향상, 그 상황과 관련된 자신 및 타인의 역할에 대한 참가자들의 지식의 증가, 그리고 사람들이 주제에 대한 감정을 표현함에 따른 감정적 해방카타르시스'이라는 세 가지 목표를 가지고 있다고 말했다. 소시오드라마의 집단 안에서 주어진 문제를 주제로 다양성과 보편성을 여러 측면에서 탐색하다 보면, 점차적으로는 내가 아닌 타인을 더 잘 이해하기 위한 노력으로까지 나아갈 수 있을 것이다.

비록 지금-여기에서 이루어지는 집단활동은 가상의 현실이다. 하지만 우리는 워밍업에서 셰어링까지, 그 이후에 마주칠 수 있는 특정 상황에서 어떻게 행동할 것인가를 미리 생각하고 연습하며 배울 수 있다. 어떠한 비판도, 실수에 대한 주저함도, 실패의 결과를 책임져야 한다는 부담감으로부터 자유로운 상태에서 말이다.

2) 소시오드라마와 사이코드라마의 차이점

앞서도 말했듯, 사이코드라마와 소시오드라마의 구분은 크지 않다. 각각의 초점이 개인에게 있는지, 아니면 사회적인 문제에 있는지에 따라 달라진다. 물론 좀 더 세부적으로 비교하자면 몇 가지 차이점은 더 있다. 소시오드라마의 교육적인 측면이 그중 하나다. 흔히 학교나 직장 등 개인보다 단체가 강조되는 장면에서는 원활한 공동체 운영을 위해 소시오드라마의 교육적 특징을 활용한다. 집단 내 공통된 문제 사건을 다루고, 해결책을 모색하는 소시오드라마의 전 과정이 그 집단에 속한 참여자 모두의 변화를 유도할 수 있기 때문이다. 또한 소시오드라마의 집단 안에서는 개개인의 생각과 감정, 가치가 공유되면서도 사적인 부분들은 비교적 적게 노출된다. 때문에 집단원들은 자기개방에 대한 부담감이 해소된 상태에 머무르면서도 집단이 제공하는 소속감과 유대감, 카타르시스 및 자기 통찰에 접근할 수 있게 된다. 물론 사이코드라마도 비슷한 치료적 힘을 가진 일종의 '안전한 장소'이다. 하지만 다루고자 하는 문제의 주체가 개인인지, 전체사회 또는 집단인지에 대한 차이점으로 사이코드라마와 소시오드라마는 회기 안에서 기법의 사용 목적이나 활용방법이 각기 다르다.

일반적으로 사이코드라마에서는 한 회기당 주인공이 1명, 혹은 아주 간혹 필요하다면 2명 정도로 제한된다. 이 시간에 나머지 집단원들 모두는 그 주인공 한 사람을 위한 보조자아나 관객이 된다. 워밍업 역시 그날의 주인공을 선택하기 위한 활동이다. 반면 소시오드라마 안에서의 주인공은 집단 그 자체이다. 집단원들 전부는 각자가 가진 개인의 가치를 보유한 채, 혹은 이전에는 경험해보지 않았던 타인의 가치를 보유했다고 가정한 채 액팅에 임한다. 그리고 워밍업 역시 그날 다루게 될 집단의 공통된 관심사나 주제, 사회문제를 선택하고자 하는 목적으로 활용되거나, 단순히 집단 내의 유대감과 상호역동성을 높이기 위해 사용될 수도 있다.

셰어링 과정을 어떻게 적용하는가에서도 사이코드라마와 소시오드라마는 차이가 있다. 우리가 익숙한 셰어링은 아마도 사이코드라마에 더 가까울 것이다.

사이코드라마는 액팅 과정에서 주인공과 관객이 경험한 각자의 입장을 집단 전체와 공유하는 것이다. 그리고 이를 통해 주인공이 심리적 지지를 얻을 수 있도록 하는 것 역시 사이코드라마의 셰어링 단계가 가지는 힘이다. 반면, 소시오드라마에서는 셰어링의 중요성이 사이코드라마와는 다른 방식과 형태로 이루어진다. 소시오드라마에서는 액팅과 셰어링 단계의 오고감이 조금 더 자유롭다. 하나의 공통된 주제에 대하여 액팅과 셰어링을 거친 이후 새로운 관점/해결책 등이 생겨날 때 언제든지 다시 액팅으로 돌아가 이것을 반복적으로 연습할 수 있다.

표 2 사이코드라마와 소시오드라마의 차이점

구분	사이코드라마	소시오드라마
주제	개인의 문제(개인적 역할)	집단 공유의 문제(사회적 역할)
사적인 정보 노출 정도	상당 부분 드러남	자기 표출이 적음
효과	치료적 측면이 강함	교육적 측면이 강함
주의력	집중되는 편	다소 산만할 가능성이 있음
적용	개인의 갈등, 소망, 꿈	대인관계, 제도갈등, 사회적 역할훈련, 상호 이해의 증진, 집단의 변화
주인공	주인공 1명에 제한적	집단이 다 참여할 수 있음
워밍업	주인공 선정을 위함	주제 선정을 위함
셰어링	액팅단계의 경험을 공유	공동의 문제에 대한 해결책의 구색을 위해 '액팅 ↔ 셰어링'의 과정을 반복함

3. 집단심리치료

모레노의 삼원체계이기도 한 집단심리치료는 정신의학의 집단정신치료에서 비롯되었다. 원래의 목적은 개인치료와 마찬가지로 환자의 심리적 고통을 덜어주는 데 있으나, 차이점은 환자가 가진 문제나 내면의 갈등 등의 문제를 해소함에 있어 집단 내의 대인관계가 의사-환자의 일대일 관계를 대신한다는 것이다. 한마디로, 집단이 가진 장점을 통해 개인의 긍정적 변화를 도모하고자 하였다.

임상장면에서 집단이 처음 사용된 것은 1905년 미국 내과의사인 존 프렛J.H. Pratt이 결핵환자의 우울감을 집단의 지지로 해결하고자 한 것이 시초였으나, 이와는 별개로 집단심리치료라는 용어를 가장 처음 사용한 것은 1931년 모레노에 의해서였다. 하지만 그에 앞서 프로이트와 그의 추종자들이 개인정신분석 이론과 집단의 개념을 결합한 집단정신분석적 심리치료Group psychoanalytic psychotherapy라는 용어를 소개하며 그들의 의학적 모델을 정신의학에 도입하고자 했다. 이 시기를 전후로 미국에서는 현재 A.AAlcoholics Anonymous; 알코올 중독자 갱생회라 명명하는 자조집단공통적 문제나 인생위기를 가진 사람들의 동질성 집단으로 개인의 정신건강과 복지의 유지를 목적으로 함이 1935년 시작되었으며, 이어 다양한 형태의 치료적 공동체들이 생성되었다. 한국의 경우 일찍이 1960년대 초부터 '신경정신의학' 잡지에서 소개되었다. 특히 초창기 군정신병원에서 그 필요성이 강조되었고, 입원환자를 대상으로 정신과 병동에서 꾸준하게 실시되어 왔다. 현재는 기존의 치료적 목적을 가진 집단뿐 아니라, 학교나 회사 등 공동체를 강조한 곳에서 교육 집단이 다양하게 사용되고 있는 실정이다.

한편 집단치료가 단순히 치료의 효과만을 목적으로 하는 것은 아니다. 그 예로, 지도자 및 치료자의 훈련을 목적으로 하는 집단치료기법의 경우 교육적 의미가 더 강조된다. 또한 심리학의 이론적 근거에 따라 실존주의적 집단, 행동치료 집단, 게슈탈트 집단 등 더 세부적으로 나뉠 수 있다. 가족역동의 재구성을 위한 다양한 가족치료 이론들 역시 집단치료를 기본으로 한다.

1) 집단의 치료적 의의

집단을 사용하는 이유는 다양하다. 집단은 개인의 변화를 만들어 내기 때문에 집단 안의 관계 역시 변한다. 집단심리치료에 참여하는 개인은 집단 안에서 '안전하게' 감정이나 사고를 공유하며, 그 가운데 범인간적인 보편성과 유대감을 경험한다. 집단은 다양한 사람이 존재하는, 실제 삶과 근접한 일종의 '사회' 이면서도 안전한 가상현실이다. 집단원들은 그 안에서 상호작용하며, 자신의 행동을 재점검하고 새로운 행동을 시도하고 훈련할 수 있다. 이때 집단이 실제 현실보다 더 좋은 점은, 언제든 실패하고 또 재도전할 수 있다는 것이다. 시행착오에 대한 심리적 부담감과 스트레스가 적을 뿐만 아니라, 나머지 집단원들로 하여금 괜찮다, 더 잘할 수 있다 등과 같은 긍정적인 지지도 얻을 수 있다. 그리고 궁극적으로 이러한 과정을 경험한 개인이 다시 자신이 속한 실제 현실 세계로 복귀하였을 때, 조금 더 적응적인 인간의 역할을 수행 할 수 있게 한다.

로저스Rogers, 1970는 "집중적인 집단 경험은 매우 강력한 효능을 가지고 있는데, 이것은 20세기에 이르러 가장 급속도로 확산되고 있는 사회적 발명의 하나다."라고 하였다. 이 말은 곧 집단상담이 사람들에게 도움을 줄 수 있는 많은 강점을 갖추고 있다는 의미라고 할 수 있다. 이와 더불어 많은 이론가들이 집단의 치료적 의의를 정의하였으나, 그중 가장 대표적인 정의는 실존주의 치료자이면서 집단상담가로 유명한 얄롬Yalom, 2005의 것이다. 얄롬이 정의한 11가지 집단의 치료적 의의는 다음과 같다.

(1) 희망 심어주기

집단심리치료를 통해 자신에게 변화가 일어날 것이라는, 그리고 문제가 해결될 수 있다는 희망을 가지게 되는 것이다. 내담자도 자신의 성장 및 변화를 위해서 집단에 참여하기로 결정한 순간부터 희망감을 경험하게 된다.

(2) 보편성

자신의 문제, 생각, 감정, 충동, 상황들이 독특하다고 알고 있었던 것들이 집단에서 서로 자신의 고민과 생각을 내어놓고 이야기하는 과정 가운데 나와 타인이 유사한 생각과 고민을 가지고 있음을 알게 되는 것이다. 보편성의 또 다른 의미는 내담자가 자신의 문제에만 몰입하는 데서 벗어나 다른 사람에게 주의를 기울인다는 것이다.

(3) 정보 제공하기

집단에서 유사한 문제에 대해 다른 집단원들이 어떤 방식으로 그 문제를 극복했는지, 도움을 받을 곳은 어디인지 등에 대한 정보를 주고받을 수 있다.

(4) 이타주의

집단 상담에서 각 집단원은 다른 집단원에게 도움을 주고 있는 자신을 발견하게 되고, 남에게 도움을 주는 경험은 개인의 자긍심을 고양한다.

(5) 초기 가족의 교정적 재현

집단원과 집단 리더로부터 초기 가족 구성원에게 가졌던 감정을 다시 경험하게 되는 경우가 많다. 이때 초기 가족 구성원과 가졌던 부정적인 대인관계 패턴과 투사에 대해 해결할 기회를 갖게 된다.

(6) 사회화 기술의 발달

다른 집단원과 사회적 관계를 형성하면서 다양한 사회화 기술을 습득할 수 있다.

(7) 모방행동

내담자가 다른 집단원이나 집단 리더를 모방하여 바람직한 사고, 행동, 감정을 습득할 수 있다.

(8) 대인관계 학습

집단원들과의 실제 대인관계에서 내담자가 가지고 있는 일상의 대인관계 문제들을 해결하고, 새로운 대인관계 패턴을 습득한다.

(9) 집단 응집력

집단원들이 집단에 계속해서 참여하도록 만드는 요인들로, 신뢰, 따뜻함, 공감적 이해, 수용, 하나됨 등이 있으며 이는 내담자에게 소속감과 안정감을 제공한다.

(10) 정화

내면에 억압된 여러 가지 감정과 생각들을 집단 안에서 노출하는 것이다. 노출된 감정과 생각들이 다른 집단원들에게 수용되면, 내담자에게는 정서적 변화가 생긴다.

(11) 실존적 요인들

삶에 있어서 인간으로서 가지는 실존적 문제와 한계, 그리고 자신의 삶에 대한 책임감을 새롭게 인식하게 되는 것을 말한다.

이러한 집단의 치료적 의의는 모레노의 사이코드라마에서도 동일하게 적용된다. 가령, 사이코드라마에서 가장 강조되는 치료적 의의 중 하나인 정화catharsis는 집단 안에서 개인이 솔직하게 자신을 개방하고 문제를 직면하는 과정을 통해 경험된다. 또한 얄롬은 실존치료자로서 집단에서 개인은 인간의 죽음, 고립, 이별 등의 실존적 요인들을 재경험하고 재인식할 수 있다고 말하였는데, 사이코드라마에서도 요람기법, 미래투사기법, 재판기법과 같은 방법을 통해 이와 같은 실존적 요인들을 경험할 수 있다. 특히, 소시오드라마의 경우 집단은 공동체로서 하나의 문제를 두고 사회적 상호작용이 일어나기 때문에, 보편성이나 집단 응집력과 같은 집단적 지지 뿐만 아니라 타인의 견해를 통해 정보를 제공받거나, 모방과 학습을 통해 대인관계를 연습하고 부족한 사회화 기술을 발달시킬 수 있다.

2) 집단심리치료의 장 · 단점

집단이 가진 가장 큰 장점 중 하나는 바로 경제성이다. 개인심리치료와 비교하였을 때, 짧은 시간에 많은 사람의 성장을 도울 수 있다. 개인심리치료에서 치료자는 한 명뿐이지만, 집단 안에서는 치료자의 역할을 하는 디렉터와 더불어 집단원 각 개인이 또 하나의 치료자가 된다. 그만큼 내담자 개인에 대한 치료자디렉터의 영향력이 개인심리치료에서 보다 줄어들지만, 이러한 점 때문에 집단이 더 편할 수 있다.

디렉터 역시 내담자-치료자의 1:1 라포가 중요시되는 개인심리치료에 비해 치료자로의 역할이 축소된다. 물론 그렇다고 해서 집단에서는 디렉터가 아무것도 하지 않아도 된다는 의미는 전혀 아니다. 오히려 집단 전체의 역동을 파악하고, 적절한 피드백이나 질문, 기법 등을 사용하여 집단 스스로가 가진 힘을 유도하는 역할을 하게 된다. 사이코드라마나 소시오드라마를 포함한 집단심리치료에서는 치료자가 아닌 디렉터라는 용어를 사용하는 것도, 이와 같은 이유에서이다.

집단은 하나의 작은 사회이다. 그 속에서 집단 구성원 각 개인들은 서로 상호작용을 하며 대인관계 안에서의 자신의 모습을 재검토하고, 타인의 행동이나 언어적 피드백을 통해 좀 더 적응적인 행동을 모방하며 실질적인 변화를 모색할 수 있다. 무엇보다 자신을 관찰하는 것에서 더 나아가 다른 사람들에 대해서도 더 깊은 관심을 가지며, 이전에 가지고 있던 사고를 재수정할 수도 있다. 이와 같은 직접적인 자기통찰이나 대리경험, 모방학습 또는 행동훈련 등은 개인심리치료에서는 쉽게 얻을 수 없는 치료적 요인들이다.

집단은 소속된 전체의 이익을 도모하는 지지적 공동체이다. 집단 안에서 공유되는 허용과 공감을 통해 집단원들은 심리적 안정을 느낀다. 안전한 지지체인 집단이 나를 이해하고, 수용해주는 경험은 반대로 개인이 스스로에 대해 있는 그대로의 자신을 탐색하고, 수용할 수 있게 하는 힘을 주기도 한다. 집단의 성격에 따라 참여한 모든 이들이 다 같은 이슈를 가지고 있는 건 아니지만 개인은 다른 사람들 역시 나처럼 살아가는 데 있어 다양한 문제로 고민하고 노력한다는 점을 깨달을 수 있다. 그리고 집단과 집단심리치료 자체가 문제가 개선될 수 있다는 희망을 얻게 된다.

위와 같은 이점들 때문에 때때로 치료자들은 한 개인에게 개인심리치료와 집단심리치료를 병행하기도 한다. 물론 개인이 가진 심리적 어려움이 너무 크거나 혹은 대인관계에 굉장히 소극적이어서 비교적 많은 수의 타인과 상호작용해야 하는 집단 자체를 부담스러워하는 내담자가 있을 수도 있다. 또한 개인심리치료에서처럼 특정 집단원의 문제가 충분히 다뤄지지 못할 가능성이 크다. 만일 아직 자기개방에 대한 심적 준비가 되기도 전에 집단 분위기에 압도되어 '마음 속

비밀을 털어놓아야 한다.'는 생각이 든다면 집단 압력에 의해 심리적 갈등을 느끼고 상처를 받을 수도 있다. 무엇보다 체계적인 훈련이나 전문성이 부족한 디렉터가 집단을 이끌게 되면 집단에 적절한 도움을 주지 못하는 경우도 존재한다. 그렇기 때문에 상담과 심리치료를 교육하는 대학이나 기타 기관에서는 예비 훈련생들을 대상으로 자체적인 집단을 형성하여 실제 임상에 앞서 집단원과 디렉터로서의 경험 모두를 할 수 있도록 돕는다.

4. 모레노의 삼원체계와 사회측정학

인간은 끊임없이 선택한다. 같은 상황에서도 사람에 따라 다른 선택을 할 수 있기에, 어쩌면 우리의 현재는 지난 과거에서부터 쌓아온 선택의 축적이라 해도 과장은 아닐 것이다. 사회적인 상황에서도 마찬가지다. 아침에 일어나 가장 먼저 누구에게 연락할 것인지, 어제 서운한 감정을 들게 했던 동료를 회사에서 마주했을 때 그래도 웃으며 인사를 할지 아니면 모른 척 지나갈지, 주말에 시험공부를 하러 독서실을 갈 때 어떤 친구와 함께 할지, 혹은 그냥 혼자 갈지 등등 다양한 사회적 상황 가운데 타인과 나의 거리감을 어떻게 할지에 대한 선택은 멈추지 않는다.

이러한 사회적 상호작용은 가정에서 시작된다. 더 정확히는 유아기적 어머니와의 상호작용이 바로 그것이다. 그리고 개인이 성장함에 따라 그 사회적 범위는 이후 점차 넓혀진다. 가정과 사는 지역, 학교나 직장 등 더 큰 심리-사회적 네트워크를 형성하는 것이다. 이러한 네트워크를 사이코드라마에서는 사회원자라고 한다. 그리고 사람들은 저마다 다양한 크기와 형태의 사회원자를 보유하고 있다. 가령 어떤 이는 비교적 폭넓은 관계망을 형성하는 반면, 매우 소수의 국한된 관계망을 가지는 이들도 있다.

모레노는 사람들이 대인관계 안에서 끊임없이 의사결정을 내린다는 사실에 관심을 가졌다. 그리고 이러한 대인관계는 가시적일 수도 또는 비가시적일 수도 있는 관계망을 가지고 있으며, 또한 개인의 선택과 결정에는 일종의 내적 기준이 있다는 사실도 알게 되었다. 이를 바탕으로 모레노는 사회적 선택의 양상을 연구하면서 사회측정학에 대한 기본적인 이론을 정립하게 되었다.

모레노의 정의에 따르면 "사회측정학이란 개인의 사회적 선택과 그 결과인 사회원자의 양상을 측정하는 방법이다." 여기에서 사회원자social atom란 사람들이 저마다 보유하고 있는 다양한 크기와 형태의 사회적 네트워크를 의미한다.

1) 사회측정학 적용의 필요성

사이코드라마와 소시오드라마에서 사회측정학을 활용하는 방법은 다양하다. 사이코드라마에서는 내담자가 구축해 온 타인과의 사회적 관계 패턴을 탐색하기 위한 절차로 활용될 수 있다. 소시오드라마의 집단일 경우, 디렉터는 사회측정학을 통해 해당 집단 자체의 가시적, 비가시적인 역동도 살펴볼 수 있다.

2) 사회측정학의 적용 과정

워밍업은 사이코드라마와 소시오드라마 모두에 해당하는 시작단계다. 워밍업에서 집단의 사회측정학적 관계가 형성되고 나면 다음 단계인 액팅과정에서 훨씬 더 깊이 있는 드라마가 이루어질 수 있다. 디렉터가 사회측정학적 방법을 통해 집단원들에게 다양한 역할을 유도할 때 그들은 이 집단이 안전한 지지자원이라는 신뢰감을 느끼게 된다. 사회측정학을 적용하는 과정에서 디렉터는 집단원들이 보유하고 있는 정보를 관찰할 수 있으며, 집단의 은밀하면서도 공공연한 구조를 탐색할 수 있다. 특히 사회측정학은 집단원 간의 선택을 통해 집단의 텔레가 확인되며, 이때 만일 어떠한 집단에서는 지금까지 긍정적인 역동이 보여지지 않았다면, 디렉터는 무엇이 문제였는지 집단의 주제도 알 수 있다. 이렇게 되면 집단 체계 안에 들어 있는 의식적, 무의식적 가치들이 명확해진다. 그리고 집단 응집력이 촉진된다.

사회측정학은 액팅에서도 여러 가지 방식으로 적용할 수 있다. 집단원은 각자의 사회측정학적 네트워크를 가지고 집단에 들어간다. 집단의 모든 사람은 개별적인 사회적 네트워크에서 작용한다. 이러한 네트워크는 중첩이 되고 서로 뒤엉켜 있다. 주인공이 집단 내 누구와 어떻게 상호작용하느냐에 따라 이러한 사회적 네트워크의 형태가 표면에 드러나게 된다. 가령 사이코드라마의 한 장면으로 디렉터는 주인공과 함께 무대 위를 '걸으며 이야기 하는 것'으로 극을 시작하기도 한다. 이때 두 사람 간의 라포가 형성되고 사회측정학적으로 관계가 형성된다. 그 유대감을 기반으로 주인공은 점차 나아가 원하는 장면을 선택하고 나머지 집단원들 중 보조자아 역할을 할 사람들을 선택한다. 이때도 역시 주인공과 집단원 간에 사회측정학적 특성이 드러난다. 혹은 새로운 역동이 재탄생할 수도 있다. 소시오드라마에서라면 디렉터는 워밍업 단계에서 사회측정학을 통해 파악한 집단 역동의 문제적 주제를 액팅으로 꾸며볼 수도 있다. 공통된 주제에 대해 각자가 나누었던 의견이 개인 안에서 나름대로 통합되며 타인과 세상을 보는 시야가 변화된다. 이와 같은 과정은 집단원의 역할 레퍼토리에 영향을 미친다. 그리고 이것이 수정될 때 집단에서 그 사람의 사회측정학적 위치가 변하며, 통찰이 이루어진다.

모든 액팅이 끝나고, 집단원들은 지금까지의 경험을 공유하는 셰어링 단계로 넘어가는데 이때에도 서로 간의 사회측정학적 연결이 재검토된다. 누가 누구와 더 동일시했는지, 혹은 동일시가 어려웠는지가 분명해진다. 사이코드라마나 소시오드라마에 구분 없이, 집단원들은 자신이 맡았던 역할로부터 새로운 통찰과 이해를 얻으며 경험한 의식의 전환을 서로 나누며 다시금 한 번 더 집단 내 지지와 응집력을 키울 수 있다.

치료는 만남이다. 그리고 만남은 지금-여기에서 이루어지는, 다분히 실질적이며 입체적인 텔레의 공유다. 따라서 내담자의 변화를 위해서 우리는 탐색의 범주를 단편화해서는 안 된다. 의식에서부터 무의식까지, 과거에서부터 현재까지, 내담자의 일생 가운데 축적되어 왔던 내-외부의 경험 모두를 탐색할 필요가 있다. 상담실이라고 하는 제한적이면서도 안전한 공간 안으로 내담자의 현실을 불러와 사이코드라마나 소시오드라마로 재현해낼 때 비로소 치료는 힘을 얻고, 변화는 나타날 것이다.

웅덩이 속 나

활용

'웅덩이 속의 나'라는 간단한 기법을 집단원에게 소개하면서 누구나가 느낄 수 있는 좌절의 경험을 공유하도록 한다. 집단원이 공감할 수 있는 주제를 통해 소시오드라마를 진행할 수 있다. 먼저 디렉터는 U자 웅덩이 선이 그림이 그려진 종이와 필기도구를 준비한다.

> ***디렉터:*** *"혹시 살면서 힘들었던 경험이 있었나요? 마치 이 세상에 나 혼자만 있는 것 같고, 곁에 도와줄 사람이 아무도 없는 것 같은 기분을 느껴본 적이 있는지 궁금합니다. 마치 깊은 웅덩이 속에 빠진 것처럼 절망적이고 무기력했던 순간의 기억을 떠올려보도록 해볼게요."*

디렉터는 집단원이 생각 할 시간을 준 뒤, 잔잔한 음악을 틀고 종이와 필기도구를 나눠준다.

> ***디렉터:*** *"그때의 기억을 떠올리며, 깊은 웅덩이에 빠진 내 모습을 그려보세요. 그리고 글로 당시의 상황과 내 주변은 어땠는지, 감정과 생각도 써 보세요."*
> *"그림을 한 번 볼까요? 어떤 감정이 드나요? (잠시 뒤) 만일 그때 어떤 도움이 있었다면 내가 그 웅덩이 속에서 더 빨리 빠져나올 수 있었을까요? 글이나 그림으로 내가 원하는 도움의 손길을 묘사해 보세요."*

이후 디렉터는 집단을 소그룹으로 나누어 서로 대화를 하도록 한다. 셰어링을 마친 뒤에는 각 소그룹에서 대표를 정하여 그들이 나눈 것을 말하도록 하거나, 혹은 원하는 사람이 있다면 자신의 이야기나 다른 사람의 이야기(상대방의 허락 하에) 중 인상 깊었던 내용을 발표해보도록 한다.

집단이 이미 액팅에 대한 준비가 되어 있다면 주인공을 선정하고 무대 위에서 실제로 웅덩이에 빠져있던 당시의 모습을 연기한 뒤, 보조자아가 주인공이 원하는 도움의 손길이 되어 웅덩이로부터 빠져나오는 것까지 액팅해 보도록 한다.

액팅을 할 때에는 조명으로 주인공을 강조하고, 긴 천이나 의자, 또는 집단원들(뒤돌아 서있는)을 주인공 주변에 둘러 세워서 실제 웅덩이에 빠진 것과 같은 고립감을 설정하면 효과적이다.

사이코드라마의 구성

6

주인공
디렉터
보조자아
관객
무대공간

사이코드라마는 주인공의 개인적 특성뿐만 아니라 집단원의 사회적 역동을 모두 활용하여 정해진 줄거리 없이 즉흥적으로 진행되는 작업이다. 대개 주인공을 중심으로 중요한 대인관계를 비롯한 삶의 여러 측면에 대해 탐색하게 되기 때문에 보조자아, 관객과의 관계를 통해 해결점을 모색할 수 있다. 이러한 역할들은 디렉터와의 공동 창조 과정을 통해 사이코드라마 장면으로 만들어져 치료적 변화가 일어날 수 있도록 하는데, 이때 사이코드라마가 행해질 수 있는 모든 공간을 무대로 활용할 수 있다. 이러한 사이코드라마의 구성을 주인공protagonist, 디렉터director, 보조자아auxiliary ego, 관객audience, 무대공간stage으로 나누어 살펴보도록 하겠다.

1. 주인공

주인공은 '선택자', '연기자' 등으로 불리며 사이코드라마의 주체가 되는 사람이다. 사이코드라마에서는 흔히 주인공을 '프로타고니스트protagonist'라고 부르는데, 여기서 'proto'는 '제일'을 뜻하며, 'agonizesthai'는 '경쟁한다'는 뜻으로 그리스 신화에 나오는 신과 인간의 경쟁에 그 어원을 두고 있다.

주인공은 충분한 준비작업을 통해 자발적으로 선택되며 자신의 진실을 집단 앞에 제시하게 된다. 주인공은 다른 구성원들이 자신의 작업을 수행할 수 있도록 하는 대표적인 목소리이자 행동으로 옮기는 사람이라는 의미로의 '배우'로 묘사되기도 한다.

1) 주인공의 특성

집단의 구성원은 모두 잠재적 주인공이며 그들 자신과 삶을 보여줄 기회가 있다. 주인공은 자신의 경험을 바탕으로 무대에 올라 중심을 이루는 사람이기 때문에 사이코드라마에서 주인공을 맡은 사람의 영향력은 매우 중요하다.

사이코드라마에 적합한 주인공은 사이코드라마에 참여하려는 적극적인 동기와 자발성이 중요한데 저항이나 거부를 가진 주인공의 부자연스러운 연기는 사이코드라마의 흐름이 원활하지 못하도록 한다. 주인공은 자기 삶의 상황을 진실한 태도로 전달해야 하는 사람으로 타인의 아픔과 고통에 관대하고 개방적이며, 자신의 내적 갈등을 해결하고자 하는 의지를 가져야 한다. 더불어 사이코드라마의 형식을 잘 이해하여 현실과 연기를 분별할 수 있고, 적응적으로 퇴행했다가 현실로 회귀할 수 있으며 창의적으로 사고를 하는 사람들에게 효과적이다. 주인공은 집단원 앞에서 자신을 드러내야 하는데, 자아강도가 높을수록 타인의 시선에 영향을 받지 않고 자신의 생각이나 감정을 표현하는 것이 자연스러워 사이코드라마를 원활하게 진행할 수 있다. 반면 사이코드라마가 때에 따라 노출과 직면이 필요한 것은 맞지만 주인공이 감당할 수 없을 정도의 노출을 경험하면 후회나 좌절감을 느끼기도 한다. 따라서 자신의 개방성을 적절히 조절하고 자발성, 창조성, 자아강도가 뛰어난 사람을 주인공으로 선정한다면 효과적인 사이코드라마를 진행할 수 있다.

2) 주인공의 역할

(1) 계약

주인공은 디렉터와 집단원의 도움을 받아 사이코드라마에서 탐구해야 할 문제를 제시한다. 무대 위에서는 현실 속에서 충족할 수 없었던 욕구를 충족시켜줄 수 있는 가상의 잉여현실을 다루게 된다. 주인공은 현실과 환상, 과거, 현재, 미래 등 모든 상황들을 지금-여기의 상황으로 실현한다. 주인공은 주요한 역할을 하는 동시에 역할 전환을 통해 자신의 역할 외에 다른 역할을 할 수도 있다. 또한 주인공은 거울 기법을 이용하여 장면 밖에서 드라마를 관찰하기도 한다.

(2) 연기

주인공은 디렉터와 함께 주어진 시간에 달성 가능한 목표로써 탐구해야할 갈등이나 문제에 대해 합의한다. 디렉터는 한 번의 세션만으로는 이러한 갈등이나 문제를 다룰 수 없음을 고지해야 한다. 때때로 주인공은 필요이상으로 많은 세부사항을 말하고 싶어 하기도 하고 다른 문제들 사이에서 쉽게 결정을 내리지 못하기도 한다. 그래서 주인공이 디렉터에게 자신이 다룰 문제를 결정해달라고 하는 경우도 많다. 하지만 자신의 삶은 다른 사람보다 자신이 가장 잘 알기에 주인공은 사이코드라마의 출발점을 스스로 제안할 준비가 더 잘 되어 있어야 한다. 주인공은 역할이나 장면에서 디렉터의 질문이나 요청을 받음으로써 자신이 진정으로 필요로 하고 원하는 것을 알 수 있고, 필요 없는 것들은 놓아줄 수 있게 된다. 이러한 합의된 문제나 갈등은 목표 달성의 정도에 따라 새롭게 갱신할 수 있다.

(3) 잉여현실에서의 주인공

주인공은 과거, 현재에 실제로 발생했거나 미래에 발생할 수 있고, 또는 그렇지 않을 수 있는 다양한 장면을 연기할 수 있다. 주인공의 자발성과 창의성을 발전시켜 최적의 상황을 만들어내는 것이 주인공으로서의 기본적인 역할이기는 하지만 항상 주인공의 행동이나 반응의 기원을 찾아 시간을 거슬러 올라가야 하는 것은 아니다. 특히 트마우마와 같은 사건을 다룰 때는 더욱 그러하다. 대신 무대라는 잉여현실의 영역에서 자신의 자발성을 훈련할 수 있다. 주인공, 보조자아 또는 관객은 내부 세계와 외부 세계 사이의 자연스러운 연결 관계가 형성될 때까지 충분한 시간이 필요할 때도 있다. 과도기적인 공간 역시 사이코드라마의 무대이자 극장이기 때문에 이러한 잉여현실의 영역이나 은유적이고 판타지적인 차원에서 주인공과 함께 하는 것은 전혀 드문 일이 아니다. 주인공과 함께 자연스러운 잉여현실의 상태인 꿈을 떠올려보며 작업할 수도 있다. 그 내용은 치료사에 의해 분석되거나 해석되지는 않지만 무대 위에서 꿈의 다른 요소들과의 역할 전환을 통해 그 내용의 의미에 대한 새로운 이해에 도달하고 현실에서의 사건과 연관 지을 수 있게 된다. 주인공의 잉여현실 수준을 유지하면서 현실 경험을 받아들이는 것은 모든 사이코드라마 작업의 출발점이다.

(4) 맥락에서의 주인공

주인공은 꿈이나 은유적인 묘사를 통해 억압된 고통을 드러내면서 전이를 발생시키기도 하지만, 은유적인 수준에서 작업함으로써 다시 외상을 입지 않고 필요한 일을 할 수도 있다. 어떤 시스템의 한 가지 기능 수준에서 무언가가 변경될 경우 그 시스템 내의 다른 모든 수준에서 유사한 변화가 일어나는 것처럼, 우리는 주인공의 기능 체계의 어딘가에서 이루어진 변화가 다른 모든 수준에 영향을 미친다고 가정할 수 있다.

(5) 셰어링 장면에서의 주인공

사이코드라마가 결말에 이르렀을 때 주인공은 대개 침묵하고 집단의 셰어링을 받아달라는 요청을 받는다. 주인공은 감정적으로 정리되지 못한 상태로 무대에서 복귀하여 다른 집단원들이 자신과 동일시했던 방식을 듣게 되며 이러한 과정을 통해 다시 감정적인 옷을 입게 된다. 일부 디렉터는 주인공이 다른 사람의 말이나 행동을 받아들이는 능력이 소진되었을 경우, 다음 세션의 시작까지 셰어링을 연기하기도 한다. 하지만 일반적으로 셰어링은 집단에서 도출된 것을 집단에 다시 배치할 수 있도록 하기 위해 고안되었기 때문에 세션 직후 바로 시간을 가지는 것이 더 적절하다. 주인공은 이 단계에서 분석이나 판단에 노출되어서는 안 되며 디렉터는 진행과 지시하는 데 있어서 굉장히 신중해야 한다. 디렉터는 주인공이 셰어링에서 일시적으로 방어 체계가 낮아져 취약할 수 있을 것에 대비하여 세션 이후 사후관리를 할 수 있다.

3) 주인공의 선정

보통 준비 작업이 끝나갈 무렵, 주인공을 선정하게 되는데 대체로 집단이나 디렉터가 선정하거나, 집단원 스스로가 작업하고 싶은 바람과 욕구를 스스로 표현하여 선정하는 방법이 있다.

모레노는 주인공 선정에 사회측정법을 널리 활용하였는데 어떤 장면에서 특정 주인공을 미리 계획하는 것보다는 집단원들 간의 텔레 연결을 이용하여 주인공을 선정하는 것이 더 일반적이다. 디렉터는 집단원들 각자가 어떤 주제로 작업을 하고 싶은지 진술하게 한 후, 집단원의 참여를 촉진하기 위해 주제와 가장 밀접하게 연관되어 있다고 느끼는 집단원의 뒤에 서거나 어깨에 손을 얹도록 할 수 있다. 때때로 선택 과정에서 벗어난 집단원들, 즉 주인공이 되지 않은 사람들은 소외감을 느낄 수 있는데, 이때 디렉터는 상황을 지켜보고 필요한 경우 조치를 취할 수 있다. 디렉터는 스펙트로그램이나 척도 질문을 이용하여 문제 상황을 탐색하거나 자신의 권한으로 작업에 별로 참여하지 않는 사람들에게 참여 의사를 물어보며 그들을 도와줄 수 있는 방법을 찾아야 한다.

(1) 디렉터에 의한 선정

주인공 선정 과정에 소요되는 시간을 고려하여 디렉터가 주인공을 직접 선택할 수 있다. 치료 경험이 풍부한 디렉터는 워밍업을 통해 주인공의 작업을 지지할 수 있는 집단의 능력에 대한 본질적인 믿음을 갖고, 집단 내의 요구와 필요를 파악하여 주인공을 선정할 수 있다. 이러한 방식은 집단의 역동이 건강하지 못하거나 집단이 적절한 주인공을 선정할 수 있는 능력이 부족할 때 실행될 수 있다. 또한 집단이 집단원들의 성장에 중요하다고 생각하는 문제를 탐색하도록 직접적으로 도와줄 수 있고, 스스로 고립된 집단원을 작업 과정에 끌어들여 자신을 드러내게 함으로써 구성원들의 이해와 동일시를 얻게 한다는 장점이 있다.

(2) 집단원에 의한 선정

모든 집단원들은 세션의 시간 또는 기간과 상관없이 작업 시작 시점에서 자신의 바람을 표현할 기회를 갖는다. 워밍업이 시작되고 세션이 진행됨에 따라 집단 프로세스가 발전하기 때문에 세션마다 새로운 주인공을 선정하기란 매우 어려운 일이다. 따라서 작업 초반에 작업을 하고 싶거나 준비가 되었다고 느끼는 집단원으로 하여금 자유롭게 자신의 의사를 표현하고, 작업과 자기 자신, 집단에 대한 책임감을 가질 수 있도록 격려하고 지지하는 것이 중요하다. 이 방법은 사이코드라마의 기본 철학인 내담자의 자율성을 향상시키고 자신이 탐색하고 싶은 문제를 직접 해결하도록 하는 것과 맥락을 같이 한다.

2. 디렉터

디렉터director는 '감독', '연출자'라고도 하며 사이코드라마의 기법을 적용하여 주인공으로 하여금 자신의 문제를 무대 공간에서 자연스럽게 전개하도록 분위기를 조성해주면서 사이코드라마 전체를 지휘하고 진행하는 사람이다. 디렉터는 사이코드라마에 나오는 인물들을 이해하고 그 역할들을 소화해야 할 뿐만 아니라 주의의 초점을 장면 연출, 문제 해결, 집단으로 이끌고 사이코드라마에 대한 전문적인 지식과 개인적 자질이 있어야 하는 '연출자', '치료자', '분석가'로서의 기능을 한다.

1) 디렉터의 역할

디렉터는 사이코드라마의 중심에 서서 사이코드라마를 이끌어 간다는 점에서 매우 중요한 역할을 한다. 또한 디렉터는 주인공이 무대에서 행동으로 표출하는 문제들을 파악하고 해결책을 찾을 수 있게 도와주는 역할을 한다. 사이코드라마는 주인공 외에 보조자아와 집단으로 구성되어 이루어지기 때문에 디렉터의 역할은 치료자의 중립성이 강조되는 개인치료에 비해 적극적이고 지시적이다.

디렉터는 주인공의 변화는 물론 관객의 변화까지도 관찰해야 하며, 무대 위 장치와 소품, 조명까지도 생각하여야 한다. 디렉터는 전체 집단원에게 그날 무대에서 이루어지게 될 상황, 세션의 목적, 역할, 시간제한 등을 설명해주고, 주인공이 자발적으로 등장하여 연기를 할 수 있게 유도해야 한다. 또한 주인공을 관찰하면서 얻은 정보를 토대로 주인공의 필요를 채워주고 주인공의 변화를 이끌어내는 치료자 역할을 한다. 이때 주인공의 감정을 이끌어내기 위해 주인공의 경험에 대한 보조자아의 몰입을 유도하여 적극적으로 활용할 수 있다.

디렉터는 사이코드라마가 진행되는 동안 주인공과 보조자아 혹은 디렉터 자신 사이에 일어나는 전이나 역전이 감정을 잘 다루어야 하며 관객이나 극의 흐름을 재빨리 읽을 수 있는 감수성을 유지하여야 한다. 주인공이 자신을 도와줄 보조자아를 직접 선택하는 경우도 있지만 그렇지 않은 경우에는 디렉터가 보조자아를 선택하기 때문에 평소 보조자아의 성향을 잘 파악하고 있어야 한다.

디렉터는 집단의 에너지를 유지하는 일을 한다. 각 집단의 에너지 수준이나 분위기에 따라 숙고하고 내성할 수 있는 기회를 제공하기도 하고, 적극적인 준비 과정으로 집단을 소생시키는 방법을 알고 있어야 한다. 사이코드라마가 진행되면서 보이는 집단원의 피드백에 관심을 기울이며 집단의 감정의 흐름을 세심하게 파악하고 있어야 한다. 이를 위해서는 디렉터 자신의 감정에도 민감해야 하는데 사이코드라마 진행 과정에서 불만족감이나 불편함을 느낀다면 집단과 함께 점검해 나가면서 집단의 반응을 꾸준히 살펴보아야 한다.

2) 디렉터의 기능

(1) 연출자

디렉터는 무대를 지휘하고 진행한다는 점에서 연극이나 드라마의 연출자와 같다. 디렉터는 무대에서 주인공, 보조자아, 관객의 역할을 배정하고, 극적인 분위기를 위해 조명을 조성하거나 어울리는 음악을 선택하며, 집단원들이 감정을 자연스럽게 방출할 수 있도록 유도해내는 능력을 갖추고 있어야 한다. 디렉터는 순발력을 발휘하여 자신만의 독창적인 방식을 발전시켜 나가며, 노련한 디렉터는 무대에서 현실세계와 상상세계를 조합하여 불가능한 모든 것이 가능한 상황으로 바꿀 수 있도록 한다. 이를 통해 주인공이 잠시 동안만이라도 자신이 처한 한계를 벗어나 무한한 세계를 경험하도록 도와주며 예상치 못한 변화의 순간을 이끌어낼 수 있다.

(2) 치료자

이처럼 디렉터는 주인공에게 변화를 유도하는 치료자의 역할을 한다. 디렉터는 위기 상황에서 치료적으로 개입하여 갈등을 다루고, 주인공에게 문제에 대한 통찰력과 정서적 안정감을 제공해주어야 한다. 또한 집단 내에서 발생하는 저항을 능숙하게 다루고, 주인공의 인지적 왜곡이나 대인관계 문제점을 교정시켜 주인공에게 치료적 도움을 주는 역할을 한다. 따라서 디렉터는 심리학적 지식뿐만 아니라 정신병리, 심리치료에 대한 기본적인 지식을 갖추어야 한다. 디렉터의 치료적 개입은 비언어적 의사소통과 언어적 의사소통으로 이루어질 수 있다. 비언어적 의사소통은 디렉터와 주인공 사이의 물리적인 거리나 표정을 주고받는 것, 목소리의 억양과 강도, 자세, 신체적 접촉 등을 관찰하는 것이다. 언어적 의사소통은 직면, 명료화, 해석, 카타르시스, 수용, 연상, 조언, 교육, 자기노출 등으로 개입하는 것이다.

(3) 분석가

디렉터는 집단원의 연기에 나타나는 감정, 사고, 행동, 태도를 세심하게 관찰하고 이해하여, 사이코드라마에서 나타나는 개인적인 문제나 대인관계 현상들에 대해 경청하고 공감하는 역할을 한다. 주로 무대에서 이루어지는 집단원의 행동을 분석하며, 저항을 해결하고 자발성을 조장하여 주인공이 원하는 대로 자유롭게 행동하고 표현할 수 있도록 돕는다. 또한 분석가로서 집단원의 복잡한 정서적 측면들을 정확하게 지각하는 공감 능력이 필수이며, 다양한 삶의 경험과 이론적인 지식이 바탕이 되어야 한다.

3) 이상적인 디렉터의 자질

제르카 모레노Zerka Moreno, 마샤 카프Marcia Karp, 포피 스프레그Poppy Sprague와 데보라 스미스Deborah Smith는 사이코드라마의 이상적인 디렉터가 되기 위해서 갖추어야 할 자질에 대해 다음과 같이 기술하였다.

디렉터는 정서적 에너지를 갖고 있으며, 법률이나 관습을 타파하고 상상력을 발휘하여 접근 방식에 제한을 두지 않는 용기를 지녀야 한다. 또한 집단원의 비언어적 메시지에 주의를 기울이고 이면을 파악할 수 있어야 하며, 주인공의 입장에서 그를 존중하고 때로는 언어로 표현하는 것을 중단시키고 행위로 들어갈 시기를 아는 능력을 갖추어야 한다. 대다수의 디렉터들이 사이코드라마의 시작 시점은 알고 있으나 어디쯤에서 끝맺음을 해야 할지 모르는 경우가 많지만, 이상적인 디렉터는 자연스러운 종결 시점을 알고 사이코드라마를 마무리 지을 수 있어야 한다. 디렉터는 인내심과 호기심을 가지고 집단원을 공감할 수 있어야하는 반면, 잘 이해하지 못했을 때는 이를 인정하고 다시 한 번 이야기해달라고 요청할 수 있어야 한다. 더불어 유머감각을 지니고 유연하고 겸손한 태도로 집단원을 다룰 수 있어야 한다.

3. 보조자아

보조자아auxiliary ego는 모레노가 창안한 용어로 주인공이 자신의 문제를 탐구하도록 돕는 사람을 지칭하며, 사이코드라마에 참가하는 주인공과 디렉터 이외의 역할을 담당한다.

1) 보조자아의 역할

보조자아는 주로 주인공의 삶 속에 등장하는 인물 또는 그의 내면세계가 지니는 다양한 측면을 정확하게 재현함으로써 주인공이 상황을 더욱 생생하게 경험할 수 있도록 도와준다. 보조자아는 주인공에게 중요한 타인이나 사물 또는 대상의 역할을 하기도 하고, 주인공의 변형된 자아나 환상 속의 인물을 대신하기도 한다.

보조자아의 역할은 자발성 훈련의 일부이기도 하다. 왜냐하면 주인공이 처한 역할에 따른 적절한 반응을 순간적으로 해내야 하고, 주인공의 욕구를 충족시키기 위해 자신의 욕구를 억제하는 동시에 자신의 경험과 지식, 창의력을 동원하여 주인공이 경험한 그대로 역할을 재현해야 하기 때문이다. 그러므로 디렉터와 보조자아가 한 팀이 되어 잘 협조해야 사이코드라마의 원만한 진행과 좋은 결과를 얻을 수 있다.

이처럼 보조자아는 특히 디렉터와 함께 치료적 공동 행위를 하게 되는데 이러한 공동 행위의 기원은 마치 유아와 어머니의 관계처럼 결속력 있고 물 흐르듯 자연스럽게 이루어지는 것과 맥락을 같이 한다. 주인공이 무대에서 보조자아들과 함께 자신의 삶 속 실제 인물들과 함께 하는 장면들을 반복하는 경우, 그들은 서로를 검토하고 상기시키고 분석할 뿐만 아니라 치료에 필요한 장면이나 방향을 제시하기도 하면서, 서로에게 실질적인 치료 수행자therapeutic agent 역할을 한다. 훈련된 보조자아는 주인공이 요구하는 역할을 연기하는 동시에, 준비단계를 거쳐 주인공의 불안이나 결점, 욕구 등을 문제 해결로 이끄는 기능을 하는 실질적인 치료 수행자인 것이다.

모레노는 보조자아를 다음과 같이 설명했다.

> *"보조자아는 확장된 디렉터 역할이다. 그들은 또한 주인공의 인생극에서의 실제적인 혹은 상상 속의 페르조나를 묘사하는 확장된 주인공 역할이기도 하다.*
> *보조자아의 기능에는 세 가지 요소가 있다.*
> *주인공의 세계에서 요구되는 역할을 묘사하는 배우가 되는 것.*
> *주인공을 인도하는 상담자가 되는 것,*
> *그리고 특별한 탐구자가 되는 것"*
> *(Moreno, 1946: 15)*

2) 보조자아의 유형

보조자아는 주인공 주변에 있는 모든 대상의 역할이 되어 주인공의 생각, 경험, 이상이나 환상을 표현할 수 있도록 돕는다. 가장 흔한 유형은 보조자아가 주인공과 가까운 주변 인물이 되어 주인공이 당면한 문제를 발견하고 도출할 수 있게 하는 것이다. 또는 실제 존재하지 않는 신이나 이상형의 인물, 이상적인 자기 모습을 표현하기도 한다. 때때로 보조자아는 주인공에게 친숙하고 밀접한 관계에 있는 주변 사물들의 역할을 맡기도 하는데, 이때 사물에 투사된 주인공의 마음을 알 수 있다. 보조자아는 또한 이중자아의 형식으로 주인공의 마음속에 존재하는 또 다른 여러 가지 마음의 측면을 표현할 수도 있고, 추상적인 개념을 역할로 표현하여 주인공과 대화하게 할 수도 있다. 보조자아는 앞서 언급한 대로 주인공의 또 다른 자아 역할을 통해 주인공 내면의 감정을 좀더 명료하게 표현할 수 있도록 하는데, 주인공의 핵심을 잘 파악하는 능력과 공감이 매우 중요한 요소로 작용한다.

3) 보조자아를 위한 지침

보조자아는 사이코드라마에 몰입할 수 있도록 충분한 준비작업을 거쳐 자신을 준비시켜야 한다. 사이코드라마가 진행되면 보조자아는 순발력과 직관, 감수성을 발휘하면서 디렉터를 도와 극에 참여하게 된다. 보조자아는 기본적으로 공감 능력을 함양하고, 주인공의 입장을 잘 이해하여 주인공과 보조를 맞출 수 있어야 한다. 역할 교대를 할 때는 극의 흐름을 놓치지 않으면서 주인공에게 신호를 보내기 위해 주인공이 했던 마지막 대사를 반복할 수 있다. 보조자아는 주인공의 말이나 행동을 가로막지는 않되 지나치게 눈치만 살피지 않고 문제의 핵심을 찾아내기 위해 노력해야 한다. 이때 디렉터와 적절히 호흡을 맞추어 디렉터의 지시와 극의 흐름을 잘 따라가며 극에 활력을 불어넣을 수 있어야 한다. 보조자아는 주인공의 내면을 거울처럼 비춰주는 역할이므로 극의 흐름을 주도적으로 이끌기보다는 필요한 이야기만 간결하게 표현하고, 자연스럽게 연기를 지속한다. 때때로 보조자아가 자신의 현실 상황과 비슷한 주인공의 내면을 연기하다보면 주인공에게 투사할 수도 있는데, 부담스럽거나 준비가 되어 있지 않은 것을 자각하였다면 디렉터에게 도움을 구하여 역할을 교체하는 것이 좋다.

4) 보조자아의 선정

디렉터의 도움을 얻어 주인공이 직접 자신의 사이코드라마 속 역할을 담당할 보조자아들을 선택한다. 주인공은 자신의 텔레, 즉 무언의 의사소통을 이용해 특정 역할에 어울리는 사람이 누구인지 생각하고 선택과 결정을 하면서 사이코드라마에 몰입하기 시작한다. 반면 주인공은 자신이 좋아하고 신뢰하는 사람이 다소 부정적인 역할을 하게 할 수 있다. 보조자아가 그 역할과 관련된 부정적 전이 감정이 많은 경우에는 역할을 거부하기도 하지만, 부정적인 역할 연기를 통해 자신의 어두운 면을 경험하면서 자아를 탐색하고 표현할 수 있게 된다. 주인공의 선택을 수용하거나 거부하는 것은 자유롭게 결정할 수 있으며, 역할을 거부할 경우 다른 사람을 선택해야 한다.

4. 관객

관객audience은 주인공과 디렉터, 보조자아를 제외한 나머지 참여하는 모든 사람들이다. 관객은 때때로 집단으로서의 적극적인 역할을 맡으며 주인공과 동일시되기도 하고 공감을 통해 자신의 감정을 완화하기도 한다. 또한 주인공의 입장에서는 관객이 다양하기 때문에 셰어링에서 보이는 관객의 반응에 따라 다른 사람에 대한 자신의 영향을 이해하게 되어 갈등으로부터의 통찰을 경험하기도 한다. 소시오드라마의 경우에는 관객이 반드시 필요하며, 집단원이 곧 관객이 되는 반면, 개인적인 성향의 사이코드라마의 경우에는 관객 없이 이루어지기도 한다.

집단의 평균 규모는 5~15명으로 작게는 3명에서 크게는 500명까지의 집단도 있다. 큰 집단에서 디렉터의 자발성은 집단원의 진정성을 불러 일으켜 친밀감을 창출하고, 아이러니하게도 집단을 더 작게 느끼도록 만든다. 이러한 집단 내에서 각 구성원이 나타내는 역할은 매우 다양하다. 일상생활에서 행해지고 느끼는 모든 신체적 역할은 물론 부모, 자녀, 전문가, 친구, 연인, 시민, 상사, 학생 등 다양한 역할을 한다. 또는 집단원으로부터 경험하지 못한 역할을 하도록 요청 받기도 하는데 이러한 집단 내 역할 구조의 지속적인 변화는 다른 집단에서 발생할 수 있는 역할 고정을 방지하는 데 도움이 된다. 이처럼 사이코드라마에서 다른 역할을 하는 집단원은 각 집단원의 역할 범위를 확장시키는데 영향을 미친다. 자존감이 낮은 집단의 집단원은 학습된 문제행동에 숨겨져 있던 창의력을 방출하여 그동안 해보지 못했던 용기 있는 역할을 하도록 확장하는 기회를 가질 수 있다. 이러한 용기를 관찰함으로써 다른 집단원들에게 더 용기 있는 행동을 하도록 동기를 부여하고 격려할 수 있다.

주어진 집단에는 다양한 사회적 역할이 있는데 예를 들어, 주인공이 알코올 중독자인 경우, 집단에 어머니, 형제자매, 파트너 또는 치료사가 있을 수 있으며, 집단원들은 무대에서 공연되는 모습을 본 후 충분한 시간 동안 주인공을 포함한 다른 집단원들과 의견을 나누게 된다. 셰어링에서 집단원들은 알코올 가족과 관련하여 그들에게 일어난 일에 대한 자신의 견해를 제시할 수 있다. 연기된 문제와 관련하여 다른 역할에 대한 피드백은 주인공에게 귀중한 통찰력이 될 수 있다. 사이코드라마의 셰어링에서의 피드백을 통해 자신을 더욱 깊고 강하게 인식하며, 비슷한 수준에서 다른 사람과 만나 진실한 순간을 나누는 참 만남을 이루도록 한다. 관객들이 자신이 느낀 점을 주인공과 함께 나누면 주인공이 느끼는 고립감 또한 줄어든다. 그리고 주인공은 관객의 지지와 동일시를 통해 집단과 다시 만나게 되며, 지속적으로 새로운 만남의 가능성이 생겨나게 된다.

5. 무대공간

무대공간stage은 연기가 행해지는 장소이다. 모레노Moreno, 1972는 발코니가 있는 원형무대에서 사이코드라마를 진행하였는데, 이와 같은 건축 양식은 준비-행위-정화의 3단계를 의미하는 것이었다. 그러나 사이코드라마는 집단이 편하게 앉을 수 있고 행위를 할 수 있는 공간만 있으면 어디든지 가능하며, 높은 강당이나 극장무대와 같이 의도적으로 꾸며진 설치공간은 관객과 무대가 단절되어 있어 집단의 셰어링이 촉진되는 아늑함을 느끼기 어렵기 때문에 오히려 지양하는 것이 좋다.

1) 최초의 사이코드라마 무대

사이코드라마는 연극으로부터 시작되었다. 1921년부터 1924년까지 모레노는 비엔나에서 배우들과 함께 자발적인 장면들을 창조해 내는 작업을 하였다(Moreno, 1983). 초기의 이러한 실험들로부터 자발적인 행위의 치료적 가치를 깨달았으며, 무대를 치유의 장소로 이용하는 심리치료의 한 형식을 창조해 냈다. 모레노는 아동들과 함께 스토리텔링을 하고, 극적 놀이를 했던 자신의 초기 경험에 그의 치료적 무대 형식의 근원을 두었다.

최초의 사이코드라마 무대의 디자인은 세 개의 원형 층으로 구성되었다. 첫 번째 층은 관객을 위한 곳이고, 두 번째 층은 독백을 위한 곳으로 사이코드라마의 중심을 벗어난 공간을 나타내며, 가장 높은 층은 사이코드라마가 진행되는 곳이다. 무대의 설계는 사이코드라마의 작업이 문제의 주변에서 핵심인 중심으로 이동하도록 제작되었다.

대부분의 사이코드라마 세션의 연기는 지정된 무대구역에서 진행되고, 사이코드라마가 진행되는 동안 다른 집단원은 그들이 극중 역할을 수행하지 않는 한 무대구역에 오르지 않는다. 무대는 한번 사이코드라마가 시작되면 의식적인 공간이 되며, 그것은 극 중 발생하는 사건이 그 극 안에서만 존재함을 의미한다. 지정되지 않은 무대공간에서 시도되는 사이코드라마는 공간적으로나 방법

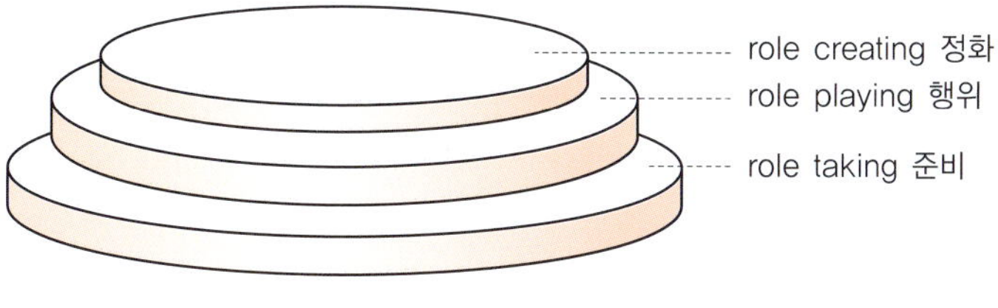

◂ 그림 6
최초의 사이코드라마 무대 디자인

론적으로 경계가 없기 때문에 효과적이지 않을 수 있다.

실제적인 무대는 행동을 잘 표현할 수 있도록 넓은 장소를 제공하도록 설계되었는데, 이론적으로 무대는 지상이나 천상의 분위기를 상징적으로 표현한다. 예를 들면, 신의 놀이를 소원하는 사람의 경우에는 천상을 상징하는 발코니 위에서 연기할 수 있도록 하고, 나머지 집단원들은 무대 위에서 연기하도록 한다. 만약 지옥에 있는 메피스토펠레스 역할을 원한다면, 그가 머무는 곳은 무대가 되고, 다른 집단원들이 발코니에서 연기한다.

2) 소품의 사용

무대에서 활용되는 소품들로는 가벼운 의자와 테이블, 침대, 옷장, 피아노 그리고 장면에 필요한 기타 무거운 물품들을 대신할 수 있으며 쉽게 들어 나를 수 있는 조그만 물건들이 준비된다. 이러한 물건들은 사람이 표현할 수도 있다. 격렬하게 폭발하는 장면을 위해서 긴 쿠션, 부드러운 천 혹은 가벼운 플라스틱 관 같은 것이 활용될 수 있다. 부가적으로 주인공의 몰입을 돕는 조용한 음악이나 빈 의자 기법 등을 효과적으로 할 수 있는 조명이 갖추어져 있는 것이 좋다.

3) 조명

모레노의 무대 설계에는 여러 가지 조명들의 설치가 포함되어 있다. 이것들이 반드시 필요한 것은 아니지만 작업에 많은 도움이 된다. 특히 색깔의 상징은 유용한데 빨간색은 지옥을 예시하거나 분노 표현을 촉진시키고, 파란색은 꿈이나 죽음의 침대 장면, 초록색은 정원이나 숲 속, 노란색은 햇볕을 표현할 수 있다. 절정의 순간에 가까워질수록 빛을 어둡게 함으로써 정화를 촉진시킬 수 있고, 주인공으로 하여금 감정과 더 잘 접촉할 수 있도록 분위기를 더해 준다. 조명을 어둡게 하는 스위치는 무대 옆쪽에 있어서 디렉터가 쉽게 사용할 수 있게 하거나, 집단원이 맡아 조종할 수 있다. 조명 장치가 없을 때에는 스위치를 켜고 끄거나 커튼을 열어 빛이 들어오도록 하며 조명을 대신할 수 있다.

소품이 필요하지 않다고 말하는 사이코드라마 전문가들이 있긴 하지만 약간의 소품들은 여전히 유용하다.

- 의자들은 빈 의자 작업에 필수적이고 그 외에도 많은 것들을 상징화하는 데 사용된다.
- 막대 또는 바타카Batakas는 분노를 다루는 데 사용된다. 이것은 신문지를 말아 튼튼한 테이프로 감거나 플라스틱 파이프를 색깔 테이프로 감은 막대기로 가끔 사용된다.
- 베개, 쿠션을 차거나 던지고, 종이상자를 박살내 부수거나 큰 인형을 거칠게 다룸으로써 분노를 표현할 때 사용하기도 한다.
- 칠판, 차트 등은 그림을 그리거나 세션에 대한 구조화, 계획을 세울 때 사용된다.
- 테이블은 건물 꼭대기, 책상, 판사의 좌석, 식탁, 숨기 위한 동굴이 될 수 있다.
- 오디오, 스피커 등을 구비하여 상황에 따라 배경 음악을 활용해 장면에 어울리는 분위기를 조성할 수 있다.

활용

1. 주인공과 계약하기

사이코드라마는 주인공이 원하는 주제와 장면에서부터 극을 시작하도록 하고 있다. 따라서 주인공이 탐구해야 할 갈등 영역에 초점을 맞추어 문제를 제시하고, 극을 시작할 수 있는 장면을 설정하기 위해 의견을 나누고 합의를 도출한다. 그리고 이러한 과정을 통해 주인공과 일종의 계약을 맺는다고 보는 것이다. 주인공과 계약을 맺기 위한 대화의 예는 다음과 같다.

디렉터: *"드라마를 어떻게 시작하고 싶은가요?"*
주인공: *"배에 통증이 있어요. 어제 회사에서 무슨 일이 있었는지 생각해봤는데 어떻게 해야 할지 모르겠어요. 나는 동료가 한 일에 대해 매우 화가 나요."*
디렉터: *"그렇다면 당신의 배와 역할을 바꾸는 것으로 시작할 수도 있고, 그 역할에서 느끼는 것을 표현해도 좋아요. 아니면 어제 회사에서 무슨 일이 일어났는지 우리에게 보여줄 수도 있어요. 어떤 것이 감정적으로 끌리나요?"*
주인공: *"어제 있었던 일이 계속 마음속에 남았어요. 그래서 아마도 거기서부터 시작하는 것이 좋겠어요."*
디렉터: *"좋아요. 그럼 어제 회사에서 일어난 일부터 시작해보죠."*

이처럼 사이코드라마는 내담자 중심으로 이루어지기 때문에 주인공이 장면을 설정하는 것부터 시작한다. 시작하는 장면과 내용이 정해지면 극을 이어나가기 위한 등장인물을 설정한다. 이때 등장인물의 역할을 대신하기 위한 보조자아가 필요하다.

2. 보조자아의 선정

보조자아는 전문적인 훈련을 받은 사람이 할 수도 있지만, 관객들 중에서 선정할 수도 있다. 보조자아를 선정하는 방법은 주인공이 직접 선정하는 방법과 디렉터가 적합한 역할을 직접 정해주는 방법 등이 있다.

주인공이 보조자아를 선정하는 경우는 주인공이 과거의 장면들을 탐색함으로써 문제의 기원을 찾아가기 시작할 때 새로운 인물이 필요한 경우이다. 예를 들면, 주인공이 청소년 시절 아버지와의 관계를 탐색해볼 필요가 있게 되었고, 디렉터는 주인공에게 추가적인 인물이 필요한지 물을 수 있다.

> **디렉터:** *"좋아요. 우리는 아버지 역할을 갖게 되었어요. 또 누가 있어야 할까요?"*
> **주인공:** *"물론 어머니요. 어머니는 항상 아버지에게 화가 나 있었어요."*
> **디렉터:** *"집단에서 누가 어머니를 맡으면 좋겠어요?"*
> **주인공:** *"음, 아무도 없어요. 엄마는 지독한 사람이에요. (다소 걱정스러워 보인다.) 음, 만약 선택을 해야 한다면..(관객 중 한 사람을 가리키며) ○○ 씨가 할 수 있을 것 같아요. ○○ 씨, 해줄 수 있을까요?"*
> **보조자아:** *"물론이죠."*

주인공은 보조자아 역할을 맡은 사람에게 역할에 어울리는 말투나 몸짓을 알려주기도 한다. 하지만 보조자아가 과도한 열정을 가졌거나 자신의 역할에 몰입하지 못하여 혼란을 겪는 경우, 주인공이 의도하는 역할을 적절히 수행하지 못할 수도 있다. 이때 디렉터는 보조자아의 행위에 대해 주인공에게 확인하는 작업을 하도록 한다.

> **보조자아(아버지):** *"하지만 너는 나에게 항상 특별하고 소중한 존재였단다."*
> **주인공:** *(보조자아의 대사에 놀라며 다소 걱정스러워 보인다.)*
> **디렉터:** *(주인공에게 묻는다.) "당신의 아버지도 실제로 그렇게 말하나요?"*
> **주인공:** *(겸연쩍은 듯이 대답한다.) "아니요."*
> **디렉터:** *"그럼 역할을 바꿔서 아버지가 이 상황에서 뭐라고 얘기했을지 보여주세요." (주인공과 보조자아를 역할 전환을 시킨다.)*
> **아버지:** *"난 널 사랑하지만 넌 나의 기대에 맞게 산 적이 한 번도 없었다. 하지만 너의 오빠는 성공할 거라는 확신이 있었지."*
> **보조자아:** *"아버지는 항상 그런 식이었죠!"*
> **디렉터:** *(다시 역할 전환을 시킨다.) "자, 다시 아버지와 역할을 바꿔봅시다."*

이러한 역할전환을 통해 자신의 역할에 몰입하지 못하는 보조자아에게 역할의 특성을 알려주도록 한다.

사이코드라마의 과정

7

워밍업

액팅

셰어링

사이코드라마는 보통 워밍업warming-up 또는 준비 단계, 액팅acting 또는 행위 단계, 셰어링sharing 또는 나눔 단계로 진행된다. 첫 번째로 준비 단계에서 간단한 워밍업을 통해 긴장감을 이완하여 집단원이 상황을 자연스럽게 받아들일 수 있도록 자발적인 참여를 유도하고 주인공을 선정한다. 두 번째 단계에서는 주인공이 자신의 삶을 드러내어 장면을 구체화시키고, 문제를 행위로 옮겨 연기하면서 다양한 감정들을 표현하도록 한다. 마지막으로 집단원 모두가 주인공의 이야기와 유사한 감정과 경험을 공유하고 지지하고 연대하며 마무리하는 단계로 이루어진다.

1. 워밍업

사이코드라마의 준비 단계인 '워밍업warming-up'은 신체 활동을 포함하고 있기 때문에 간혹 사이코드라마에 입문하는 초보자들이 극의 일부로 오해하는 경우가 있다. 워밍업은 개인보다는 집단에 초점이 맞춰져 있으며 주로 디렉터가 이야기를 하거나, 집단 전체에 대한 간단한 활동을 제안하거나, 집단원들에게 구체적인 정보를 요청할 수도 있다. 이를 통해 집단이 고유의 문화와 규범, 정체성을 결정할 수 있는 틀을 준비한다.

1) 원리

모레노가 워밍업 과정을 '자발성의 조작적인 표현'Moreno, 1953/1993이라고 하였듯이 집단원은 새로운 장면에 준비됨으로써 자발성을 발휘할 수 있게 된다. 또한 어떤 활동이 행해지려면 그 전에 준비 단계를 거쳐야 하는 것처럼 사이코드라마에서도 워밍업 과정이라는 섬세한 작업을 통해 사이코드라마를 시연할 수 있는 분위기를 조성하는 것이다.

2) 목적

대부분의 사람들은 무대 위에서 즉흥적으로 역할을 연기하는 것에 대해 저항감을 느낄 수 있고 무대에 나서기를 부담스러워한다. 이러한 상황에서 디렉터는 집단원 간의 대화의 길을 열어줌으로써 친밀감을 형성하도록 돕는 중심적인 역할을 한다. 이때 워밍업은 집단원들의 친밀감을 높여 집단 응집력을 키우기 위한 과정으로 작용하고, 집단원들이 점진적으로 몸을 움직이면서 자발성과 창조성, 참여도를 증가시키게 하여 각 집단원들로 하여금 사이코드라마에서 다룰 주제에 집중하도록 한다.

3) 워밍업과 자발성

모레노의 자발성에 대한 정의는 '오래된 상황에 대한 새로운 반응'과 '새로운 상황에 대한 적절한 반응'이다. 워밍업을 통한 자발성의 과정은 한 개인이 삶에서 과제를 수행하고 완성할 수 있는 능력의 측면에서 매우 중요하다. 만약 스포츠 경기에서 선수가 근육을 예열하거나 스트레칭을 하며 워밍업을 하지 않는다면 신체적 부상의 가능성이 있을 뿐만 아니라, 최적의 자발성을 발휘하지 못하기 때문에 정신적인 부상을 입을 수도 있다. 이처럼 사이코드라마에서 워밍업은 주인공의 등장뿐만 아니라 집단 내의 자발성을 높이고 신뢰와 응집력을 장려하는 데 이용되는 것이 일반적이다. 디렉터, 집단, 주인공, 보조자아가 최대한의 자발성을 가지고 있지 않다면 그들이 수행하는 어떠한 작업도 완수되지 못할 것이고, 창조성은 미미할 것이므로 워밍업을 통한 자발성의 과정은 매우 중요한 단계이다.

4) 워밍업과 창조성

워밍업은 창조적인 분위기를 조성하는 역할을 한다. 이 단계는 집단원이 사이코드라마의 디렉터, 집단, 기법 등을 신뢰하기 시작할 수 있는 안전망을 형성하는 것과 같다. 집단원을 충분히 보호하는 안전한 공간에서는 자신이 할 수 없다고 생각한 것이거나 표현하기가 불가능한 것들을 표현할 수 있게 된다. 주인공을 선정할 때, 보통은 집단이 특정한 삶의 문제를 가진 사람을 주인공으로 받아들일 수도 있고, 디렉터가 작업을 수행할 수 있다고 생각하는 사람을 주인공으로 선정할 수도 있다. 또는 세션의 주제가 나오는 창조적인 집단활동을 할 수도 있는데, 이것을 '주인공 중심 워밍업'이라고 한다. 집단원은 자신을 주제로 삼아 워밍업을 추천하기도 하는데 이러한 제안이 바로 워밍업에서 나오는 주인공 선정의 방법으로, 워밍업 자체는 집단원들이 집단을 더 자유롭게 신뢰할 수 있고 사랑하고 배려하며 창의적인 분위기에서 문제를 제시할 수 있게 한다.

5) 디렉터의 워밍업

디렉터는 자신만의 워밍업을 통해 집단을 이끌 수 있도록 준비를 해야 한다. 이때 집단을 위해 일관된 작업을 수행할 수 있도록 자신의 자발성을 개발할 필요가 있다. 디렉터는 자신이 가질 수 있는 모든 저항과 자신이나 집단에 대한 기대를 알고 있어야 한다. 집단에 들어가기 전에 자신의 두려움과 불안이 건설적으로 다루어져야 집단원의 자발성 또한 높일 수 있다.

6) 집단과 워밍업

디렉터는 워밍업을 진행하는 동안 집단에 어떤 문제가 있는지 확인해야 한다.

개인의 간단한 소개와 집단에 참가한 이유를 공유할 수 있는 기회를 통해 사이코드라마에 필요한 정보를 수집할 수 있다. 이러한 워밍업 과정을 통해 집단 내의 연결성을 증가시킬 수 있을 뿐만 아니라 서로에 대한 정보를 개방할 수 있으며, 집단 내에 어떤 문제가 존재하는지를 파악할 수 있게 된다.

7) 주인공과 워밍업

결과적으로 워밍업은 주인공과 집단 모두가 실제 사이코드라마를 하기 위한 준비를 갖추는 내외적 작업을 말한다. 주인공은 장소를 불문하고 어디서나 워밍업을 할 수 있다. 워밍업 과정은 치료가 집중적이면서도 매끄럽게 진행되게 해주며 로코그램이나 스펙트로그램, 사회원자와 같은 구조적 활동과 유도된 환상기법, 체크인, 집단에서 자연스럽게 발생하는 사건 등으로 구성된다. 주인공 자신이 할 말과 행동을 미리 경험할 수 있도록 자세한 설명이나 소품을 이용하여 장면을 설정하는 것도 일종의 워밍업 작업이다. 주인공 자신이 알고 싶어 했던 특정 사실에 대한 세부적인 내용을 떠올리게 된다면 장면 설정은 아주 즐거운 작업이 된다. 워밍업을 충분하게 하지 못한 주인공은 감정적 차원에 몰입하지 못하여 작업이 지체되거나, 문제 행동이 반복되고 더욱 심화되기도 한다.

디렉터가 워밍업을 통해 집단에 대한 정보를 갖게 됨으로써 집단의 작업에 대해서도 현실적인 기대를 할 수 있게 된다. 차분하고 조용한 집단에서는 집단원 대부분이 조금이라도 참여하고 정서가 드러나면 성공이라고 할 수 있고, 좀 더 활기가 있는 집단에서는 보다 적극적인 역할연기를 기대할 수 있다. 수집된 정보에 따라 준비작업이 달라지는데, 소극적이고 침체되어 있거나 작업에 저항이 심한 집단일수록 '다른 집단원에게 한 가지 질문해보기'와 같이 매우 단순한 것으로 시작하는 것이 좋다. 이러한 준비작업은 아직 집단에 대한 준비가 되어 있지 않은 사람에게 갑작스럽게 강도 높은 작업을 요구하지 않기 때문에 저항을 줄일 수 있으며 모든 집단원들에게 성공적으로 참여할 수 있는 기회를 주어 신뢰감을 구축하는 중요한 역할을 한다. 특히 우울하고 침체된 집단에서 디렉터가 아주 작은 반감이라도 불러일으키게 된다면 이미 집단에 내재하고 있는 거부감을 증폭시킬 수 있기 때문에 부담이 없는 단순한 준비작업을 반복하여 계속하는 것이 효과적이다. 준비작업을 하는 동안 디렉터는 따뜻하고 편안하게 흘러가는 분위기를 창출하면서 소극적인 집단원을 격려한다.

8) 언어적 워밍업

워밍업을 시작할 때에는 집단원의 참여를 독려하고 신체 움직임을 자극하는 것으로, 가능하다면 집단원 전부가 준비작업에 참여하는 것이 바람직하다. 그러나 큰 집단에서는 집단원이 말하는 것을 다 들으려면 오랜 시간이 소요되기 때문에 준비작업에서 에너지가 많이 소진될 수 있다. 이럴 때에는 소집단끼리 할 수 있는 것이나 한 단어 또는 짧은 문장으로 반응하는 언어적 워밍업을 구성한다. 디렉터는 항상 최대한의 참여를 촉진할 수 있는 전략을 찾아내기 위해 노력해야 한다.

9) 비언어적 워밍업

디렉터가 준비작업에서 집단원이 요구하는 것을 잘못 이해하면 딜레마에 빠지게 된다. 집단의 반응에 열의가 없고 냉랭한 분위기일 경우에는 조그만 단서라도 다음 시도로 활용하여 준비작업을 바꾸거나 비언어적인 것을 시도할 수 있다. 즉, 앞에서 한 준비작업이 언어적인 것이었다면 다른 방향으로 전환할 수 있는 어떠한 것이든 시도할 수 있어야 한다. 이는 집단에서 어느 한 가지에 집착할 필요가 없으며 더 재미있는 것으로 얼마든지 바꿀 수 있다는 메시지를 전달하고 있다. 비언어적인 워밍업은 말로 참여할 필요가 없기 때문에 낯선 이로 이루어진 집단이나 개방을 껄끄러워하는 집단에서 잘 이루어진다. 비언어적 활동은 집단원들을 의자에서 일어나 움직이게 할 수 있지만, 실제 역할연기 작업으로의 진전을 위해서 활동 직후 집단의 토론과 같은 언어적 작업을 요구하기도 한다. 비언어적 워밍업 후 작업을 돌이켜볼 수 있도록 3분 정도 아무 말 없이 시간을 가지고 나면 토론이 보다 쉬워진다.

10) 워밍업의 지침

워밍업은 대상 집단의 역동을 고려하여 이루어져야 한다. 디렉터는 집단의 크기, 집단원들의 특성에 따라 적절한 워밍업 기법을 선택하도록 숙고해야 하며 짧은 시간에 자발적이고 지지적인 분위기를 조성하는 것이 관건이다. 그러기 위해서는 서로에 대해 알고 신체적으로 활력을 얻고 기운을 북돋을 수 있는 방법을 선택해야 한다. 이때 신체 활동을 먼저 한 후에 정서적인 워밍업을 하는 것이 효과적일 수 있다. 두 가지 모두 중요하지만 일단 경직되어 있던 신체가 이완되어야 정서적으로도 서서히 깊어질 수 있다. 또한 모든 사람들이 준비되는 시간과 단계가 다를 수 있으므로 점진적인 단계를 밟는 것이 좋으며, 집단이 큰 경우에는 소집단으로 나누어 각각 준비작업을 하는 것이 안정감과 친밀감을 형성하는 데 효과적이다. 중요한 것은 각 집단원 모두가 사이코드라마에 참여할 수 있도록 하는 것이다. 워밍업에서는 친밀감 형성의 일환으로 가벼운 신체적 접촉이 이루어지는 경우가 많은데, 간혹 신체적·성적으로 폭력을 당한 적이 있는 사람들은 이러한 신체적 접촉에 거부감이 생길 수 있다는 점도 고려해야 한다.

2. 액팅

액팅acting 또는 행위 단계는 하나의 구체화 작업으로 워밍업에서 선정된 주인공이 사이코드라마를 통해 자신의 내적, 외적 삶을 드러내고 집단원들과 함께 탐구하는 것이다. 주인공은 행위에 대한 열망을 구체적으로 표현함으로써 해결되지 못한 긴장을 표출한다. 이때 디렉터는 보조자아들과 함께 주인공의 내면세계를 무대에 펼쳐 놓을 수 있도록 돕는다.

액팅은 본질적으로 주인공의 대상관계가 구체화되는 시기이다. 주인공은 무대에서 자신의 전이와 투사를 드러내고, 이중자아 기법, 역할 교대, 인터뷰, 독백 등의 기법을 통해 이를 탐구한다. 사이코드라마는 일상의 경계를 확장하여 현실뿐만 아니라 잉여현실까지 살펴볼 수 있고, 자아의 복잡한 면모를 그대로 경험하게 하여 내적 자아의 불평과 희망, 관심사를 표현하게 한다. 효과적인 사이코드라마라고 해서 반드시 화려하거나 강도 높을 필요는 없다. 사이코드라마는 의식적으로 부정하거나 회피해 왔던 자아의 일부를 경험함으로써 생각, 감정, 행동의 장기적 변화를 이끌고 새로운 통찰과 지식을 더하게 만드는 통합적 경험이다. 이때 디렉터는 액팅에 앞서 워밍업에서 주인공의 언어와 행동, 집단의 피드백을 통해 가능한 많은 정보를 수집하여 집단원들과 주인공의 특성을 파악하여야 한다. 또한 주인공의 자발성과 창조성, 자아 강도, 삶에 대한 가치관 등을 고려해야 한다.

1) 문제 제시

액팅의 가장 첫 단계는 주인공이 사이코드라마에서 다룰 문제를 제시하는 것이다. 주어진 세션 동안 주인공의 모든 갈등을 다룰 수는 없기 때문에 주인공에게 가장 절실하면서도 효과적으로 다루어질 수 있는 문제를 선정하는 것이 중요하다. 이때 주인공과 디렉터의 면담을 통해 주인공이 자발적으로 자신이 다루고 싶은 문제를 선택할 수 있다. 주인공과 디렉터의 면담 상황은 주인공에 따라 빨리 끝날 수도 있고 오랜 시간이 걸릴 수도 있다. 주인공과의 짧은 대화만으로도 금세 문제를 제시할 수도 있지만, 그렇지 않은 경우에는 주인공이 제시한 여러 가지 상황들을 무대 위에서 재연해보고 주의 깊게 살펴봄으로써 핵심 문제를 탐색하고 선택할 수도 있다.

2) 역할 연기자의 선택

사이코드라마에서 다룰 문제를 설정한 후에는 문제 상황을 액팅할 역할 연기자를 선택한다. 주인공은 상대 역할로 어울린다고 생각하는 집단원을 보조자아로 직접 선택할 수도 있다. 만약 보조자아를 처음 하는 사람이라면 디렉터가 보조자아의 역할과 자세에 대해 간략히 설명해 주도록 한다. 디렉터는 사이코드라마를 진행하면서 필요에 따라 한 장면을 깊이 있게 다룰 수도 있고, 또는 중단하고 다른 장면으로 넘어갈 수도 있다. 이러한 디렉터의 적절한 개입은 주인공과 보조자아들이 핵심 문제를 잘 탐구할 수 있도록 유도하는 역할을 한다.

3) 첫 장면 설정

첫 장면을 설정할 때 주인공이 충분히 준비되어 있지 않은 경우 빈 의자 기법과 같이 가벼운 기법을 통해 주인공이 내면의 문제를 자연스럽게 드러낼 수 있도록 할 수 있다. 이처럼 처음부터 주인공의 내면으로 깊게 들어가는 것보다는 주인공이 자발적으로 시도할 수 있는 범위 내에서 점진적으로 장면을 시작하는 것이 바람직하다.

4) 행위의 전개

첫 장면을 시작하고 주인공의 문제를 본격적으로 탐색하기 위해서 행위를 전개시키는 것이 중요하다. 디렉터는 주인공으로부터 떠오르는 과거의 사건에 대해 질문하여 문제를 상기시킬 수 있다. 사이코드라마에서 주인공의 머릿속에 떠오른 첫 기억과 사건에는 상당히 강한 정서적 측면들이 존재하기 때문에 무의식적으로 떠오르는 기억이나 사건은 주인공의 정신역동과 밀접한 관계가 있고 사이코드라마 상황에서 집중적으로 다루어야 할 주제의 단서가 된다. 디렉터는 장면에 맞는 보조자아를 배치하여 주인공에게 상황을 묘사하고 행위를 전개시켜 나가도록 한다. 이때 디렉터는 주인공에게 여러 가지 보충 질문을 하여 사이코드라마의 명확한 방향을 제시하고 안내하며 사이코드라마를 원활히 전개하는 역할을 한다.

5) 장면의 중단 및 촉진

사이코드라마가 진행되는 동안 흐름이 정체되거나 더 이상 깊이 있는 진행이 어렵다고 판단되면 디렉터는 그 장면을 중단시킬 수 있다. 디렉터는 집단원들의 반응을 감지하여 집중력이 떨어지거나 지루해하지 않도록 다른 기법을 적용하거나 다른 장면으로 전환해야 한다. 주인공이 자신의 문제를 다룰 준비가 부족해 보이지만 시간적 여유가 주어지면 깊이 몰입할 가능성이 있다고 판단되는 경우에는 극의 흐름을 중단시키지 않고 계속 진행할 수도 있다. 이처럼 디렉터는 주인공의 핵심적인 문제들이 확연히 드러나게 하기 위해서 장면을 중단하기도 하고 적당히 촉진시켜 주기도 해야 한다. 보조자아에게는 핵심 문제에 대한 다양한 대안이나 해결책들을 피드백하도록 하여 주인공이 넓은 시야를 가지고 효과적인 대처 행동을 할 수 있도록 한다.

6) 핵심 갈등 탐색

사이코드라마의 초기 장면에서는 주인공에 따라 핵심 갈등이 뚜렷하게 드러나지 않을 때도 있다. 주인공의 감정이 절정에 이를수록 저항도 함께 커지는 경우에는 문제의 초점이 흐려지기도 한다. 이때 디렉터는 주인공의 저항과 방어적인 태도를 존중하고, 주변의 사건들로부터 시작하여 점진적으로 핵심 문제로 접근할 수 있도록 한다. 사이코드라마에서는 주인공이 실제로 자신이 경험한 사건뿐만 아니라 자신의 환상을 드러내기도 하는데, 이를 통해 주인공의 억압된 분노감, 적대감, 두려움, 욕구 등 이면에 숨겨진 감정 상태를 알 수 있다. 주인공의 핵심 문제나 숨겨진 정서 상태가 표현될수록 다른 사람과의 관계에서 부정하거나 왜곡했던 자신의 감정이 분명히 드러나게 된다. 하지만 주인공의 감정적인 방출을 자극하기 위해 강하게 몰아붙이는 태도는 지양하도록 한다.

7) 마지막 장면 설정

주인공의 핵심 문제와 갈등을 탐색하고 행위의 전개를 통해 카타르시스를 경험하고, 대안적 사고나 행동에 대한 통찰력을 얻게 되면 이를 통합하여 마무리를 지을 수 있는 마지막 장면을 설정해야 한다. 디렉터는 주인공이 다시 겪을 수 있는 문제에 대해 대안이나 해결책을 시연하도록 하고, 바람직한 대안을 제시함으로써 자아를 회복시켜 주는 것이 필요하다. 이를 통해 주인공은 용기를 얻고 스스로 자신의 삶을 새롭게 창조할 수 있도록 격려받게 된다. 주인공이 겪고 있는 갈등이나 문제가 너무 심각하여 사이코드라마 상황에서 충분히 다루어지지 않거나 미처 해결되지 않더라도 주인공이 이를 충분히 인식하는 것만으로도 효과적일 수 있다. 효과적인 마무리 장면을 하기 위해 주인공이 사이코드라마를 통해 원한 치유 경험에 대해 이해하고 개개인의 욕구에 맞는 마지막 장면을 설정하는 것이 중요하다.

3. 셰어링

모레노는 액팅 다음에 일어나는 셰어링sharing이 사이코드라마에서 가장 중요한 단계 중 하나라고 하였다.

> *"주인공과 보조자아들은 우리에게 아주 많은 것을 주었고, 또 우리에게 뭔가를 기대할 권리가 있다. 주인공이 보여 준 사랑에 보답하는 것이 집단원들의 역할이다."*
> *(Fox, 1987)*

디렉터는 주인공과 관객이 사이코드라마를 마친 후 마무리되지 않은 감정을 나누며 마무리를 할 방법을 모색해야 한다. 이때 셰어링은 집단의 카타르시스와 통합을 위한 시간이 될 수 있다. 셰어링은 단순한 피드백을 넘어 따뜻한 분위기에서 제시된 문제에 대한 분석과 토론을 장려하는 것이다. 집단원이 가장 많이 관심을 보이고 참여했던 장면을 선정하여 각 집단원이 주인공과 비슷한 점과 다른 점을 알아차리도록 한다. 사람들의 행동 반응은 대체로 매우 비슷하기 때문에 그리스 연극에서의 청중처럼 다른 사람의 인생 이야기의 진행 과정을 보면서 함께 정화되기도 한다. 셰어링은 이러한 과정을 통해 집단원이 얻게 된 감정이나 깨달음을 정리할 수 있도록 하기 위한 것이다. 또한 같은 과정의 다른 수준에서 다른 사람들이 어떤 비슷한 방식으로 행동 하는지를 관찰함으로써 주인공의 경험을 자기화하는 것을 목표로 한다. 셰어링의 또 다른 기능은 쿨 다운Cool-down과 역할 벗어나기De-roling로, 집단활동 후 개인이 현실에 다시 돌아오도록 하여 적절한 마무리가 이루어지도록 하는 것이다.

1) 역할 벗어나기의 중요성

집단원들이 서로 자신이 느낀 점과 의견을 함께 나누는 일도 치료의 일부분이다. 사이코드라마의 주제가 집단 공통의 문제를 다루게 되는 경우가 있기 때문에 집단원들은 사이코드라마를 지켜보면서 주인공이 제시하는 문제가 마치 자신의 문제인 듯 공감하고 주인공이나 보조자아에게 투사하게 되는 과정을 거친다. 셰어링에서는 지나친 투사로 인해 발생하는 심리적 어려움을 충분히 다룰 수 있도록 서로가 감정적으로 공유할 시간을 갖도록 하는 것이 중요하다. 집단원들은 주인공에게 감정을 이입했던 모습이나 특정 장면을 생각해 보는 작업을 통해 주인공의 연기를 자신의 자아를 반영하는 거울로 삼게 된다. 이때 연기자들이 역할에서 벗어나게 하는 일이 반드시 필요한데 이러한 과정을 통해 자신의 역할 수행 경험과 그것이 자신의 인생 속의 어떤 일들을 떠올리게 했는지를 집단원들과 이야기하게 된다. 역할을 벗어나는 작업은 주인공의 마음속에 연기자들의 전이가 남지 않고, 어려운 역할을 맡은 보조자아들이 역할 후유증을 겪지 않도록 하기 위해 셰어링에 반드시 포함되어야 한다.

셰어링은 주인공이 사이코드라마 작업 후 뒤따르는 격렬한 감정을 재통합하고 무대에서 내려와 다시 집단으로 돌아가는 시간이기도 하다. 주인공에게 집단원들이 주인공의 행동에 주목하여 마음속에 자신들의 삶을 떠올릴 수 있었다는 사실을 알려주는 일이 매우 도움이 된다. 주인공은 자신의 감정을 타인이 헤아려주거나 이해해 주었다는 생각이 강할수록 타인의 지지를 적극적으로 받아들임으로써 위안을 얻을 수 있고, 오래된 고립감을 해소할 수 있다. 나아가 자신의 내면세계를 언어로 표현하게 되면서 감정을 읽고 표현하는 능력을 얻게 된다. 집단원들 또한 서로 신뢰감을 형성하고 타인에게 기꺼이 다가갈 수 있는 용기를 얻게 된다. 이처럼 셰어링에서 서로의 감정을 언어적으로 풀어내고 표현하면서 공유하게 되면 집단의 감정 전이가 줄어들고 심리적으로 편안해지게 되며, 결과적으로 주인공을 비롯한 집단원 전체가 감정적으로 성숙하는 시간이 된다.

예를 들어, 극 중에서 주인공이 무대에서 자신의 내면에 상처 입은 세 살 아이를 발견하였다면, 집단은 주인공이 자신의 그러한 측면을 경험하도록 하고, 현재 시점에서의 10대의 두 아들을 가진 성숙한 기혼 여성으로 통합할 수 있도록 돕는다.

집단: *"당신이 그런 식으로 아들을 키웠다는 것을 보고 정말 놀라웠어요. 우리 어머니는 나를 위해 결코 당신이 했던 것처럼 하지 않았어요. 그래서 나는 우리 아이들과 너무 힘든 싸움을 해왔지요."*

또는 디렉터가 보조자아가 액팅에서 배정받은 역할을 벗기 전에 그 역할에서의 경험과 피드백을 요구할 수 있다. 이때 디렉터는 보조자아의 역할로부터 투사를 면밀하게 살펴볼 필요가 있다. 다음은 보조자아가 자신의 역할로부터 어린 아이에게 투사를 하고 있는 장면이다.

보조자아: (주인공에게) "당신은 어린 아이를 짜증나게 했어요."
디렉터: "당신은 (주인공)의 어머니로서 이야기하고 있나요? 아니면 (보조자아의 이름)으로서 이야기하고 있나요?"
보조자아: "(주인공)의 어머니로서요. 내말은, 그를 보면..."
디렉터: "이것이 당신의 삶과 비슷한가요?"

이러한 피드백 과정을 통해 보조자아는 자신을 아이 역할에 투사했다는 것을 알 수 있게 된다.

2) 셰어링의 의미

셰어링을 통해 주인공은 자신의 미해결된 문제에 대한 괴로움과 답답함을 해소하고 해결의 실마리를 찾게 되며, 집단원들의 정서적 지지를 통해 안정감을 얻고 현실 세계로 다시 돌아와 일상을 살아갈 준비를 하게 된다. 사이코드라마가 종결된 후 셰어링을 통한 마무리 과정이 제대로 이루어지지 않는다면 주인공은 자신의 이야기를 집단 앞에서 노출하고 나서 충분한 피드백을 받지 못했다는 생각에 수치심과 공허감을 느낄 수 있다. 따라서 셰어링에서는 집단원들의 지지적 태도와 따뜻한 배려가 필수적이다.

이처럼 셰어링에서 집단원들의 다양한 의견을 듣는 것은 주인공에게 많은 도움이 되는데 다양한 견해를 수용함으로써 주인공의 감정이 한쪽으로 치우치지 않고 균형을 이루어 다각적으로 문제 해결에 접근할 수 있도록 한다. 주인공이 자신의 평소 행동 패턴이나 왜곡되었던 감정의 흐름 등에 대해 자각한 후에 마무리 과정을 통해 깊은 이해와 통찰을 경험하고 문제에 대한 실질적인 대처 방법을 찾을 수 있다. 더불어 주인공에게 충분한 감정적 지지를 해 주는 것은 주인공이 사이코드라마를 끝내고 현실 세계로 돌아와 더 나은 방식으로 문제를 해결하고 새로운 방법들을 찾아가는 데 도움을 줄 수 있다.

반면 시간적 제약으로 인하여 대안적 해결책을 살펴보지 못하고 집단원들이 강한 미완결감을 가지고 있을 때, 디렉터는 주인공과 집단원들이 극 속에서 발생한 자료를 통합하는 데 도움을 줄 수 있다. 디렉터는 다음과 같이 말할 수 있다.

> **디렉터:** *"이곳에는 아직 해결되지 못한 감정이 많이 있는 것 같습니다. 극을 하는 동안 안타까운 표정을 짓거나 놀라기도 하고 눈물을 훔치는 분들도 있었습니다. 잠시 여러분 자신이 그 장면 속의 인물 중 한 사람이 되어 이야기해보면 어떨까요? 그 장면 속의 어떤 인물인지 밝힌 후, 그 사람이라면 했을 이야기 또는 하고 싶은 이야기를 해보세요. 예를 들면, '난 (주인공 이름)입니다. 그리고 나는 아직도 엄마를 용서할 수 없을 정도로 화가 많이 납니다.', '난 (주인공 이름)의 엄마입니다. 난 (주인공 이름)이 나를 더 이상 사랑하지 않는다고 느껴요. 그가 멀어질까 두려워요.'라고 말이죠."*

3) 비언어적 소통을 통한 셰어링

사이코드라마는 언어적인 방법을 사용하는 다른 심리치료에 비해 비언어적인 요소를 많이 포함하고 있다. 셰어링에서도 마찬가지로 서로의 감정 공유가 깊게 일어난 집단원이 주인공에게 이야기하는 도중 손을 잡거나 안아 주는 장면을 흔히 볼 수 있다. 이러한 신체적인 언어는 매우 효과적으로 감정을 전달할 수 있고 주인공에게 몇 마디 말보다 더 큰 위로가 될 수 있다. 또한 이해하는 마음과 격려를 담은 진실된 눈빛은 주인공에게 힘과 용기를 주기도 한다. 이처럼 사이코드라마의 마무리 단계에서 집단원들과 주인공 사이에서 자발적으로 이루어지는 비언어적 셰어링은 정서적 친밀감을 높일 수 있는 중요한 요소로 작용한다.

사이코드라마에서 개인적이거나 집단적인 문제를 충분히 다루는 동시에 안전하고 확고한 기반 하에서 안정적으로 작업을 진행하기 위해서는 준비 단계인 워밍업과 액팅, 셰어링의 세 가지 단계 모두가 필요하다는 사실을 명심해야 한다.

워밍업

언어적 워밍업은 기능이 잘 되는 집단이나 언어적 표현이 상대적으로 수월한 성인 집단에 효과적이고, 비언어적 워밍업은 굳이 말을 하지 않아도 되기 때문에 처음 시작하는 낯선 이로 이루어진 집단이나 개방에 소극적인 집단, 아동과 같은 언어적 표현이 제한적인 집단에 효과적이며, 집단에 활력을 불어넣을 때 활용하기도 한다.

1. 언어적 워밍업

(1) 공 던지기

간단한 신체 움직임을 포함하는 작업으로 긴장을 이완시키고 심리극이 액팅할 수 있는 분위기를 만들며 집단의 자발성을 이끌 수 있다. 이 작업은 공을 자유롭게 던질 수 있을 만한 큰 공간이거나 대집단을 대상으로 할 때 매우 효과적이며, 상상의 공으로 대체하여 사용할 수 있기 때문에 소집단에서도 가능하다. 디렉터는 다음과 같이 지시할 수 있다.

"제 손에는 공이 하나 있습니다. 이 공을 가지고 있는 사람은 말을 할 수가 있고, 공이 없는 사람은 말을 할 수가 없습니다."

디렉터가 집단원에게 공을 던지며, "당신은 어떤 사람입니까?", "지금 기분이 어떤가요?", "당신이 동물이라면 어떤 동물입니까?", "가장 좋아하는 색깔은 무엇입니까?" 등의 질문을 할 수 있다.

공과 함께 질문을 받은 집단원은 대답을 한 후 다른 집단원에게 공을 던지며 질문을 하면서 모든 집단원이 준비작업에 포함될 수 있도록 한다.

(2) 이름 게임

집단원이 자신을 소개하고 서로의 이름을 기억하면서 집단에 대한 흥미를 유발할 수 있다. 이름 게임은 다양하게 변형하여 활용할 수 있다. 첫 글자 게임은 모든 집단원이 자신의 이름 첫 글자(성)로 시작하여 문장을 말한 다음, 이름을 모두 기억하는 사람이 있는지 확인하는 것이다.

"제 이름은 박수영입니다. 박수 한 번 부탁드립니다.", "제 이름은 한여름입니다. 한 번도 비행기를 타 본 적이 없습니다."

또는 이름을 기억하게 한 뒤, 공 던지기를 응용하여 서로의 이름을 부르고 인사를 나누는 활동을 할 수도 있다. 예를 들면, 수영 씨가 여름 씨에게 공을 던지며 "반갑습니다, 여름 씨!"라고 하면, 공을 받은 여름 씨는 "반갑습니다, 수영 씨!"라고 해야 한다. 모든 집단원의 이름이 나올 때까지 게임을 지속한다.

(3) 역할 바꾸어 자기소개하기

집단원들 간의 신뢰감을 형성하고 역할 교대 훈련에 좋은 방법이다. 두 사람씩 짝을 지어 서로 자기

소개를 하며 대화를 나누도록 충분한 시간을 준다. 모든 집단원이 모이면 두 사람이 나와 서로 의자나 위치를 바꿔 상대방의 역할을 하게 한다. 마치 그 사람이 된 것처럼 "저는..."으로 시작하여 최대한 상대방의 말투, 표정, 몸짓과 비슷하게 자기소개를 한다. 모든 집단원의 자기소개가 끝나면 제자리로 돌아와 얼마나 맞거나 다른지 이야기해본다.

(4) 마주 보고 칭찬하기

소극적이거나 거부적인 집단에 좋은 편안한 작업으로 집단원의 자존감을 향상시키고, 서로를 관찰하며 친밀감을 형성할 수 있다. 집단원은 둥그렇게 앉거나 짝을 지어 마주 보고 있는 상대의 장점에 대해 잠시 생각하도록 한다. 최소한 세 가지 이상의 칭찬을 하도록 하고, 칭찬을 들은 집단원은 가장 마음에 드는 칭찬을 선택하고 느꼈던 기분을 공유한다.

(5) 공통분모 게임

집단원끼리 유사점과 차이점에 관심을 가지며 응집력이 생기도록 하는 게임으로 집단의 규모에 관계없이 사용한다. 집단원들이 가능하면 잘 모르는 사람과 짝이 되도록 하여 2~3명을 한 팀으로 만든다. 몇 분의 시간을 주고 분명하게 관찰할 수 있는 것이 아닌 보이지 않는 공통점 세 가지를 찾도록 한다. 이때 팀원들은 서로의 공통점을 찾기 위해 많은 대화를 나누어야 한다. 몇 분이 지난 후 각 팀의 팀장은 공통점을 발표하고, 동일한 점을 가지고 있는 다른 팀이 있는지 확인하며 집단원 간 연결망을 촉진한다.

(6) 이야기 꾸미기

이 작업은 특히 차분한 집단에서 상상을 통한 재미를 느끼도록 하고, 디렉터는 집단의 텔레에 관한 정보를 얻을 수 있다. 디렉터는 다음과 같이 지시할 수 있다.

"집단원이 한 문장을 말하면 다음 사람이 그 문장을 이어 하나의 이야기가 되도록 만들어봅시다. 정해진 이야기는 없습니다. 제가 먼저 시작하겠습니다. '바닷가 옆 오두막의 문이 열렸습니다.' 자, 이제 당신 차례입니다."

(7) 당신은 당신의 이웃을 사랑하십니까?

집단원끼리 자리를 바꾸며 분위기를 환기시키고, 서로를 관찰하며 관심과 친밀감을 형성할 수 있다. 집단원은 둥그런 형태로 의자에 앉는데, 집단원의 수보다 하나 적게 의자를 배치하여 한 명의 술래는 서 있도록 한다. 술래가 한 명의 집단원에게 다가가 '당신은 당신의 이웃을 사랑하십니까?'라고 묻고, 질문을 받은 집단원은 '예', '아니오' 중 한 가지 대답을 할 수 있다. 이때 '예'라고 대답할 경우에는 양옆의 사람들끼리 자리를 바꾸고, 그 사이 술래는 남은 자리에 앉아야 하며, 자리를 차지하지 못한 사람이 술래가 된다. '아니오'라고 대답할 경우에는 술래가 '그럼 어떤 이웃을 사랑하십니까?' 라고 묻고, 질문을 받은 집단원은 '저는 안경을 낀 이웃을 사랑합니다', '저는 검정색 바지를 입은 이웃을 사랑합니다' 등의 특징을 말한다. 그러면 그 특징에 해당되는 사람들이 일어나 빈자리에 앉아야 하고, 역시 술래도 재빨리 남은 자리에 앉아야 한다.

2. 비언어적 워밍업

(1) 모방하기

디렉터는 집단원들이 단순한 동작(만세 하기, 코 잡기, 손 털기 등)이나 스트레칭을 따라 하도록 하며 천천히 이완시킬 수 있다. 디렉터는 다음과 같이 지시할 수 있다.

"지금부터 제가 아주 간단한 동작을 할 것입니다. 여러분은 나의 동작을 그대로 따라하고 다음 사람에게 계속 전달해주세요."

(2) 걷기

짝과의 작업이 필요할 때 짝을 짓는 방법으로 활용하거나, 감정을 발산하고 집단원의 접촉과 친밀감을 증진시킬 때 유용하다. 디렉터는 다음과 같이 지시할 수 있다.

디렉터: *"의자에서 모두 일어나 아무 말 하지 않고 주변의 공간을 둘러보세요. 잠시 시간을 드릴테니 눈으로 이 방 안의 사물과 사람을 바라보면서 천천히 걸어보세요. 이제는 조금 빠르게 걸으면서 아무와도 눈을 마주치지 마세요. 이제 멈추어 자신의 느낌과 신체감각에 초점을 맞추세요. 이제 다시 천천히 걸으면서 상대와 눈맞춤하고 원한다면 신체접촉을 해도 좋습니다. 자, 이제 멈추고 서로 말을 하지 않고 짝을 찾아보세요."*

"여러분, 이번에는 행복하게 걸어보세요. 슬프게 한 번 걸어 볼까요? 화가 났다고 생각하고 걸어보세요."

(3) 손바닥 싸움

신체의 긴장을 풀고 신체적 자발성을 향상시킬 때 유용하다. 두 사람이 짝을 지어 마주 보고 양 손바닥을 펴서 서로 상대방의 손바닥을 밀도록 한다. 이때 한 발이라도 땅에서 떨어지면 지는 것이다.

(4) 신뢰 게임

집단원끼리 신뢰를 쌓고 친밀한 관계로 발전하는데 도움을 줄 수 있다. 두 사람이 짝을 지어 한 사람은 눈을 감고 한 사람은 길을 인도한다. 이때 소품을 활용하여 다양한 장애물을 만들고 이를 피하면서 걷게 해야 한다. 또는 눈을 감은 사람의 신체가 사물과 닿으면 촉감을 느껴보고 맞혀보도록 한다. 짝과 역할을 바꾸어 반복하고 난 후 서로의 소감을 나눈다.

(5) 익숙하지 않은 손으로 글씨쓰기

집단원이 인생의 초기시절에 집중하면서 잊고 있던 어린 시절의 경험을 일깨우는 방법으로 종이나 크레용, 연필 등의 준비물이 필요하다. 디렉터는 글씨쓰기에 앞서 집단원들이 처음 글쓰기를 배우던 모습을 떠올려보도록 한다. 당시의 나이, 장소와 모습, 냄새, 주변 인물 등을 떠올리며 잠시 집중하는 시간을 갖는다. 준비가 된 집단원은 글쓰기를 배울 당시의 자신이 되어 원하는 공간에서 원하는 자세로 자신의 이름과 짤막한 이야기를 쓴다. 단, 오른손잡이는 왼손으로, 왼손잡이는 오른손으로 써야 한다. 이후 어린 시절의 역할이 되어 자신의 이야기를 읽는 언어적 작업이 요구될 수도 있다.

(6) 선물 주기

새로운 집단보다는 어느 정도 친밀감이 있는 집단에서 기쁨을 공유하는 데 유용하다. 집단원은 둥그렇게 앉아 선물에 대해 제스처로만 표현한다. 한 사람이 선물에 대해 표현하고 옆 사람에게 전달하면, 선물을 받은 사람은 그것에 대해 다른 표현을 할 수도 있고, 다음 사람에게 줄 다른 선물을 표현하며 반복한다. 예를 들어, 한 사람이 따뜻한 커피를 내려 옆 사람에게 전하면, 선물을 받은 사람은 그것의 향기를 음미하고 호호 불어 마실 수 있다. 그러고 나서 호주머니에서 마음을 담은 쪽지를 꺼내 다음 사람에게 건네준다.

사이코드라마 기법

8

사이코드라마 장면이 액팅되는 상황에는 다양한 기법들이 필요하다. 디렉터의 역할은 이러한 다양한 기법들을 상황에 맞게 적절하게 사용하고 극의 방향을 이끄는 것이다. 디렉터가 각각의 상황에 적절한 기법을 선택하기 위해서는 기법이 갖는 특성과 의미를 충분히 이해하는 것이 매우 중요하다.

1. 사이코드라마 기법

사이코드라마의 기법은 매우 다양하지만 중심이 되는 원리는 크게 다르지 않으며 한 가지 기법을 응용하기도 하고 필요에 따라 변형시켜 사용할 수도 있다. 또한 주인공의 준비 정도와 몰입에 맞추어 가벼운 기법으로 시작하여 좀 더 심도 있는 기법으로 점진적으로 전환하는 과정이 필요하다. 사이코드라마가 진행되는 지금-여기에서 매순간마다 주인공과 상황에 따라 달리 적용되기 때문에 이 과정에서 디렉터의 창의성과 감수성이 요구된다. 디렉터는 많은 기법들 중 하나의 기법을 현장에서 적용할 때 그 목표는 주인공을 연기자로 만드는데 있는 것이 아니라 주인공이 자신이 처한 현실보다 더 실제 본연의 모습으로 무대 위에 서게 해 주는 것에 있다는 것을 기억해야 한다(Moreno, 1946). 중요한 것은 기법 자체가 아니라 주인공의 문제 탐색과 갈등해결에 도움이 되는 기법을 디렉터가 얼마나 적절하게 활용할 수 있는지 여부이다. 다음은 사이코드라마에서 유용하게 활용하는 기법들을 제시하였다.

2. 기법의 종류

1) 역할 교대

역할 교대Role Reversal는 주인공이 잠시나마 자신이 아닌 상대방의 입장에서 타인을 이해할 수도 있고 자신의 입장을 객관적으로 바라볼 수 있도록 돕는 기법이다. 그동안 자신이 고수해 오던 익숙한 방식이 아닌 타인의 관점에서 보기 위해서는 충분한 준비 작업이 필요하기 때문에 역할 교대 기법을 사용하기 이전에 주인공이 자신으로부터의 나와 진정으로 타인이 될 수 있는 마음의 준비과정이 선행되어야 한다. 또한 상대방의 역할 교대에 들어가기 위해서 준비 시간이 필요하다. 충분한 준비가 되지 않은 상태에서 시행하게 되면 실패할 확률이 높다. 그러므로 극이 진행되면서 주인공이 충분히 극에 몰입하여 이제는 역할을 바꾸어도 무리가 없다는 디렉터의 판단이 중요하다. 만일 디렉터가 결정적인 시기를 놓친 후에 역할 교대를 지시하면 극의 흐름이 끊길 수 있다. 또한 역할 교대를 자주하다 보면 역할 혼동이 일어날 수 있기 때문에 공간을 실제로 이동시켜야 이러한 혼란을 막을 수 있으며, 역할을 교대하는 장면에서 상대방이 마지막으로 했던 말을 반복하도록 한다. 자신의 관점을 유지한 상태에서 타인의 역할을 연기하게 된다면 역할 교대를 통한 효과를 기대하기는 어려우며 그렇기 때문에 역할 교대의 목적은 정보를 획득하고, 자신을 돌아보게 하고 상대방의 입장을 이해하도록 도우며 주인공의 저항을 극복하기 위한 수단으로 사용된다. 역할 교대 상황에서 감정을 얼마나 잘 표현했는지 확인하고 무엇을 배웠는지 깨닫는 계기를 제공하면서 관계에 대한 새로운 관점을 확립하는 것이 중요하다.

먼저 상대방이 서 있거나 앉아 있던 위치에 같은 자세로 서거나 앉은 다음, 이름, 나이, 역할에 대한 정보가 주어지고 나면 그 역할을 맡을 준비가 되어 있음을 확인하고 시작되어야 한다. 사람과의 관계에서 상처를 입거나, 자신의 약점이 드러나게 되는 상황에서는 방어적인 자세를 보이게 된다. 주의를 다른 곳으로 돌리거나, 상처입지 않은 척 하는 방어적 행동은 자신의 상처 입은 마음을 외부로 드러내지 못하게 차단함으로써 내면의 상처는 그대로 둔 채 표면적으로만 화해를 하는 것이다. 이 경우 겉으로 관계가 회복된 것처럼 보이지만 직접적인 문제가 해결되지 않아 앞으로 문제가 반복될 여지가 남게 된다. 이러한 방어적 태도가 강하여 서로 간에 소통이 원활하지 않을 때 역할 교대가 사용된다. 역지사지라는 중요한 원칙을 실질적으로 적용할 수 있는 것이다. 역할 교대를 하여도 자신의 입장을 고수하는 경우도 있다. 그러나 반복적으로 시행하다 보면 자연스럽게 상대방의 입장에 몰입하게 되는 순간이 온다. 역할을 바꾸는 상황에서 잠시 극의 속도를 늦추고 장면을 멈추는 것도 주인공으로 하여금 타인의 입장에서 충분히 생각할 수 있는 기회를 갖게 하는 방법이다. 역할이 바뀌면 그 삶의 입장이 되어야 하기 때문에 준비할 시간이 필요하다. 역할 교대를 진행할 때 디렉터의 개입이 많으면 주인공의 감정의 흐름이 끊길 수 있기 때문에 필요한 상황에만 적절히 개입하여 주인공이 극을 지속해서 이어갈 수 있도록 돕는 것이 중요하다. 특히 디렉터는 주인공이 상대방의 관점에서 생각해보고 객관적인 자신을 돌아볼 수 있는 기회를 제공하는 것이 중요하다. 괴로움을 겪고 있는 사람들은 자아감과 자아 강도를 형성하기 위해 남들보다 더 많은 시간 동안 '자신'을 연기해야 한다.

2) 더블

더블Double은 분신, 또 다른 자기 혹은 내적인 목소리 등으로 소개된다. 모레노에 의해 시작된 기법인 더블은 자기의 감정을 확실하게 표현하지 못하는 주인공에게 사용하는 기법으로 가장 깊숙한 심정을 밖으로 유도해 낸다는 점에서 심리극의 핵심적인 기법이다. 보조자가 주인공의 내면세계를 묘사하는데 이때 감정을 극대화하고 비언어적인 요소들을 언어화한다. 더블은 주인공의 내면세계를 표현하고 배경에 머물고 있던 사항들을 전경을 끌어내는 사람을 의미한다. 그들은 주인공과 동질적으로 주인공의 본래 성향과 일치하다고 느껴야 하며 주인공이 표현하려고 하는 것을 표현해야 한다. 주인공의 감정에 반대하고 독백을 하는 등의 방법으로 주인공으로 하여금 알아차리지 못하는 모순된 자아를 명확히 알 수 있게 하는 방법이다. 타인의 심리적 쌍둥이가 되어 그의 내부 소리로 작용해서 숨겨진 생각, 관심, 감정 등을 드러내 그가 이를 다시 충분히 표현하도록 하는 방법이다. 더블은 위치 선정이 중요하다. 주인공의 일부가 되기 위한 의도로 주인공의 살짝 뒤에 주인공의 눈빛이 보일 정도로 45도 대각선으로 선다. 더블은 주어를 "나로" 해야 하며 생각이나 느낌을 주인공이 말하듯 이야기해야 한다. 더블의 역할은 주인공을 따라가는 것이며 주인공을 끌어가는 것이 아니다. 주인공은 이면에 있는 마음이나, 생각들을 표현 못할 수 있기 때문에, 주인공의 속마음이 아닐 지라도 더블이 하는 것만으로도 의미가 있다. 그리고 이를 통해 주인공은 통찰을 얻을 수 있다. 또한 주인공의 전지적 시점에서 할 필요는 없으며, 더블이 주인공의 마음을 모르는 상태라도 가치가 있을 수 있다. 주인공을 세심하게 관찰하며 주인공의 발 위치, 어조, 자세의 미세한 변화, 한숨 등 모든 것을 주인공이 경험하고 있는 단서로 받아들여야 한다. 이러한 단서들을 활용해야 하며, 자기가 한 반응에 주인공이 어떻게 반응을 보이는 지에도 민감해야 한다. 주인공이 자신의 생각을 말하면 더블이 정보를 얻어서 구체화 하는 과정이다. 디렉터와 더블이 조화를 이루는 부분이 중요하며 과하다 싶으면 더블을 교체할 수도 있다. 더블이 자신의 내면세계와 동떨어져 있다는 생각이 든다면, 주인공은 언제나 그 상황을 바로 잡을 수 있다. 훌륭한 더블은 주인공이 다른 사람의 관심을 받고 이해되고 있음을 느끼고, 고통스러운 감정을 직면하는 동안 치료자로서 행동할 수 있게 해준다. 집단 더블 기법을 통해 집단 전체가 참여할 수도 있다.

3) 빈 의자 기법

빈 의자Empty Chair 기법은 사이코드라마의 시작단계에서 주인공이 극에 몰입할 수 있도록 하는데 효과적인 기법이다. 모레노가 시작하였으며, 이후 게슈탈트 치료의 창시자인 펄스F. Perls에 의해 발전되었다. 빈 의자 기법은 준비단계뿐만 아니라 사이코드라마 전 과정에서 활용될 수 있으며, 주인공이 장면에서 다루고자 하는 문제를 좀 더 구체적으로 파악하기 위한 방법으로도 효과적이다. 사이코드라마에서는 어떠한 상황에 대해 단순히 나열하여 설명하는 것은 바람직하지 못한 것으로 여겨지기 때문에 이를 통해 실제 상황을 유도하는 것이 주인공에 대한 정보를 파악하는 하나의 방법이 될 수 있다. 디렉터는 주인공에게 정서적으로 중요한 인물을 빈 의자에 불러내어 마치 그 사람이 빈 의자에 존재하는 것처럼 극을 전개해 나간다.

이는 다음과 같이 진행할 수 있다.

> **디렉터:** *지금 떠오르는 사람이 있습니까? 그 사람이 저 의자에 있다고 생각하고 이야기 해 보세요. 그 사람이 떠오른다면 지금 그 사람을 설명해 주세요. 그 사람을 눈으로 그려보세요. 그의 표정은 어떤가요? 그의 기분은 어떤가요?*
> *지금 보이는 것을 설명해 주시면 됩니다. 이제는 그 사람에게 좀 더 가까이 다가가 이야기 해보세요.*

대부분의 경우 주인공은 자신의 내면세계에 중요한 영향을 주었거나 현재 관계에서 문제가 되고 있는 핵심 인물을 빈 의자 위에 떠올리게 된다. 또한 지금은 떠났거나, 사별했거나 순간 보고 싶은 대상, 오해를 풀어야 하는 대상 등을 떠올린다. 주인공이 빈 의자에 앉아 있는 실존하지 않는 인물과의 대화에 어색함과 어려움을 느끼는 경우에는 디렉터는 질문을 통해 주인공이 빈 의자에 앉아 있는 중요한 인물을 시각화 하는데 도움이 될 수 있는 신체적 특징들을 좀 더 구체적으로 묘사할 수 있다. 이를 통해 주인공의 상상력이 자극되며, 빈 의자에 앉아 있는 중요한 인물들에 대한 구체적인 생각이나 실제적인 느낌이 생기게 돕는 것이다. 주인공이 이 과정에서 내면 깊은 곳의 이야기를 끌어내는 데 어려움을 겪는 경우, 실제로 빈 의자에 더 가까이 다가가서 이야기하도록 한다. 이 과정에서 주인공이 편안하게 내면세계를 표현할 수 있도록 돕는 것이 중요하다. 빈 의자는 정서적 중요성을 지니고 있지만 이제는 살아 있지 않은 사람과 만날 때 사용할 수 있으며 주인공이 고통스러운 상황을 직면하기 어려울 때 완화작용을 해주고 상황을 스스로 충분히 조절할 수 있도록 도와준다. 또한 디렉터가 판단하기에 굳이 상대방 역을 지정하여 역할 연기를 할 필요가 없을 때 사용한다. 상대방의 역할을 맡은 보조자아가 직접 나와서 하는 역할 연기보다는 빈 의자로 대처하는 것이 극의 효율성이 높다고 판단되는 경우이다. 상황에 따라 한 개 이상의 빈 의자를 마주 보거나, 등을 지거나 등 다양한 형태로 배치하여 진행될 수도 있다.

4) 거울 기법

거울Mirror 기법은 보조자아가 주인공의 행동방식, 표현방식, 생활방식 등을 그대로 무대 위에 재연함에 따라 주인공은 관찰자의 입장이 되어 자신의 행위를 비디오로 보는 것과 같이 객관적으로 판단하게 하는 기법이다. 주인공이 위축되어 있거나, 준비과정이 불충분할 때, 자신의 행동에 대한 이해 혹은 그 영향을 모를 때 타인과 적절하게 상호작용 하지 못할 때 효과적인 방법이다. 주인공의 평소의 어투가 공격적이라든지 타인과 이야기 할 때 집중하지 않고 시선을 피한다든지 일상생활의 행동습관은 물론이고 자신의 모습이 타인에게 어떻게 비춰지는지 모를 때, 주관적 상태에서 벗어나 자신을 좀 더 명확하고 객관적으로 볼 수 있도록 도울 수 있다. 또한 주인공이 현 상황에 대해서 새로운 시각을 갖도록 도울 수 있다. 극이 진행되면 주인공은 보조자아가 역할 연기로 재연하는 인물이 자신이라는 것을 인식하지 못할 수도 있다. 주인공은 보조자아를 통해 표현되는 자신의 모습을 받아들이기 힘들 수 있고 상처로 남을 수 있으므로 이런 경우에는 주인공이 스스로 장면 속으로 들어가 보조자아의 연기를 수정할 수 있다. 디렉터는 주인공이 자신의 모습을 수용할 수 있도록 조심스럽게 주인공의 반응을 다루어야 한다. 주인공이 자신의 모습을 받아들일 준비가 되어 있지 않거나, 자신의 모습을 흉내내는 보조자아에게 반감을 가질 수 있으며, 관객들이 웃음을 터뜨리거나 하면 굴욕감을 느낄 수 있기 때문에 디렉터는 이 부분에 특별한 신경을 써야 한다. 거울기법이 잘못 적용되는 경우 오히려 해로운 결과를 가져올 수 있기 때문에 특히 자존감이 낮거나, 지나치게 방어적이고 예민한 주인공에게 사용되는 부분에서는 면밀한 검토가 필요하다.

5) 미래투사 기법

미래투사Future Projection 기법을 통해 우리는 사이코드라마에서 과거, 현재, 미래를 넘나들며 모든 시간을 '지금'처럼 살아볼 수 있다는 흥미로운 특징을 가지고 있다. 미래투사 기법은 자신의 미래의 특정 순간을 현재화해서 경험해보는 것이다. 미래를 살아볼 수 있도록 하며 기대하거나 두려워하는 결과나 현실, 예기불안 등을 역할극에서 표현해 보는 작업이다. 주인공은 그 속에서 문제를 처리할 수 있는 능력이나 태도 그에 따른 결과를 미리 경험하고, 현실을 바탕으로 테스트해 볼 수 있다. 미래는 꼭 먼 미래가 아니어도 내일이나 한 달 뒤에 일어날 수 있는 일 또는 예정되어 있는 일들을 미리 연습해 볼 수 있다. 예를 들어, 5년 뒤에 나의 모습을 상상해 보면서 예상되는 일들을 떠올려 볼 수 있으며, 직장을 구하거나, 결정되지 않은 결혼, 출산 등이 있다. 이는 주인공이 미래에 직면하게 될 과업들을 준비시키고 실제 행동 연습의 기회를 제공하여 대비해 볼 수도 있다. 그리고 다양한 방식의 재연을 통해 좀 더 안전한 방식으로 더 좋은 선택을 내리고 주인공의 불안을 감소시키며 자신이 예상하는 감정을 미리 경험해 볼 수 있다. 또한 특정 상황에서 어떤 행동 양식이 자신에게 도움을 줄 것인지 미래투사 기법을 통해 확인해 볼 수도 있다. 미래 상황에서의 자신을 객관적으로 구성할 수 있도록 하는데 효과적이다. 불안하고 두려운 미래를 미리 경험해 봄으로써 불안, 두려움과 같은 감정에 대해 탐색해 볼 수 있다. 그러한 과정을 통해 이전에는 파악하지 못했던 상황의 여러 차원이 드러나며 주인공이 자신의 동기를 더욱 잘 이해할 수 있도록 돕는다. 미래투사 기법을 사용할 때에는 충분한 준비 작업이 이루어져야 하며 대부분 미래투사 기법은 극의 마지막 부분에 활용되는 경우가 많다. 현재를 살고 있는 주인공과 관객들에게 갑자기 주어진 미래 사건은 생소하게 느껴질 수도 있기 때문이다. 극 후반부에 주인공이 충분히 몰입되어 이 기법을 사용하게 되면 자연스럽게 미래세계로 나아가는데 저항이 감소하고 극을 통해 얻게 된 행동 통찰력이나 수정된 행동양식을 확인하고 시험해 볼 수 있는 좋은 기회가 된다. 예를 들어, 5년 후 10년 후의 미래를 순차적으로 상상해 볼 수 있는 분위기를 제공하여 자연스럽게 감정이 흘러갈 수 있도록 돕는다. 대부분의 경우 미래투사 기법은 극의 마지막 부분에 활용되는 경우가 많다. 극 후반부에 주인공이 충분히 몰입되어 이 기법을 사용하더라도 자연스럽게 미래세계로 나아가는데 무리가 없으며 극을 통해 얻게 되는 행동 통찰력이나 수정된 행동 양식을 확인하고 시험해 볼 수 있는 좋은 기회가 되기 때문이다.

6) 죽음 장면

죽음 장면Death Scene은 주인공 혹은 주인공의 문제에 영향을 미친 어떤 인물이 가상으로 죽는 장면을 연출하는 것이다. 특히 이 기법은 자살사고를 호소하거나 이전의 누군가의 죽음을 슬퍼하고 잊지 못할 때 사용할 수 있고 혹은 누군가에 대한 분노가 풀리지 않을 때 죽음의 장면에 가볼 수 있다. 자신에게 상처를 준 사람은 많이 미워했더라도 충분히 감정적으로 몰입된 상태에서는 그 사람의 죽음을 겪는 경우 주인공은 슬퍼하며 용서할 수 있을 것 같은 반응을 보이는 경우가 있다. 또한 주인공 자신의 죽음 장면을 연출해 볼 수 있다. 디렉터는 주인공에게 어떻게 죽었는지, 어떤 느낌인지, 유언은 누구에게 어떻게 할 것인지 구체적인 질문을 한다. 자신의 죽음에 대해 주위 사람들이 이야기 하는 것을 듣게 한다거나 역할 교대를 통해 죽어 있는 자신에 대한 감정을 이야기할 수 있도록 하여 정서적 문제점들을 명료화 시킬 수 있다. 주인공이 감정적으로 충분히 정리가 되면 회생의 장면이 이어진다. 죽음 장면과 회생 장면을 번갈아 경험하게 되면 실제로 다시 태어난 기분이 든다고 표현하는 주인공들도 있다. 또한 주인공을 직접 죽음을 경험해 보도록 할 수 있다. 바닥에 주인공을 눕히고 장례식 장면을 연출해 볼 수 있고 보조자아가 주인공의 가족, 친구, 역할을 맡아 슬픔을 주인공이 보조자아의 연기를 관찰하게 한다. 자신의 죽음에 슬퍼하는 가족에 대한 느낌을 표현하게 하고 보조자아와 역할을 바꾸어 가며 자신의 죽음이 다른 사람에게 어떤 영향을 미칠 것인지 경험하게 한다. 또한 죽음 기법을 통해 살아야할 이유를 발견할 수 있다. 이후 주인공이 살아있는 것에 안도하고 감사할 수 있는 기회를 마련해 준다. 가까운 사람의 죽음으로 슬퍼하는 경우, 충분한 애도과정을 거치지 못한 경우, 그 사람의 죽음 장면을 제시해 줄 수 있다. 미처 하지 못했던 말을 할 수 있도록 할 수 있으며, 주인공과 역할을 바꾸어 직접 유언을 하게 할 수도 있다. 먼저 떠난 상대에 대한 슬픔과 애도, 원망을 표현하고 작별 인사를 나누게 함으로써 감정 정화의 기법을 제공한다. 하지만 사이코드라마에서 죽음 장면은 지나치게 몰입하는 경우 수습하기 힘들만큼 감정적이 될 수 있기 때문에 매우 조심스럽게 사용해야 한다.

7) 재판 장면

재판 장면Judgment Scene은 대부분 극의 절정기나 마지막 때 사용되며 일반적으로 죽음 기법과 함께 사이코드라마에서 많이 연출되는 장면 중 하나이다. 보통은 주인공의 문제에서 부정적인 역할을 한 인물을 재판하는 형식으로 이루어진다. 죽음 장면과 연결되어 하늘나라에서의 심판과 같은 극적인 장면을 연출할 수도 있다. 천국과 지옥의 갈등 상황에서 재판관은 피고와 원고의 상황을 충분히 듣고 판결을 한다. 판결장면에서 재판관과 주인공의 역할 교대를 통해 주인공의 반응을 살필 수도 있다. 주인공의 감정이 어느 정도 정리되고 대부분은 자신에게 상처 준 사람을 용서하는 마음을 가지게 된다. 만약 주인공이 마지막까지 용서하는 것을 힘들어 한다면 반드시 긍정적인 장면으로 주인공을 유도할 필요는 없다. 정서적으로 대립하고 있는 상대방을 단죄하는 것만으로도 카타르시스를 경험할 수 있다. 이 기법은 또한 자살을 생각하거나, 삶의 의지가 없는 사람들에게 적용될 수 있다. 중요한 것은 어떤 식으로든 현재로 돌아오게 만든다. 만약 극 중에 죽은 상태에서 빠져나오지 못하면 죽음에 대한 동경을 가지게 되거나 죽은 느낌으로부터 고통스러워하여 상태가 악화될 수 있다. 이 기법의 경우 특히 시기가 중요하며 준비 작업이 선행되어야만 한다. 너무 위협적일 경우 주인공이 저항할 수 있기 때문에 연출자는 주인공의 그 순간의 상태를 섬세하게 이해하고 조심스럽게 이끄는 과정이 중요하다.

재판장면에서 가장 중요한 장면은 주인공이 자기 자신에게 판결을 내려야 한다는 것이다. 따라서 재판관이 최종적으로 판결을 내리는 장면에서 역할 교대를 통하여 주인공 자신이 자신의 의지에 따른 결정을 하도록 돕는다.

***재판관:** 피고측 변호인 마지막 변론 하세요.*
***변호사:** 재판장님 다시 한 번 생각해 주십시오. 피고인은 무죄입니다.*
***재판관:** 마지막 판결을 내리겠습니다.*

재판관과 주인공의 역할 교대를 통해 주인공이 자신에게 판결을 내리도록 한다.

***재판관(주인공이 자신에게):** 피고는 ~ 이므로 ~ 판결한다.*

디렉터는 다시 주인공과 재판관을 역할 바꾸기를 한다. 재판관은 주인공이 좀 전에 자신에게 내린 판결을 다시 한 번 말한다. 주인공이 재판관이 되어서 자신에게 어떤 판결을 내리는 것은 자기 자신이나 타인에 대한 용서와 화해 또는 삶의 의지를 고취할 수 있도록 하는데 도움이 된다.

8) 유도된 환상

유도된 환상Guided Fantasy은 주인공이 어떤 주제를 상상하거나 디렉터가 환상 장면을 제안하고 상상하게 하여 연기하게 하는 기법이다. 주인공의 창조성과 자발성을 자극하기 때문에 워밍업 단계에서 적용할 수 있다. 주인공은 신체 이완을 한 후 편안한 상태에서 디렉터의 언어를 통해 환상의 세계로 인도된다. 이 과정에서 명상음악이 사용될 수 있다. 상상 속에서 질문을 듣고 지금 여기로 와서 대답이 무엇인지 원하는 방향으로 끌고 가서 통찰할 수 있도록 돕는다. 장소는 상황이나, 현재의 직면하고 있는 문제에 따라서 변화될 수 있다. 예를 들어, 우주, 바다, 하늘이 있다고 상상하고 몸을 움직이도록 하거나 상상속의 외딴 장소로 떠나 볼 수 있다. 상상이 끝나면 지금의 나로 돌아와 역할 벗기를 한다. 아동의 경우 자신의 방의 특정 물건과 같은 무생물 물체(예: 침대, 책상 등)가 되었다고 상상하게 하고 자신에 대한 느낌을 물체의 입장에서 이야기 하도록 적용할 수 있다.

9) 마술가게 기법

마술가게Magic Shop 기법은 디렉터가 주인공들에게 특별한 마술 상점이 있다고 설명하고 누구든지 원한다면 가치, 생각, 마음, 욕구 등과 같은 물질이 아닌 정신적인 모든 종류의 것을 살 수 있다고 설명한다. 주인공은 눈을 감고 가게가 어디 있는지 상상하면서 시작하며 대체로 3분에서 5분 정도 시간을 제공한다. 마술가게 점원은 잘 훈련된 보조자아이거나 연출자로, 주인공인 무대로 올라온다면 그가 바라는 물건이 무엇인지 들어보고 물건이 추상적일 경우 그가 원하는 것을 보다 구체적으로 명료화 시킨다. 마술가게에서 주인공이 원하는 물건을 구입하기 위해서는 돈을 지불하는 것이 아니고 주인공이 가지고 있는 것 중에 가장 중요한 것으로만 물물 교환만이 가능하다는 것을 안내한다. 이때 전부가 아니면 안 된다는 부분을 주인공에게 명시한다. 가격 협정을 통해 물건이나 상품은 주인공이 기꺼이 희생할 수 있는 특성이나 일면을 물물교환으로 살 수 있다는 부분을 설명한다. 이 과정을 통해 주인공은 자신이 포기하려던 것이 매우 소중하다는 것을 발견하거나 반대로 그가 원하는 것이 기대와 달리 아무런 가치가 없다는 것을 발견하게 된다. 이 기법에서 해결은 별로 중요하지 않으며 아무 해결 없이 극이 끝날 수도 있다. 주인공이 무엇을 교환해야 할지 정하지 못하거나 어려움이 있을 때는 집단원들이 피드백을 줄 수 있고 보조자아를 이용할 수 있다.

아동을 대상으로 기법을 적용할 때는 아동이 물물교환하는 두 개의 가치를 잘 견주지 못할 수 있기 때문에 물물교환 대신 아동이 싫은 것을 버리고, 원하는 것을 갖도록 변형하여 적용할 수 있다. 이때 디렉터는 아동이 버리고 싶은 것이 무엇인지에 대해서도 구체적으로 설명하도록 하며 아동은 간절히 바라던 정신적인 것을 구입함으로써 성취감과 욕구 해소를 경험할 수 있다. 현재 아동이 가지고 있는 것보다 소중하지 않은 것을 알도록 도울 수 있다. 주인공이 물물교환하려고 한 것이 주인공에게 제일 소중한 것이 아니더라도 타인이 구입하는 것을 관찰하고 언제나 환불이 가능함을 알려준다. 다른 것을 선택했다고 하더라도 주인공이 원하면 환불할 수도 있다는 것을 알려준다. 디렉터는 아동이 원하는 것과 아동에게 짐이 되는 것이 무엇인지를 파악함으로써 아동을 더 깊이 이해할 수 있다.

10) 유아침대 기법

유아침대Crib Scene 기법은 주인공이 자신의 의존 욕구를 경험하는 데 사용되며 주인공 외에 관객에서도 적용할 수 있다. 참여자는 모두 침대 속의 어린 아이가 되어 바닥에 편안한 자세로 눕는다. 디렉터는 유모가 되어 돌아다니며 자장가를 부르고, 가상의 이불을 덮어주며 토닥여 주기도 한다. 가능한 모든 사람이 마치 아기가 되어 기분 좋게 잠이 드는 것처럼 느낄 수 있도록 유도한다. 디렉터는 다음과 같이 지시할 수 있다.

> ***디렉터:*** *엄마는 아기를 사랑합니다. 아기에게 우유를 주고 아이를 돌봐줍니다. 이제 아기를 누이고 자장가를 불러줍니다. 잘 자라 우리 아기~*

집단원들은 아기 역할을 하는 사람에게 자장가를 불러주며 토닥인다. 아기 역할을 하는 사람이 충분히 진정되고 이완될 때까지 지속한다.

> *디렉터: 이제 아기는 잠에서 깨어났습니다. 몸을 조금씩 뒤척이며 움직이고 있어요. 몸을 조금 뻗어서 기지개를 펴기도 합니다. 아기가 마침내 잠에서 깨어났어요.*

디렉터는 아기 역할을 한 사람에게 아이가 되었을 때 가장 먼저 생각나는 사람이 누구였습니까? 아기가 깨어났을 때 옆에 있던 사람은 누구였나요? 등의 질문을 한다. 지시사항은 명료하고 간격을 충분히 하여 주어진다. 참가자들은 역할에서 벗어나 원래 상태로 되돌아오며, 참여자들이 다시 깨었다가 자는 것을 반복하게 한 다음 다시 성인으로 돌아와, 아이가 되었을 때 상황과 느낌을 설명해보도록 한다. 이 기법은 애착 문제가 있는 아동이나, 부모-자녀 관계에서 갈등을 경험하고 있는 내담자 등에게 효과적으로 적용될 수 있다.

11) 비네트 기법

비네트Vignette 기법은 연극의 짤막한 부분을 지칭하는 말로써 주인공이 준비단계 작업에 집중하는데 효과적인 기법으로 고전적 형태의 사이코드라마 전부를 연출하지 않고도 사이코드라마 작업이 가능하게 한다. 이 기법은 주인공을 편안하게 해 주고 감정적으로 막혀 있는 것을 완화시켜 준다. 비네트는 작업을 쉽게 시작할 수 있고, 대규모의 사이코드라마를 위해 필요한 장면 설정, 인터뷰, 다수의 주인공 선정 등이 없이도 실행이 가능하다. 다만 경우에 따라 각각의 기법을 효과적으로 이용할 수도 있다. 디렉터는 잠시 이중자아가 될 수도 있는데, 이때 가능한 전이 관계에 머물지 않도록 주의해야 한다. 또한 규모가 작기 때문에 한 회기에서 더 많은 사람들이 작업할 수도 있다는 장점을 가지고 있다. 아동의 경우, 동화의 한 장면을 이용해서 아동이 가지고 있는 문제와 유사한 동화의 장면을 연기해 보는 것이 해당된다. 또한 아직 사이코드라마 경험을 하지 못했거나 익숙하지 않은 경우, 준비 작업으로 적용이 가능하며, 특정 장면을 제시하고 연습해 보도록 하거나, 구조화된 장면을 제공할 수 있다.

12) 여섯 인물 기법

여섯 인물 기법Six Characters은 경험적 치료 집단원들의 교육수준, 언어적 능력이 높고 상상력이 풍부한 고기능 집단에 적용할 수 있다. 주인공에게 본인의 삶에 가장 기억에 남는 유명 인사를 남자 셋과 여자 셋 총 6명을 뽑도록 한다. 유명 인사를 떠올리는 데 어려움을 겪는 경우, 실제 인물을 포함시키기 보다는 신화나 원형의 보다 큰 범위에서 선택될 때 작업이 잘되기 때문에, 실제 생활의 인물은 마지막으로 남겨두도록 한다. 여섯 인물을 선택하고 나면 그 여섯 인물의 역할을 맡을 사람을 집단원 중에서 고르고 각 역할 연기자에게 그 성격을 묘사하는 형용사를 3가지 제시한다. 여섯 인물이 선택되고 나면 연출자는 각 인물들에게 파티에 참석할 때 이름을 말해 달라고 지시한다. 주인공이 3개의 형용사를 주고, 보조자는 나름대로 연기는 하지만 주인공이 정교화 시킬 수 있다. 이 기법은 주인공 내부에 있는 여러 측면을 탐색할 수 있도록 도우며, 다음과 같이 진행될 수 있다.

> **디렉터:** *여러분에게 영향을 주었던 여섯 명의 인물을 생각해 보세요. 단 그 사람들은 우리에게 잘 알려진 연극, 영화 동화, 만화, 텔레비전 광고 등을 통해 잘 알려진 인물들이어야 합니다. 우리가 잘 알고 있는 유명한 사람들 중 남자 3명, 여자 3명 총 6명을 선정해 보세요. 여섯 인물의 역할을 맡을 사람들을 고르고 각 연기자들에게 그 성격을 묘사하는 형용사를 세 가지 말해 주세요. 이제 여섯 인물을 파티에 초대하여 거기서 그들이 서로 만나서 이야기할거예요. 이제 옆으로 비켜서서 바라보시면 됩니다.*

13) 꿈 작업

꿈 작업Dream Presentation은 사이코드라마에서 주인공이 꿈에서 사용하는 내적인 은유나 상징을 구체화시켜주기 때문에 자기 검토의 수단이 될 수 있다. 디렉터와 함께 이야기를 하는 과정에서 주인공이 꿈을 설명하고 주인공은 꿈에 등장할 보조자아를 선발한다. 예를 들어, 주인공의 꿈속에 등장하는 사람, 목소리,

사물 등 다양한 이미지들에 역할이 주어지며 액팅을 하면서 주인공과 상호작용을 시킨다. 역할 교대를 통해 주인공은 꿈에 나오는 대상에게 말을 건네 볼 수 있고 또 그 사람이나 대상이 되어 버린 주인공이 자신에게 말을 걸게 한다. 꿈에 등장하는 사물의 역할을 통해 그것들이 상징이나 은유로써 무엇을 표현하고 싶어 하는지 알게 된다. 역할 교대에서 꿈의 상징들이 자신에게 무엇을 말하려고 하는지 경험한다. 꿈 작업을 구조화하는 것은 사이코드라마를 구조화하는 과정과 유사하다. 주인공은 보조자아들을 선택하고 장면을 설정한다. 꿈은 주인공의 내적 세계를 확대한 것이기 때문에 꿈 액팅에서 모든 이미지들 역시 주인공을 표상한 것들이다. 그렇게 때문에 주인공이 꿈속에 나오는 모든 요소와 역할을 바꾸는 것이 필요하다.

14) 구명보트 기법

구명보트Life Boat 기법은 워밍업 기법으로 사용되며 실제 자기 역할을 연기할 수 있고 가상의 역할을 연기할 수도 있다. 여객선을 타고 여행 중에 태풍을 만나 배가 침몰하는 상황을 설정하고 과연 누구를 구명보트에 태울 것인가? 누구를 살릴 것인가?에 대한 결정을 해야 하며 이를 결정하기 위해 집단원들은 서로가 구명보트에 타서 살아야 하는 하는 이유를 상대방에게 설득해야 하는 과정이다. 집단이 응집이 잘 이루어져 있으면, 실제 역할을 해도 무리가 없으나, 집단이 소극적이라면 가상으로 역할을 설정하도록 한다. 이는 집단원으로 하여금 현실에 대한 만족, 왜 삶을 이어나가야 하는지에 대한 통찰을 얻도록 할 수 있다.

구명보트 기법은 다음과 같이 진행될 수 있다.

디렉터: 가족들과 함께 유람선을 타고 여행을 떠나는 상황에서 불의의 사고가 발생하였습니다. 강력한 태풍을 만나 안타깝게도 타고 있던 여객선이 좌초되어 침몰하게 되었습니다. 배에는 여섯 명만 탑승할 수 있는 구명보트가 있습니다. 우리 모두가 살고 싶다면 누구를 구명보트에 태워야 할까요?

각자 자신이 살아야 하는 이유를 이야기해봅시다.

15) 살아 있는 신문

살아 있는 신문Living Newspaper은 모레노에 의해 시작된 실험적 즉흥극으로 일간 신문에 실린 사건들을 집단원들이 연기하는 기법이다. 집단원들은 스마트폰을 꺼내서 각자 신문 기사를 검색하고 이에 대한 토론을 하며 각자 관심 있어 하는 주제를 선정하여 이를 즉흥으로 극화한다. 이 과정에서 경험하는 것들을 함께 나눈다.

16) 가족조각

가족조각Family Sculpture은 자신의 가족상을 직접 무대에서 만들어보고 싶은 자원자에게 보조자아나 집단원을 자신의 가족 구성원이라고 생각하고 무대 위에 배치하게 한다. 자신을 중심으로 각 가족 구성원들과 그들이 하고 있는 일, 익숙한 장면 등을 조각품처럼 배치해 보는 것이다. 이러한 경우 자원자의 가족에 대한 심리적 거리가 나타나는 경우가 많다. 또한 조각상을 빚듯이 표정까지 만들어 낼 수도 있다. 그런 다음 주인공에게 그 조각들 안으로 들어가도록 한다. 각각 가족이 되어 자신에게 이야기를 하거나 가족의 역할을 했던 이들에게 느낀 점과 주인공을 위해 한마디씩 이야기하도록 할 수 있다. 가족과 관련된 갈등이 있는 사람의 경우에 효과적인 준비 작업이다. 가족 뿐 아니라 직장이나 친구 등 자신에게 의미 있다고 생각되는 집단의 조각을 만들어 볼 수 있다. 주인공에게 실제로는 어떻게 할 수 없는 상황이나 장면에 대해 어느 정도 통제권을 가진다는 생각을 갖게 할 수 있다.

이는 다음과 같이 진행할 수 있다.

디렉터: *가족이 몇 명인가요? 집단원들 중에서 가족들의 역할을 할 사람들을 골라 보시겠어요? 이제 이 사람들을 가지고 가족이 어떻게 관계를 맺고 있는지를 이야기해줄 만한 모습으로 조각해주세요. 가족 여러분들은 말씀은 하지 마시고, 주인공이 여러분을 조각품으로 완성하도록 두시면 됩니다.*

얼굴 표정도 만들어 주시고, 배치하고 싶은 위치도 정해주시고 적절한 자세를 잡아주세요. 원하는 모습으로 완성되었다면, 자신을(주인공) 이 조각 속의 일부로 놓아 보세요.

지금까지 사이코드라마 장면에서 활용할 수 있는 다양한 기법들을 살펴보았다. 사이코드라마의 기법은 매우 다양하며 상황과 대상의 특성에 맞게 변형이 가능하다. 집단의 분위기에 따라 혹은 주인공의 몰입 정도에 따라 기법이 길어질 수도 짧아질 수도 있으며 강도 조절도 가능하다. 극을 진행하면서 고려해야 할 것은 주인공의 자아강도이며, 이를 세심하게 관찰하고 측정해보면서 기법의 강약과 완급을 조절하는 것이 매우 중요하다. 사이코드라마에서 중요한 것은 기법의 종류가 아니며, 어떤 기법을 어느 시점에 적절하게 적용하느냐는 것이다. 사이코드라마 기법들은 주인공의 내면을 탐색하기 위해 고안된 것이기 때문에 기법을 적용하기 전 주인공을 관찰하고 결정적 단서를 파악하여 적절한 시점에 적용하는 것이 중요하다. 사이코드라마의 본질을 이해하지 못한 채 사용되는 기법들은 치료적 가치를 상실하게 되기 때문에, 주인공의 마음을 헤아리고 이해하는 과정이 선행되어야 한다.

활용

1. 아동들에게 적용 가능한 퍼펫 소시오그램

(1) 목표

소시오그램은 개인이 맺고 있는 관계를 대표하는 그림으로 개인에게 중요한 인물들(가족, 학교, 친구) 등과 어떻게 관계를 맺고 있는지 시각적으로 확인해 볼 수 있는 기법이다.

아동에게 좀 더 쉽게 적용하기 위해 퍼펫이나 피규어를 활용하여 도화지에 배치하도록 하거나 양식지를 활용할 수 있다. 이러한 접근은 아동이 대상을 직접 표현하는 것에 대한 부담감과 저항을 감소시킬 수 있으며 관계에 대해 상징적으로 담아낼 수 있도록 돕는다.

(2) 준비물

다양한 피규어, 퍼펫, 도화지, 사인펜, 색연필 등

(3) 적용 방법

'퍼펫'을 활용할 경우 방법은 다음과 같다.

① 주인공을 포함하여 가장 중요하다고 생각하는 인물 n(예: 6)명을 떠올려 보도록 한다.

② 자신을 대표하는 피규어나 퍼펫을 선택하여 도화지에 배치한다.

③ 자신에게 중요한 인물을 차례대로 그 사람을 대표하는 피규어나, 퍼펫을 선택하여 원하는 곳에 배치하게 한다.

④ 배치가 끝나면, 인물들에 대해 함께 이야기 나눠본다.

- 각 피규어/퍼펫은 누구인가요?
- 피규어/퍼펫으로 표현한 이유는 무엇인가요?

⑤ 완성을 하고 순서를 바꾸고 싶어 하는 경우 위치를 바꿀 수 있다.

'양식지'를 활용하여 그림으로 표현해 볼 수 있다.

① 양식지를 활용하여 원 안에 주인공을 나타내는 이미지를 그리게 한다.

② 주인공이 가장 중요하다고 생각하는 사람의 이름은 하트 밖의 첫 번째 원에 적고 그 사람에 대해 연상되는 이미지를 그리게 한다.

③ 그 다음으로 중요한 인물들을 떠올려보고 연상되는 이미지나 상징을 그려 보도록 한다.

④ 인물들에 대해 함께 이야기 나눠본다.

이렇게 활용해보세요.

- *주인공이 각각의 중요한 인물들의 입장이 되어 자신을 어떻게 배치할 것인가에 대해 생각하게 한 후 배치해 보도록 한다. 자신이 배치한 것과 차이가 나는 경우 차이가 나는 이유에 대해 이야기를 나눈다.*
- *그림이나 사진, 스티커 등을 붙여 볼 수도 있고, 동물을 소재로 동물 소시오그램을 진행해 볼 수 있다.*
- *주인공이 자신을 포함하여 4명을 채울 수 있는 사람을 떠올리지 못해 고민하고 망설이고 있을 때, 꼭 대상이 아니어도 좋아하는 것들로 채워나갈 수 있음을 안내한다.*

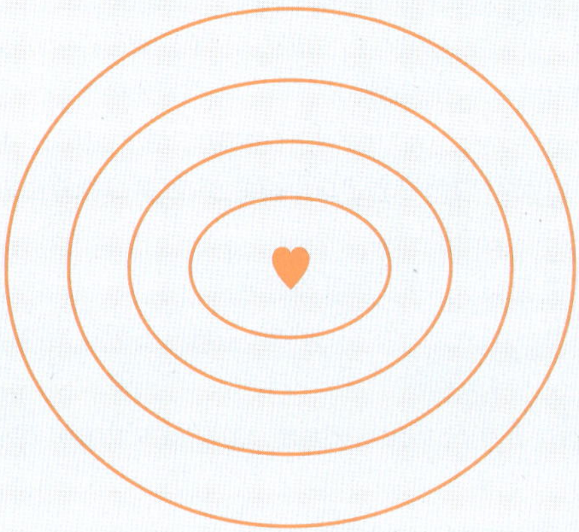

소시오그램 양식

2. 무생물의 의인화

다음은 무생물을 의인화시켜 내담자에게 다양한 관점을 제공하거나 자신을 탐색할 수 있는 기회를 제공하고자 할 때 사용하는 기법이다. 디렉터는 내담자의 주변에 있는 사물이나, 생활하는 공간의 가구 등을 의인화하여 보조자아에게 역할을 배분한 뒤 내담자에 대해 대화를 나누도록 한다. 예를 들어, 자신의 문제를 혼자서만 해결하려는 아동이 학교에서 친구와 다투고 집으로 돌아와서 방에 혼자 있는 장면을 설정한다. 자신의 방으로 무대를 설정한 후 방에 있는 친숙한 물건들을 정하도록 한다.

디렉터: *자신의 방이라고 생각합니다. 방에는 어떤 물건들이 있나요?*
주인공: *음... 제 방에는 침대가 있고, 핸드폰, 스탠드, 책상, 의자, 시계가 있어요.*
디렉터: *자, 이제 방이라고 생각하고 편안한 자세를 잡아주세요. 학교에서 친한 친구와 다투고 돌아와 피곤한 몸으로 방 침대에 털썩 앉았습니다.*
너무 피곤한 나머지 침대에 앉아 있다 졸기 시작합니다.

(사물들을 연기할 보조자아들을 집단에서 선발한다.)
불이 꺼졌다 잠시 후 다시 켜진다.

사물들이 주인공에 대해 이야기를 나누기 시작한다. (사물은 관객이나, 물건들이 대신한다.)

핸드폰: *오늘 너무 힘든 하루였지? OO(싸운 친구)는 왜 그렇게 화가 난 걸까?*
스탠드: *카톡 답장을 늦게 해서 그런거 같은데... 너도 좀 화를 내보지 그랬어... 너무 듣기만 하고 있었던 거 아니야? 오해가 있으면 풀어야지...*
침대: *아니지, 그러면 싸움만 더 커지지. 참길 잘했어...*
스탠드: *답답하니까 그렇지. 그냥 화나면 질러버려!! 갈등이 싫어서 자꾸 참기만 하면 더 힘들지 않을까?*
시계: *아니야, 그래도 같이 화를 내지 않고 차분히 이야기해서 싸움이 더 커지지 않았던 거 같아...*
의자: *맞아, 그렇더라도... 너의 마음을 조금은 표현해 보는 게 좋지 않을까?*

…

주인공은 잠들어 있지만 사물들이 나누는 이야기를 들을 수 있다.

사이코드라마 글쓰기

9

사이코드라마 글쓰기란

사이코드라마 글쓰기의 실행 방법

매체를 결합한 사이코드라마 글쓰기 활동

내면을 개방하는 일은 쉽지 않다. '나'라는 주체가 경험하는, 있는 그대로의 감정과 사고를 편견이나 오해 없이 수용해 줄 타인이 얼마나 될지 알 수 없기 때문이다. 우리는 두려움과 의심이라는 갑옷을 입고 자신을 보호하고자 다른 사람들로부터 멀찌감치 물러서게 된다. 이렇듯 어쩌면 자기방어는 자연스러운 것일지도 모른다.

상담가로서 내담자의 방어적인 태도는 반복적으로 마주하게 되는 장면이지만, 좀처럼 익숙해지지는 않는다. 저 홀로 돌아가는 시곗바늘 소리만 울리는 방 안에서 내 시선을 피하고 있는 내담자와 마주 앉아있노라면 당혹감이 절로 든다. 그리고 한편으로는 상담가로서 자신의 자격에 의문을 가지기도 한다. 이는 아마도 초보 상담가일수록, 그리고 내담자의 침묵과 방어가 길어질수록 더욱 그러할 것이다. 이런 상황에서 개인적으로는, 상대방에게 심리적으로 준비할 여유를 충분히 주는 것을 선호하는 편이다. 그러나 때로는 무작정 기다리는 것만이 최선은 아니다. 특히 회기 수가 단기적이거나 정해져 있는 상담 장면, 또는 구성원 수가 많은 집단상담 등이 그러한 예라고 할 수 있다. 이때 말보다 한 발 더 빠르게 내담자의 마음을 살펴볼 수 있는 방법이 있다. 바로, 글쓰기 활동이다.

1. 사이코드라마 글쓰기란

사이코드라마 글쓰기Psychodramatic Journaling는 엄격히 말하자면 모레노가 제안한 전통기법은 아니다. 이를 처음 소개한 것은 제임스 팬베이커James Pennebaker 박사인데, 그는 자신의 저서인 《Opening Up》에서 사이코드라마 글쓰기를 통해 공연을 배제하면서도 사이코드라마가 가진 탐색적이고 통찰적인 과정을 경험할 수 있다고 주장하였다.

사이코드라마 글쓰기를 가장 손쉽게 활용할 수 있는 방식은 아이스브레이킹 혹은 워밍업으로 시작하는 것이다. 언어와 글쓰기는 좌뇌가 담당하는 활동으로, 우리는 글을 쓸 때 자신의 내면에서 일어나는 일을 구체적으로 표현하고 이해할 수 있게 된다. 그렇기에 사이코드라마 글쓰기 활동 자체만으로도 훌륭한 자기표현 작업이 되는 것이다.

또한, 사이코드라마 글쓰기는 사이코드라마를 처음 접하는 집단원들에게 내담자로서 심리적 준비를 할 수 있는 시간을 제공해준다. 말로는 쉽게 표현할 수 없었던 생각이나 감정일지라도 글을 쓰는 과정 속에서 감정과 생각이 자연스럽게 드러날 수 있다. 따라서 무대와 행위에 대한 부담은 덜 느끼면서도 자연스럽게 몰입할 수 있게 된다.

만일 보조자아 역할을 할 사람이 없는 일대일 치료라면, 액팅으로 이어질 필요 없이 글을 쓰는 자체만으로도 강력한 영향력을 가지게 된다. 사이코드라마 글쓰기는 그룹원 자신이 주인공이자 디렉터가 될 수 있다는 장점도 가지고 있다. 굳이 디렉팅을 하지 않아도 개인은 사이코드라마의 형태와 체계 속에서 자신의 힘으로 원하는 방향 어디라도 글을 이어갈 수 있다.

한편, 사이코드라마 글쓰기가 준비작업이나 워밍업으로만 활용되는 것은 아니다. 디렉터의 재량에 따라 액팅, 공유 등 사이코드라마의 각 단계에서 활용될 수 있다. 우리는 이 기법을 통해 자기표현의 기회를 얻을 뿐만 아니라 타인의 입장에서 조금 더 깊이 고찰해 볼 수도 있는 것이다. 따라서 사이코드라마 글쓰기를 활용할 때에는 단순히 글을 쓰는 것에 그치는 것이 아니라, 글을 써 본 것과 더불어 이를 통해 얻게 된 것 등에 대한 공유도 포괄적으로 이루어져야 한다.

1) 사이코드라마 글쓰기와 사이코드라마

글쓰기는 사이코드라마의 영역을 확장하는 역할을 한다. 때때로 집단원은 공유 단계에서 충분한 시간이 주어지더라도 자신들의 감정을 모두 풀어내지 못하는 경우가 생기는데, 그럴 때 글쓰기 작업을 통해 이를 해소하고 더욱 자세하게 탐색할 수 있다. 무엇보다 집단원들은 사이코드라마 글쓰기를 통해 액팅에서 경험한 자신의 주관적인 감정과 사고 등을 좀 더 객관적인 관점에서 탐색하고 해체하는 기회를 가질 수 있다. 다음은 사이코드라마가 끝난 후 글쓰기를 적용할 때 사용 가능한 질문의 예시들이다.

글을 다 적은 후에는 집단의 규모에 따라 약 2~4명의 소집단 형태로 셰어링을 한다. 특히 대규모 집단인 경우, 이 방법을 통해 사이코드라마 작업을 더욱 자세하게 탐색할 수 있다. 소집단 간의 셰어링이 끝나면 다시 자리로 돌아와 집단 전원이 다시 셰어링 작업을 진행하는 것으로 이어갈 수도 있다. 이때, 각 소집단 중 대표를 하나씩 정해 소집단원의 글을 말하거나 또는 개인별로 자신이 가장 인상 깊게 들었던 다른 소집단원의 이야기를 대신 말하는 형식으로 이어가도 좋다. 이럴 경우 집단원은 자신의 이야기를 타인이 주의 깊게 들어주었다는 인상을 받기 때문에 집단원 간의 유대감 형성에도 도움이 된다.

2) 사이코드라마 글쓰기와 심리교육 활동

사이코드라마 글쓰기는 심리교육 활동과도 쉽게 결합할 수 있다. 실제로, 데이튼T. Dayton은 상담훈련생예비 디렉터들의 훈련 과정에 사이코드라마 글쓰기를 포함하여, 그들이 이후 내담자와 만나 사이코드라마를 진행하기 전에 준비할 수 있도록 하였다. 이렇게 함으로써 상담훈련생들은 부담감이 적으면서도 자신의 치료적 환경에 경험적 활동을 도입할 수 있게 된 것이다. 더불어 집단원으로 참여한 경험은, 그들이 내담자와 가족들의 정서적인 어려움 및 그 과정을 경험적으로 이해할 수 있는 임상적 근거를 마련해 준 셈이었다.

사이코드라마 글쓰기를 통해 얻는 이익은 상담훈련생에게만 있는 것은 아니다. 내담자들 역시 자신의 문제에 대한 이론적 측면을 학습하면서도 감정적 차원에서 몰입할 수 있다. 그에 따라 그들은 서로에게 더 쉽게 감정이입을 하며 이야기를 나누고, 강한 유대감을 형성한다.

3) 사이코드라마 글쓰기와 영화매체

이미 다양한 심리치료에서 영화를 활용하는 것과 마찬가지로, 사이코드라마 글쓰기 역시 영화와 결합이 가능하다. 이때 치료자는 내담자에게 도움이 될 수 있는 내용의 영화를 선택할 수도 있고, 혹은 실제 사이코드라마를 다룬 영화

사이코드라마 글쓰기를 풍부하게 만드는 질문

- 이 영화를 보면서 어떤 사람이 떠올랐습니까? 제일 먼저 생각난 사람에 대한 글을 적어보세요.
- 영화 속 등장인물 중 이야기 나누고 싶은 사람이 있나요? 그 사람에게 보내는 편지를 써 보세요.
- 영화 속 등장인물 중에서 당신의 주위 사람과 관련된 문제를 떠올리게 만드는 사람은 누구입니까?
- 당신이 떠올린 사람에게 보내는 편지를 써 보세요.

를 이용하는 방법도 있다. 또한 집단원들이 가진 공통적인 주제를 담은 영화를 직접 선택하는 것도 한 방법이다. 사이코드라마 글쓰기와 영화에서의 포인트는 집단이 영화를 보면서 자신을 동일시할 수 있는 다양한 인물을 접하게 된다는 점이다. 영화가 끝난 후 다음과 같은 작업을 통해 집단원들이 자신의 경험을 나눌 수 있게 된다. 글을 다 쓰고 난 후에는 두 명씩 짝을 짓거나 소집단으로 나누어, 혹은 집단 전원이 다 같이 자신의 글에 대한 셰어링을 한다. 그런 다음 집단에게 필요하거나 집단이 하고 싶어 하는 작업을 계속 진행한다.

4) 사이코드라마 글쓰기의 기본 개념Dayton, 2005

(1) 역할 교대

글을 쓰는 사람들은 자신이 원하는 모든 대상과 역할 교대를 할 수 있다. 그것은 지금까지의 삶 가운데 특정 시기의 자기 자신이 될 수도 있고, 혹은 그 안에 존재했던 또 다른 타인이 될 수도 있다. 이러한 역할 교대를 통해 타인의 관점에서 자신이 처한 상황과 자기 자신을 바라보며, 더 나아가 타인과 자신을 공감할 수 있게 된다.

① 개인의 성장 과정 중 특정 시기turning point의 자아와 역할을 바꾸는 방법

② 자신의 인생 속 다른 등장인물과 역할을 바꾼 후 그 사람의 관점에서 글을 써 보는 방법

(2) 더블로서의 글쓰기

더블은 내 안의 또 다른 나로서, 주인공의 자각을 이끌기 위해 내면의 목소리를 대변해 주는 역할이다. 더블의 활용은 특히 개인이 특정 페르소나에 압도되어 일상에서 마주하는 다양한 역할을 유동적으로 수행할 수 없이 고착되었거나, 역할 간·내의 갈등을 겪을 때 조금 더 효과적이다. 그러나 더블이 정확하게 주인공의 마음을 짚을 필요는 없다. 단지 주인공의 마음일 수도 있는 것에 객관적인 통찰을 주는 게 더블이기 때문이다.

(3) 목격자로서의 글쓰기

우리는 때때로 감정에 압도되어 건강한 관점에서 자신의 삶을 관찰하지 못한다. 따라서, 목격자로서의 글쓰기는 치료의 가장 기본적인 과제 중 하나인 관찰하는 자아observing ego를 만드는 것을 수행한다.

(4) 혼잣말 또는 독백

혼잣말이나 독백의 글쓰기는 단 하나의 관점으로 글을 적는 것이다. 이를 통해 우리는 아무 간섭 없이 자신의 생각을 표현하고, 또 역할을 바꿔 타인의 생각을 자유롭게 표현할 수 있다.

(5) 대화

대화는 두 사람 사이의 글과 두 개의 관점을 필요로 한다. 마치 펜팔처럼, 두 역할 사이의 대화를 기록하게 되며, 여기서 역할은 자아의 두 가지 측면을 반영한다. 이는 단순히 두 사람이 주고받는 글이 될 수도 있으며, 혹은 글을 쓰는 한 사람이 서로 다른 두 인물의 역할을 모두 연기하는 글이 될 수도 있다. 정신적인 자아와 신체적인 자아로 나누어 글을 쓸 수도 있다. 이 기법을 통해 두 개의 관점을 동시에 가져보고, 이를 통해 관계 속에서의 상호작용능력을 개발하게 된다.

2. 사이코드라마 글쓰기의 실행 방법

디렉터는 약 7~10분간 글쓰기 작업을 한다. 사이코드라마 글쓰기 작업을 시작할 때는 다음과 같은 지시를 내린다.

> *"방 안에서 당신이 편안하게 휴식을 취할 수 있는 장소를 찾아보세요. 의자에 앉아도 좋고 바닥에 앉아도 좋습니다. 깊고 규칙적으로 숨을 쉬면서 자신의 세계에 집중합니다. 글을 쓸 때는 당신의 마음을 있는 그대로 표현해 보세요. 펜을 쥐고 종이에다 당신의 마음을 그대로 풀어내는 느낌으로 쓰는 겁니다."*

그런 다음 두 명씩 짝을 짓거나 소집단으로 나누어 서로의 글에 대해 셰어링을 한다. 아래처럼 사이코드라마의 기본 개념이나 기법들을 글쓰기에 적용할 수 있다.

1) 독백

자신의 감정을 1인칭 시점에서 자유롭고 충만하게 적어 본다. 최대한 중단하지 말고 지속적으로 써야 한다.

2) 3인칭 독백

3인칭의 시점에서 그 사람이 어떤 상황에 처해 있는지를 독백으로 적어본다. 3인칭 독백은 사진이나 영화 속의 등장인물을 선택할 수도 있지만, 개인이 자기 자신을 객관적인 시점에서 바라보는 것으로 시작할 수도 있다.

> *(예시) 최근 코로나19 사태로 인해 삶의 즐거움을 잃은 30대 여성*
> *그녀는 33세의 여성입니다. 코로나19 사태로 인해 정지된 삶을 살아가고 있습니다. 뉴스에서 다시는 코로나19 이전으로 돌아갈 수 없다는 소식을 들었습니다. 그녀는 절망하고 있습니다.*

3) 과거 시점 글쓰기

자신의 인생 속 특정한 시기로 돌아가 그 당시의 자신과 역할을 바꾼다. 그리고 1인칭이나 3인칭 시점에서 글을 써 본다.

4) 긍정적 메시지

자신에게 긍정적인 태도를 보여주거나 혹은 특별히 지지적인 사람을 생각한다. 그 사람과 역할을 바꿔서 그 사람의 입장에서 자신의 모습을 그려본다.

5) 그림자에 대한 글쓰기

자신의 그림자 자아와 역할을 바꿔 그림자가 하는 말을 글로 써 본다. 그림자 자아는 우리가 페르소나라고 부르는, 겉으로 드러나는 자아의 이면에서 성장하는 또 다른 자아이다. 가령 분노를 부정하는 동안 그림자는 그 감정을 받아들이게 되는데, 그렇게 인식하지도 못하는 사이에 분노를 표출하게 되는 것이다.

6) 침묵하고 있거나 감춰진 자아에 대한 독백

자신의 표현되지 않은, 혹은 침묵하고 있거나 감춰진 자아가 되어 독백이나 혼잣말을 적어본다. 쉽게 말하지 못했던 숨겨진 감정이 될 수도 있고, 혹은 누군가를 떠올릴 때 드는 생각이 될 수도 있다. 글을 다 적었으면 평소의 자신으로 돌아와 자신에게 보내는 편지를 쓴다.

7) 용서 구하기

자신의 문제 행동이나 중독으로 인해 상처받은 사람과 역할을 바꾼다. 그 상처를 함께 느끼면서 상대방이 하는 독백이나 혼잣말을 적어본다.

8) 신체적 대화

자신이 불편하게 여기는 신체 부위가 되어 글을 써 본다. 평소에 변화를 주고 싶었거나 혹은 이미 상처받은 부위를 택하는 것이 좋다. 그리고 신체가 바라보는 관점에서 글을 써 본다. 글을 다 쓰고 나면 다시 자기 자신으로 돌아와 답장을 쓴다. 이 작업을 대화 기법으로 이용할 수도 있다.

9) 내적 장해물에 대한 글쓰기

자신의 회복을 방해하는 문제를 세 가지 정도 생각해 본다. 그중 관심이 가는 문제와 역할을 바꾸고, 그 역할을 하는 독백이나 혼잣말을 적어본다.

"나는 영희의 삶을 끊임없이 통제하고 싶어 하는 강박적인 생각이야."

10) 부모의 관점

자신의 부모님 중 한 분과 역할을 바꿔본다고 가정한다. 그리고 그들이 생각하는 자신의 모습을 묘사해본다. 이는 이전의 상호작용 속에서 경험된사실적인 대화 내용을 바탕으로 적을 수도 있고, 혹은 그 가운데 자신이 느낀주관적인 생각이나 감정이 될 수도 있다. 글을 다 적으면 다른 쪽 부모님과 역할을 바꿔 같은 작업을 해본다.

11) 질병과의 대화

자신이 현재 겪고 있거나 혹은 과거에 겪었던 문제 증상, 중독이나 우울증, 또는 육체적 질병과 역할을 바꾼 후 글을 쓴다. 여기서 중요한 점은 그러한 질병이 어떻게 자신과 상호작용하고 있는지를 묘사하는 것이다. 글을 다 적었으면 다시 자신으로 돌아와 답장을 써 본다. 이 작업은 원하는 경우 몇 번이고 반복할 수 있다.

12) 상처받은 자아와의 대화

전해 주고 싶은 말이 있는 과거, 혹은 지금 이 순간에 상처받고 있는 자신의 자아의 일부와 역할을 바꿔본다. 그리고 글을 통해서 하고 싶은 말을 마음껏 표현하게 한다. 작업이 끝나면 다시 자기 자신으로 돌아와 그에 대한 답장을 쓴다.

13) 분노한 자신과의 대화

화가 났던 장면의 자신과 역할을 바꾼 후 그 자아가 하는 독백을 적어본다. 평소에는 예의상 자제해야 했던 모든 분노가 여기서는 망설임 없이 자유롭게 표현되어야 한다.

14) 꿈과의 대화

꿈속에서는 어떤 형태로든 간에 자아가 드러나게 된다. 그렇기 때문에, 자아와 꿈의 특징들 간의 대화가 가능하다고 가정되는 것이다. 먼저 자신에게 특별히 의미가 있는, 혹은 작업할 준비가 되었다고 생각되는 꿈을 떠올린다. 그 꿈의 특징과 역할을 바꾼 후, 꿈의 입장에서 글을 써 본다. 이 특정한 꿈에서 연상되는 모든 이미지와의 역할 교대가 가능하며, 글을 다 쓴 다음에는 다시 자신으로 돌아와 답장을 써 보거나 혹은 꿈의 다양한 다른 특징들과 이야기를 나눈다. 작업을 마무리할 때는 자신으로 돌아와 활동을 끝내거나, '관객' 중 한 사람과 역할을 바꿔 그 사람의 입장에서 글을 써 본다.

15) 침묵과의 대화

두 사람 사이에 존재하는 지배적인 침묵과 표현되지 못하고 있는 현실적인 문제와 역할을 바꾼다. 그리고 침묵의 입장에서 글을 써 본다.

16) 벽과의 대화

자신에게 중요한 의미가 있거나 추억이 서려 있는 방의 벽과 역할을 바꾼 후 글을 쓴다. 벽 외에도 테이블, 그림, 문 등 원하는 모든 무생물과 역할을 바꿀 수 있다.

17) 힘을 회복하는 순간의 독백

자신이 특별히 힘을 얻었거나 스스로가 멋지다고 생각되었던 시절로 돌아가서 그 당시의 자신과 역할을 바꾼 후 독백을 적어본다. 당시에 느꼈던 모든 감정을 떠올리면서 최대한 자세하게 적어야 한다. 그런 다음 그때의 감정에 대해 망설이지 말고 자유롭게 이야기해본다.

18) 즐거운 순간의 독백

자신이 기쁨과 평화를 비롯한 기분 좋은 감정을 느꼈을 때를 떠올린다. 그 당시의 자신의 역할과 바꿔 그때 느꼈던 감정을 글로 표현해 본다. 과거를 다시 경험해보면서 그때 느꼈던 좋은 감정을 모두 떠올려 보도록 한다.

19) 사진 보고 편지쓰기

특별히 하고 싶거나, 전달할 말이 있는 대상자가 찍혀있는 사진을 찾아본다. 그리고 그 사람에게 보내는 편지를 적는다.

20) 사진을 통한 독백

자신에게 특별한 의미가 있거나 메시지를 전달하는 사진을 찾아본다. 그리고 사진 속의 자신이 무슨 생각을 하고 있을지 상상해 본다. 그 내용을 독백이나 혼잣말로 표현해 본다.

(예시) 5살 때 사진을 가져온 여성
나는 지금 보라색 원피스를 입고 있습니다. 이 원피스는 내가 아직도 간직하고 있는 옷입니다. 가장 좋아하는 옷을 입고 나는 너무 기분이 좋습니다.

21) 사진을 통한 역할 교대

강한 감정을 느끼고 있거나 미해결 과제가 있다고 생각하는 상대방의 사진을 준비한다. 그 사람과 역할을 바꾼 후 글을 적어본다. 자신이 생각하는 상대방의 감정을 표현해보며, 미해결된 과제에 대한 감정정화와 자기통찰을 경험할 수 있다.

(예시) 얼마 전 헤어진 여자친구의 사진을 가져온 남성
지우야 안녕. 이렇게 내 사진을 아직 가지고 있었다는 사실이 조금 놀랍다. 우리가 헤어진지도 벌써 한 달이 넘었네. 그동안 나는 잘 지냈어. 처음에는 너와 함께했던 시간들로 인해 힘들었지만... 지금은 잘 떨쳐낸 것 같아. 너는 어때?

3. 매체를 결합한 사이코드라마 글쓰기 활동

1) 편지쓰기

편지를 다양한 형태로 활용하거나 경험적 작업으로 만들 수 있다.

(1) 단계

① 집단원들에게 평소 하고 싶은 말이 있던 타인이나 자신에게 편지를 쓰도록 한다. 예를 들어 집단원 자신의 과거나 미래 모습을 떠올릴 수도 있고, 혹은 그때 겪었던 문제를 의인화하여나의 우울에게, 나의 중독에게 등 표현할 수도 있다.

② '친애하는 누구에게'로 시작한 다음 적절한 말을 끝내고, 마지막으로 자기 이름을 적도록 한다.

③ 어떤 내용이든 표현할 수 있게 한다. 이 편지는 실제로 보내기 위한 것이 아니라 집단 구성원들의 감정을 표출하기 위한 작업이다. 다른 사람이 어떻게 생각하는가와 누군가가 이 글을 읽을 수도 있다는 생각에서 벗어나 신속하게 써내려가야 한다.

④ 편지 작성이 끝났다면 집단 구성원들은 다음 중 어떤 작업을 할지 선택한다.

- 집단 사람들과 함께 서로의 편지를 읽는다.
- 편지를 받는 사람을 나타내는 빈 의자를 보며 각자의 편지를 읽어본다.
- 집단 구성원 중 누가 편지 받는 사람을 연기할지 결정하고 그 사람을 보며 편지를 읽는다.
- 두 명씩 짝을 짓거나 소집단으로 나누어 서로의 편지를 읽는다.
- 치료사와 일대일로 만나 편지를 읽는다.
- 자기 자신을 나타내는 빈 의자를 보며 편지를 읽는다.

⑤ 그룹원들이 누군가로부터 받고 싶은 편지를 써 보는 방법도 있다.

(2) 더하기

편지쓰기는 워밍업이나 액팅뿐 아니라 매우 유용한 종결 작업이 되기도 한다. 한 회기에 집단 구성원들이 느끼는 감정이 너무 많은 경우, 그들은 자신이 전할 말이 있는 사람을 연기할 인물을 선정한다. 그리고 몇 분 동안 그 사람들에게 보내는 편지를 써 본다. 물론 실제로 보내는 것이 아니라 사이코드라마적 감정 해소를 목표로 해야 한다.

2) 사이코드라마적 자서전

객관적인 사실이 아니라 자신의 감정에 초점을 맞춘 자서전을 써 보며 자신의 잉여현실을 자전적으로 표현할 수 있게 한다. 사이코드라마적 자서전은 잉여현실을 포괄하기 위해 일반적 현실의 한계를 확장해야 한다는 모레노의 생각을 잘 반영하고 있는 개념이다.

(1) 단계

① 집단원들에게 펜과 종이를 준비하게 한다.

② 은유적인 방식으로 자신의 삶에 대한 간단한 전기를 쓰게 한다. 또는 잉여현실로 남아 있는 삶의 특정 순간을 쓰게 하는 방법도 있다. 이 작업의 목적은 정확한 사실을 기록하는 것이 아니라, 상상을 통해 자유 연상이나 자신만의 내적 경험을 기록하는 일이다. 객관적 사실이 아닌 각자의 감정에 초점을 맞추어야 한다.

③ 집단원들이 충분한 시간 동안 자신의 경험을 자발적이고 창의적으로 표현할 수 있게 한다.

④ 또한, 집단 안에서 자신의 이야기를 들려주고 싶어 하는 집단원은 자신의 자서전을 읽도록 한다.

⑤ 충분한 시간 동안 나눈다.

3) 사진을 활용한 글쓰기

사진을 이용하는 작업은 집단원들이 구체적으로 설명할 수 있는 문제를 제시한다. 많은 사진들은 일종의 모델 장면이나 집단원들이 작업할 수 있는 '그림'의 역할을 한다. 사진은 특정 시기의 집단원 자신을 나타내기도 하고, 그들에게 중요한 의미를 지니는 사람이나 가족 구성원을 표현하기도 한다. 또한 사진을 고르는 행위는 그 자체로 진단적인 기능을 수행하기도 한다. 우리는 셰어링과 글쓰기 작업, 그리고 유사 사이코드라마 탐색 기법더블링이나 '사진에게 말을 걸기'와 같은 사이코드라마 기법을 이용하는들을 통해 특정한 사진이 집단원 개인에 대해 갖는 중요한 의미를 살펴볼 수 있다. 그리고 활용하기에 따라서 사진은 조각하기나 비네트와 같은 사이코드라마 공연으로 발전하기도 한다. 디렉터는 사진을 고른 집단원에게 다음과 같은 질문을 할 수 있다.

> *"이 사진에 나와 있는 당신의 모습을 더블할 수 있을까요?"*
> *"이 사진에 나와 있는 다른 사람을 더블할 수 있겠어요?"*
> *"사진 속 사람들에게 무슨 말을 하고 싶나요?"*
> *"이 사진 속의 당신 자신에게 무슨 말을 하고 싶나요?"*

가족사진은 액션 소시오그램으로 이어지는 사회원자 기법과 상당히 비슷한 역할을 한다. 내담자/주인공은 자기 자신을 포함한 사진 속의 가족들을 연기할 사람을 뽑는다. 그리고 사진 속 각자의 위치에 따라 관계 조각을 만든다. 디렉터는 주인공과 함께 바깥쪽에서 조각을 바라보고 그로 인해 유발되는 주인공의 감정을 처리한다. 내담자는 사진 속의 모든 사람들에게 말을 걸고 더블 할 수 있다. 또 자신을 포함한 모든 사람들과 서로 역할을 바꾸는 방법도 있다. 디렉터는 조각 바깥에 서 있는 동안 주인공의 내면에서 일어나는 일을 확실히 파악하기 위해 인터뷰를 실시한다. 이 지점에서 조각을 바탕으로 사이코드라마를 실시하거나, 아니면 조각 작업을 계속 진행하여 주인공이 살펴보고 그에 대한 감정을 말할 수 있게 한다. 어느 경우든지 간에 조각이 완성될 쯤이면 주인공은 상황을 다시 재구축하게 될 것이다. 디렉터는 주인공에게 자신이 원하는 대로 사진을 재구성하게 한다. 그리고 사진 속 사람들에게 하고 싶은 말을 하거나, 새롭게 변화된 사진을 보면서 느끼는 점을 말하게 한다. 이 순간은 매우 미묘한 순간으로 많은 경우 과거에 대한 슬픔과 함께 미래를 새롭게 바라볼 수 있다는 희망을 동반한다. 방법은 다음과 같다.

(1) 단계

① 집단원 자신이 직접 선택한 사진의 내용 자체에 집중하여 작업할 수 있게 한다. 글이라는 안전하고 창의적인 도구 속에서 개인의 문제를 표현하는 것을 연습할 수 있다.

② 집단원들은 스스로를 표현한다고 생각되는 사진 하나를 선택한 뒤 다음의 질문에 답한다.

- 이 사진을 보면서 어떤 감정이 드나요?
- 이 사람들자신을 포함해서은 지금 무슨 생각을 하고 있을까요?
- 이 사람들은 무슨 말을 하고 싶어 할까요?
- 이 사진 속 자기 자신이나 혹은 특정 인물에게 어떤 말을 해주고 싶으세요?
- 이 사진이 당신에게 어떤 의미 혹은 상징을 갖고 있습니까?
- 이 사진 속 당신 중 어떤 면을 계속 유지하고 싶습니까?
- 이 사진 속 당신 중 어떤 면을 버리고 싶습니까?
- 만일 사진 속의 자기 자신이나 특정 인물의 "내면의 목소리"가 된다면 무슨 말을 할까요?
- 이 사진 속의 당신은 어떤 장점을 갖고 있다고 생각되나요?

(2) 더하기

① 사진 속 자신과 역할을 바꾼 다음, 그 당시의 관점에서 하는 독백이나 혼잣말을 적어본다.

② 사진 속 다른 사람의 입장에서역할 교대를 통해 일기를 적어본다.

③ 빈 의자에 사진을 올려둔 채 말을 건다. 역할 교대나 더블링을 더해볼 수 있다.
④ 자신이 이 사진을 찍었던 당시의 인물이 되어 글을 써본다.
⑤ 자신이 이 사진 속 사람 외의 다른 인물이 되어 글을 써 본다. (예: 여자아이의 아빠)
⑥ 사진 속 특정인물에게 편지를 써본다.
⑦ 사진 속 누군가로부터 받고 싶은 편지를 직접 써본다.
⑧ 사진 속 당시 상황의 전반적 분위기를 말해줄 수 있는 영혼이나 내면의 목소리가 되어 일기를 써본다.

4) 유도이미지와 글쓰기

개인의 마음속에는 미래의 사건을 예견하고 과거의 사건을 반영하며 지금 이 순간에 대해 성찰하고 있는 수많은 이미지들이 존재한다. 인식하든 그렇지 않든 간에 사람들은 언제나 무언가를 시각화하고 있는 것이다. 이것은 면역 체계에도 영향을 주게 되는데, 예를 들어 성장에 필수 요소인 자기 안정 행위를 할 수 없을 때 개인은 마약이나 술과 같은 자기파괴적인 방식으로 안정된 상태를 유지하려고 한다. 이러한 내담자들에게 유도이미지는 스스로 안정을 취하는 방법을 학습하고, 삶을 의식하고, 올바른 방향으로 바라보게 돕는다.

스트레스로 인한 신체적 증상을 치유하는데 이미지를 힐링기법으로 적극 도입한 사람은 19세기 프랑스의 약학자 에밀꾸에Emile Coue다. 그는 이미지로 치유의 상을 만들고, 이를 통해 신체-정서적 반응을 유도하여 증상을 치유했다. 이런 이미지의 힘이 의지력의 힘보다 더 강하다고 믿었는데, 이는 우리가 의지력에 의해서는 이완 상태로 들어가기 쉽지 않은 반면 이미지의 힘에 의해서는 이완감이 쉽게 일어나고 전신으로 쉽게 퍼져나갈 수 있기 때문이다. 또한, 꾸에는 우리가 상상하는 대로 현실이 이뤄진다는 강력한 믿음을 갖고 있었는데, 만일 슬픈 일을 상상하면 실제로 불행을 느끼고, 긍정적인 생각을 하면 실제로 힐링이 이뤄진다는 것이다. 따라서 불행이나 긴장감을 치유하기 위해서는 긍정적이고 치유적인 마음에 초점을 두면 된다는 것이 그의 주장이었다. 그는 실제로 섬유성 종양, 결핵, 뇌출혈, 변비와 같은 신체적 질병은 관심을 둘수록 악화한다는 것을 발견하기도 했다. 꾸에가 다음과 같이 이미지 힐링법을 진행하였다. 우선, 치료를 위해 자신을 찾아오는 환자들에게 하루 스무 번씩 '나는 매일매일 순간순간 좋아지고 있다.'라고 상상하도록 권유했다. 또한 집착하고 있는 것이 있다면 그로부터 한 걸음 뒤로 물러선 채 편안하게 이완된 자세를 취하고, 눈을 감고, 모든 신체 근육을 이완하는 훈련을 권유했다.

(1) 단계

글쓰기 작업을 하기 전 단계에서 디렉터는 유도이미지 기법과 음악을 병합할 수 있다. 혹은 아예 명상활동을 미리 하는 것도 좋다.

> *디렉터는 집단원에게 눈을 감도록 지시한 후 시야에 방해되지 않는 정도로 방 안의 빛을 조절한다. 명상음악을 틀고 나면, 집단원들이 최대한 몸이 편안하게 이완된 상태를 유지할 수 있도록 지시한다. 이때 호흡을 고를 수 있도록 천천히 숫자를 세며 유도할 수도 있다. 디렉터는 차분한 어조로 집단원을 '특정한 장소'로 데려간다. 이곳은 개인으로 하여금 편안하고 즐거운 감정을 느끼게 하는 장소이다. 집단원은 자신의 경험에 따라 이전에 직접 방문한 곳을 떠올릴 수도 있고, 사진이나 영상, 또는 상상을 통해 그 장소를 방문할 수도 있다. 디렉터는 집단원에게 '특정한 장소'의 풍경뿐 아니라 냄새, 맛, 소리, 촉각 등 오감을 회상토록 지시하여 이미지화 할 수 있게 유도한다.*

그러나 모든 개인이 쉽게 이미지에 몰입할 수 있는 것은 아니다. 또한 개인별로 상상 속에서 실제 감정을 느끼는 정도는 다르다. 특히 불안이나 공포가 큰 사람이 편안하고 긍정적인 이미지를 떠올리며 실제 심신의 안정을 느끼는 것은 어려운 일이다. 특히 자연재해나 폭행 등으로 외상을 입은 사람들, 그리고 중독에 시달리거나 중독자와 함께 살아가는 사람들은 상상을 통해 긍정적인 미래로 나아가는 일에 어려움을 겪는다. 유도이미지는 이러한 문제를 극복할 수 있게 해준다. 그리고 분열된 감정을 통합하며, 감정을 이해하고 표현하는 능력을 배양한다. 유도이미지 기법을 통해 특정한 상황을 상상하며 더 좋은 결과를 이끌어낼 수도 있고, 부정적인 미래를 상상하는 일을 제한할 수도 있다.

> *긍정적인 이미지를 강화하기 위해서는 성공과 가능성만 이미지화하고 실패와 두려움은 하지 말아야 한다. 뇌는 상상하는 방향대로 움직인다. 긍정적으로 상상하면 긍정적인 방향으로, 부정적인 상상을 하면 부정적인 결과를 산출한다. 평범한 사람의 뇌는 부정적 방향으로 움직이는 힘이 긍정적 방향으로 움직이는 힘에 비해 최소 3배에서 최대 5배나 강하다. 따라서 긍정적인 마음 훈련을 끊임없이 되풀이해 나가지 않으면 부정적 이미지가 긍정적 이미지를 압도한다. 또한 개인은 자신을 소중히 여기고 아껴야 한다. 끊임없이 자기를 험담하고 비난하고 욕설하는 잘못된 이미지를 거둬들이지 않는 한 성공도 행복도 건강도 이룰 수 없다. 이 세상에서 나의 삶을 가장 귀하고 값지게 만들 수 있는 사람은 바로 나 자신뿐이라는 사실을 확신해야 한다. 마지막으로 크게 생각하고 넉넉하게 생각해야만 크게 이뤄지고 크게 완성된다.*

(2) 더하기

① 집단원에게 기분 좋고 편안하게 있을 수 있는 안락한 장소를 찾아보게 한다.

② 그곳으로 이동하여 편안하게 숨을 쉬어 보라고 말한다. 들이쉬고 내쉬는 중간에 호흡이 멈춰서는 안 된다. 그런 다음 '편안합니다'라는 말을 천천히 발음하게 한다. 집단원들은 앞서 설명한 심리적 이완 기법을 이용하거나, 엘리베이터를 타고 심연으로 들어가 자신의 시각화 작업을 준비하는 상상을 한다.

③ 다음과 같이 지시한다. "당신이 불안과 고통, 좌절을 경험하게 되는 상황을 상상해 봅니다. 마음의 눈으로 그 광경을 바라보고 감정을 느껴 보세요. 깊은 숨을 쉬고 휴식을 취하는 동안 자신의 감정을 느끼고 마음으로 이해해 봅니다."

④ 다음에는 집단원들에게 원하는 대로 상황을 바꿔 보게 한다. 자신이 감당할 수 있도록 서서히 변화시키는 것이다.

⑤ 계속해서 지시한다. "이제 당신이 있는 곳의 냄새를 맡고, 맛을 보고, 느끼고, 귀를 기울이고, 만져 봅니다. 그리고 그곳에 몸을 맡겨 봅니다. 지금 여기에서 실제로 그런 일이 일어나고 있다고 상상해야 합니다. 당신의 창의적인 상상 속에 모든 감각을 몰입시키세요."

⑥ "이제 당신의 상상을 광활하고 영원한 우주 속에서 표현해 봅니다."

⑦ 안전한 공간만 확보된다면 원할 때는 언제든지 이 작업을 다시 해 보라고 권해준다(운전하고 있을 때는 하지 말고, 신체와 정신적으로 여유를 갖고 이완할 수 있는 상태에서 해 보라고 한다). 시간은 최소 10초에서 최대 10분 정도로 실시하고, 편안함과 다시 태어나는 기분, 그리고 깨달음을 얻는 기분을 느껴야 한다고 말해준다.

⑧ 다음과 같이 지시한다. "이제 천천히 손발을 움직여 봅니다. 다시 엘리베이터를 타고 올라와 지금 이곳에 집중합니다."

활용

1. 내가 가진 문제를 의인화해서 편지쓰기

(1) "오늘은 자기 자신의 일부에게 편지를 쓸 겁니다. 혹시 평소에 나를 불편하게 만들었던 신체의 고통이나 마음의 아픔이 있을까요? 가령, 발표 때마다 나를 긴장하게 만들었던 불안이나, 친구들과 신나게 노는 것을 방해했던 신체의 통증 같은 것들 말입니다."

(2) "어떤 것이라도 좋습니다.(무대 위에 빈 의자를 2개 준비한다.) 그것이 마치 사람이 되어 여기 의자 중 하나에 앉아있다는 상상을 해보세요. 그리고 하고 싶었지만 하지 못했던, 여러분이 혼자서만 느꼈던 감정과 생각 등을 편지로 써 보세요."

(3) "편지를 다 썼다면 이 앞에 있는 의자를 바라보며 마음속으로 읽어봅니다. 혹시 앞에 나와서 편지를 읽고 싶은 사람이 있나요?(만일 있다면, 반대편 의자에 앉아서 편지를 읽도록 한다.)"

(4) "(빈 의자에게 편지를 읽은 뒤) 자, 그럼 이제 의자를 바꿔서 앉아보세요. 조금 전 편지를 읽어주었던 당신의 우울(예시)은 지금 어떤 마음일까요? 앞 의자에 당신이 앉아있다고 상상하며, 그 마음을 전달해보세요."

* 역할 교대를 할 때는 핀조명 등을 이용해서 조금 더 집중될 수 있는 분위기를 만든다. 필요한 만큼 역할 교대를 번갈아서 진행한다. 이후, 집단원 중 더블자아 역할을 맡긴다.

(5) "(더블에게) 여러분은 주인공의 우울입니다. 조금 전 우울이 말했던 양가감정이 되어 앞에 앉은 주인공에게 한 명씩 말을 전달하세요(주인공의 등 뒤에서 더블이 번갈아가며 말한다)."

* 더블이 끝나면 디렉터는 관객들에게 주인공을 위한 지지의 말을 한마디씩 건네도록 하며 마무리한다.

* 내담자 1인과 진행하는 개인심리치료의 경우, 역할 교대 이후 치료자가 지지의 말을 전달하며 마무리한다.

(6) **편지쓰기 예시문**: 우울증을 겪고 있는 중학교 1학년 여자 청소년의 편지

친애하는 나의 우울에게.
안녕? 나는 네가 지금 기생하고 있는 주희야. 나 알지?
처음 널 만난 것도 벌써 일 년이 넘은 것 같다. 사실 잘 기억은 안 나는 듯.
약간 오래 같이 있었던 거 같은데. 넌 기억 남?
근데 왜 하필 나였는지 궁금해. 지금까지 잘 살았어? 왜 온거야.

너 때문에 나는 많이 힘들었어. 힘들고 있어.
솔직히 말하면 너 완전 싫어. 음... 근데 가끔 네가 편해. 좀 이상하다.
네가 날 많이 괴롭힌 거 인정? 안 그러면 진짜 양심 없는 거다.
이제는 멀리 가줬으면 좋겠다. 나는 괜찮아지고 싶어.
헤어져도(?) 될 것 같아. 작별 인사는 굳이 안할게. 우리가 그런 사이는 아니잖아.
서운해 하지는 마.
(이 편지를 쓰면서 정말로 우울이 떠나갔으면 좋겠다고 생각했어요.)
나는 지금 준비할거야. 반가웠고 다신 만나지 말자. 안녕. 잘가.

2. 유도된 이미지와 글쓰기

디렉터는 잔잔한 음악을 준비한다.

(1) “오늘은 마음의 장소를 찾아가는 명상을 해볼 겁니다. 자, 우선 시작하기에 앞서 몸을 풀어볼까요? 가볍게 양손도 털고, 또 앉아있느라 뻣뻣해졌던 허리도 펴봅시다. 양손을 깍지 끼고 위로 쭉 기지개도 한 번 펴보세요. 최대한 몸의 긴장을 풀어내세요.”

(2) “이제 불을 끄고 음악을 켜면 여러분은 눈을 감고 이 어둠 속에서 편안한 상태를 만들어보세요. 만일 눈앞에 보이는 이미지가 있다면, 가볍게 스쳐 보내세요. (잠시 쉬고) 편안한 호흡을 해볼까요? 하나, 후... 둘, 후... 셋, 후... 이 호흡과 함께 미처 떨쳐 보내지 못했던 긴장이 있다면 다 흘려보내도록 합니다.”

(3) “눈앞에 펼쳐지는 다양한 이미지들을 지나가니, 저 앞에 커다란 계단이 보입니다. 어딘가로 이어져 있는 이 계단을 한 칸씩, 한 칸씩, 걸어가 보세요. 계단 끝에 도착하니, 거기에는 커다란 문이 하나 있습니다. (잠시 쉬고) 그 문에 달린 손잡이를 잡아당겨 안으로 들어갑니다. (잠시 쉬고) 눈앞에 넓게 펼쳐진 바다가 보입니다. 이제 여러분은 마음의 장소에 도착했습니다.”

(4) “무엇이 보이나요? 바닷물 색은 어떤가요? 모래사장을 걸으며 발바닥에 닿는 촉감도 느껴보고, 또 파도가 치는 소리도 느껴보세요.”

디렉터는 집단원의 오감을 촉진하는 자극들을 다양하게 제시한다.

(5) "편안하게 바닷가를 걷고 있는데, 멀리 앞에 커다란 바위가 보입니다. 조금 더 가까이 다가가니 바위 위에는 머리가 하얗게 센 할아버지 한 분이 앉아있습니다. 할아버지는 인자하게 미소를 짓고 있습니다. 여러분은 그 할아버지에게 다가가 질문을 합니다. 할아버지, 사랑은 무엇인가요? (질문의 내용은 디렉터가 상황에 맞게 적용한다.) 이제 눈을 뜹니다."

(6) "할아버지의 대답은 무엇이었나요? 그 대답을 글로 써보는 시간을 갖겠습니다."

어린 아동의 경우 그림을 그리는 활동으로 대체할 수 있다.

연극치료와 사이코드라마

10

연극치료 정의

연극치료 배경, 역사

연극치료 모델

연극치료 회기

연극치료에서의 치료적 기법

국내 연극치료

연극치료와 사이코드라마

연극치료는 의사, 간호사, 사회복지사, 교사, 연극인 등 다양한 분야의 사람들이 연극이라는 예술의 치유성에 관심을 가지고, 극적 요소들을 중요한 매개로 심리치료 작업에 활용하면서 미국, 영국, 유럽 등에서 동시다발적으로 발생했다. 모레노에 의해 창시된 사이코드라마와 여러 분야의 사람들에 의해 발전된 연극치료 사이에는 많은 유사점과 차이점이 존재한다. 초기 연극치료가 모레노의 심리극에서 많은 영감을 받은 것은 자명하다. 특히, 극적인 요소를 활용하여 내담자의 심리적인 어려움과 문제를 해결한다는 점에서 그 뿌리를 같이하고 있으나, 이후 두 치료는 각각의 독특한 형식을 발전시켜 왔으며 자기만의 치료기법과 방식을 추구하고 있다. 그러나 이 둘은 여전히 혼재된 용어와 방식들을 사용하고 있으며, 따라서 앞으로의 치료 현장에서는 두 치료 방법의 형식과 내용을 넘어서 내담자에게 가장 필요하고 적절한 방식으로 내면의 변화를 이끌어 낼 수 있도록 통합적으로 활용하는 것이 중요하다고 할 수 있다.

1. 연극치료 정의

연극치료Drama Therapy란 연극의 다양한 방식을 활용하여 내담자의 심리적·정서적 회복과 건강을 돕는 심리치료의 한 분야라고 할 수 있다. 국내에서는 연극치료, 연극심리상담의 용어를 혼용해서 사용하고 있다.

(사)한국연극치료협회KADT: Korean Association of Drama Therapy는 연극치료를 "참여자의 치유와 회복을 목적으로 연극적 경험을 적용하는 것"이라고 했고, "극적 현실 속에서 참여자의 경험을 재현하고 변형함으로써 일상생활에서의 생각, 감정, 행동의 특정한 변화를 이끌어내는 과정"이라고 정의한다. 영국연극치료협회BADth: The British Association of Dramatherapists는 연극치료를 "사회적·심리적 문제와 더불어 정신 질환 및 장애를 이해하고 창조적 구조 안에서 증상을 완화시켜 상

징적 표현을 촉진하는 수단으로, 그것을 통해 내담자들은 개인과 집단으로서 자신을 만날 수 있다."고 정의하였고, 1991년에는 이를 다시 "연극치료는 치료적 과정에서 드라마의 치유적 측면을 의도적계획된으로 사용하는 것"이라고 정의하였다. 전미연극치료협회N.A.D.는 "연극치료는 의도적으로 연극드라마을 활용하여 증상 완화, 심신의 통합, 개인성장이라는 치료목표를 성취하는 것"이라고 정의하였다.

연극치료Drama Therapy의 용어를 살펴보면 'Drama'와 'Therapy' 두 단어를 사용한다. 용어에서도 알 수 있듯 연극치료는 드라마-'Drama'로 치료-'Therapy'를 한다. 그런데 왜 연극치료가 'Theatre Therapy'가 아닌 'Drama Therapy'일까? 우리나라는 Theatre와 Drama의 개념이 명확하게 구분되지 않지만 서양에서는 이를 구분하여 사용한다. Theatre는 공연, 상연의 행위를 더 의미하며, Drama는 창조적 예술 형식으로써 모든 극적 활동을 이르는 말이다. 연극치료는 연극적인 모든 활동을 치료적 매체로 활용하고, 이 활동들은 일상 현실과는 다른 극적 현실을 경험하게 한다. 이러한 허구 세계에서의 새로운 경험은 함께하는 과정 자체에 목표를 두는 과정 중심적인 극적 활동으로서의 중요성을 가진다. 그리고 이러한 경험의 집약체로서의 공연은 완결된 하나의 극적 현실을 대내외적으로 보여줌으로써 창조성을 발현한다. 즉, 과정으로서의 Drama와 결과물로서의 Theatre는 둘 다 연극치료에서 매우 중요하다고 할 수 있다.

'치료therapy'라는 말은 치유를 의미하는 그리스어 therapeio에서 유래되었으며, 의학적으로 아픈 것을 낫게 하는 것, 건강한 변화를 유도하는 것을 의미한다. 따라서 연극치료란 극적인 방식을 의도적이고 체계적으로 사용하여, 내담자의 문제를 해결하고 건강한 변화를 이끌어내어 치료적 효과를 얻는 것을 말한다.

2. 연극치료 배경, 역사

사이코드라마가 모레노에 의해서 창시되어 발전된 반면, 연극치료는 다양한 환경과 지역에서 발전되었다. 1930~1940

년대를 중심으로 영국과 미국 및 러시아 등에서 연극을 다양한 방식으로 심리치료에 적용하는 시도가 있었고, 심리치료사, 사회복지사, 연극인, 의사, 간호사 등 다양한 배경의 사람들이 자신들의 작업에서 연극의 다양한 속성을 활용했다. 초기의 연극치료는 모레노의 작업에서 많은 영향을 받았다고 할 수 있다. 1930년대와 1940년대에는 모레노의 생각과 심리극적인 방법을 기초로 자신들의 작업에 활용했고, 일부 개인적인 작업들에 대해서만 초창기에 '연극치료'라는 용어를 사용했다. 정신과 의사였던 모레노는 연극 매체를 치료에 다양하게 활용했고, 그것을 독자적인 학문으로 발전시켜 1919년 '심리극'이라는 용어를 처음 사용했다. 1960년대 이후에는 본격적으로 영국과 미국을 중심으로 연극치료와 관련된 단체들이 생겨났으며 유럽, 이스라엘 등 여러 나라에서도 동시다발적으로 연극치료와 관련된 활동이 시작되어 점차 서로의 작업에 관심을 가지면서 네트워크를 형성하게 되었다. 연극치료를 가장 활발하게 이끌어 갔던 1세대 인물로는 수 제닝스, 로버트 랜디, 데이빗 리드 존슨, 물리 라하드, 알리다 거시, 파멜라 몬드, 스티브 미첼 등이 있다. 국내에서 연극치료가 본격적으로 예술심리치료의 한 분야로 활용된 건 1990년대 이후라고 할 수 있으며, 학회로는 한국임상예술학회, 한국연극예술치료학회 등이 있다.

현재 연극치료는 독자적인 분야로써의 학문적 입지를 다지는 반면, 시대의 흐름에 맞춰 미술치료, 동작치료, 음악치료, 영화치료 등 다른 치료 분야와 접목하여 통합치료로써의 새로운 시도를 진행하고 있다.

3. 연극치료 모델

1) 발달 모델: 수 제닝스

영국의 대표적인 1세대 연극치료사인 수 제닝스Sue Emmy Jennings는 17살에 정신병원에서 첫 번째 연극치료 작업을 시작했고, 이후로 현재까지도 연극치료 작업을 진행해오고 있다. 1960년대 초반 드라마와 교육에서 다양한 접근 방식이 활용되었고, 드라마 교사로 일하던 제닝스에게도 영향을 주었다. 제닝스는 고든 와이즈먼과 함께 1960년대에 임상드라마 그룹을 만들고 교육에서 개발된 드라마 기법들을 임상 영역에 적용했다. 이후로는 치료극 그룹과 치료극 센터를 세우고 활발하게 활동했다. 그러나 이때까지만 해도 독자적인 연극치료로써의 작업을 진행했다고 보기는 어려웠다. 1970년대 초반, 제닝스는 심리극 방식으로 진행하던 임상 활동에 의구심을 가지게 되었고, 연극치료와 예술치료를 심리학적 모델로 이해하는 것에 한계를 느껴 사회 인류학을 공부하게 되었다. 이로써 제닝스의 연극치료에 대한 전반적인 이해는 광범위한 문화와 다양한 상황에서 다르게 나타나는 극적 현상들을 관찰할 수 있었던 사회 인류학적 경험에 뿌리를 두게 되었다.

제닝스는 E-P-REmbodiment-Projection-Role모델을 연구했는데, 이것은 체현-투사-역할로 인간의 극적 발달 단계를 설명하는 접근법이다. 제닝스는 자녀가 태어나고 자라는 과정을 겪고 지켜보면서 이 개념을 더욱 체계화하고 발전시켰다. 이는 생후부터 7살까지의 극적 놀이의 진행을 나타내는 발달 패러다임으로 생의 첫 해는 기본적으로 체현 놀이를 하는 시기로 유아가 몸E을 통한 감각 활동으로 세상을 체험하고 타인을 인지하고, 1세에서 3세까지는 투사 놀이의 시기로 사물P을 통해 그 영역을 확장하면서 4세부터 7세까지는 연극적인 역할R놀이를 하면서 타인과 세상과 직접적으로 관계 맺는 것을 의미한다. 이후 제닝스는 임산부 및 유아에 대한 관심을 확대하였고, 임신부터 생후 6개월까지의 신경극놀이NDP로 자신의 극적 발달 모델을 확장하였다.

제닝스는 인간은 이미 태내에서부터 엄마와 극적 교류를 시작한다고 생각했다. 그리고 체현E-투사P-역할R의 단계는 유아기 시기에만 적용되는 것이 아니라 평생을 거쳐 각 단계들이 계속해서 찾아오며, 특정한 단계에 대한 선호로 귀착되는 경향을 보인다고 했다. 치료 현장에 오는 내담자들은 어떤 특수한 상황들, 학대나 방임, 엄마와 건강한 애착을 형성하지 못하는 고립된 상황들을 겪었을 수 있고, 이로 인해 건강하게 EPR의 단계를 거치지 못했을 수 있다. 극적 발달

이 왜곡되거나 소외되었던 내담자들이 연극치료 안에서 극적 발달 단계를 새롭게 겪게 되거나 하나의 단계에만 고착되었던 극적 경험을 다른 단계들로 전환해 보는 경험은 매우 치료적이다. EPR의 세 단계는 안전하고 유용한 구조를 제공하며, 내담자가 가진 근본적인 어려움에 치료적 중재를 할 수 있다.

다음은 어린 시절 방임을 경험한 성인 여자의 E-P-R 프로그램의 실제 사례이다. 유아 시절, 주 양육자의 방임으로 친밀한 신체적 접촉을 제대로 경험하지 못했던 내담자는 결혼 후, 자녀와의 신체적 접촉이나 놀이를 거부하거나 매우 어려워했다. 이러한 문제는 지속적으로 자녀와의 관계 문제를 일으켰고, 결국 가족 간의 갈등은 깊어졌다. 내담자는 이러한 어려움을 해결해 보고자 연극치료 작업에 참여했다.

먼저, 치료사는 E-P-R의 단계에 따라 내담자가 어떤 발달 단계에 고착되어 있는지를 확인한다. 이 과정에서 치료사는 움직임을 활용한 활동, 투사적 기법을 활용한 활동, 역할극 등을 통해 내담자의 상태를 진단할 수 있다. 내담자가 어려워하는 단계를 탐색하고 새롭게 경험할 수 있도록 한다. 쉬운 단계에서 어려워하는 단계로 서서히 전환할 수 있다. 가령, 내담자가 투사적인 방식을 더 쉽게 여긴다면 그림이나 오브제를 활용한 방식으로 작업을 진행하다가 체현의 단계로 넘어갈 수도 있다. 이 내담자는 유아 시절, 주 양육자와의 신체적 접촉이 친밀하지 못했던 경험으로 인해 신체 활동에 대한 어려움을 겪고 있었다. 내담자는 유아기 시절 받지 못했던 엄마의 돌봄을 받는 상상을 통해 자신의 결핍과 욕구에 대한 부분을 성찰해 볼 수 있다.

두 번째 단계로는 아기의 신체적 놀이처럼 기어가고, 앉고, 서는 단계를 실시한다. 처음에는 이런 활동이 매우 어색하고 긴장될 수 있다. 그러나 점차 자신의 신체적 움직임에 집중하다보면 앞으로 가기 위해 손을 움직이고 팔을 움직이는 활동을 하는 것, 움직임에 맞춰 호흡을 하고 시선을 바꾸는 것 등 자신의 신체 감각에 온전히 집중하게 되면서 긴장되었던 신체가 이완되는 경험을 할 수 있다. 치료실 바닥에 있는 물건을 만지고 치료사와 눈을 맞추고 엄마가 아기를 어루만지듯 치료사의 수용적인 행동을 경험하는 것도 매우 치료적일 수 있

치료사: 먼저 편안하게 누워서 몸을 이완시켜 보도록 하겠습니다. 내 몸의 어디가 긴장되어 있는지, 불편한지 느껴보도록 하세요. 천천히 숨을 쉬면서 긴장되어 있는 곳으로 숨을 보내보도록 합니다. 엄마가 아기를 따뜻하게 어루만져 주는 상상을 하면서 숨을 쉬어 보세요. 나는 아기처럼 점점 편안함을 느끼면서 몸이 이완되어 가는 것을 느낍니다.

(충분히 몸이 이완되었다면)

치료사: 이제, 몸을 움직여 보도록 하겠습니다. 마치 아이가 처음 눈을 뜨고 이곳이 어디인지 살피고 천천히 세상을 탐색하기 시작하는 것처럼 하나씩 공간을 탐색해 보도록 하겠습니다. 눈을 뜨고 제일 먼저 뭐가 보이는지 보고, 어떻게 느껴지는지 느껴보세요. 몸을 천천히 좌우로 흔듭니다. 마치 아이가 뒤집기를 하려는 듯이 몸을 흔들다가 뒤집습니다.

다. 치료사와 내담자가 같은 성별이거나 내담자가 아동일 경우, 천을 덮고 가볍게 신체를 어루만지면서 작업을 진행할 수도 있다. 조심스럽게 이루어져야 되는 작업이지만, 장애 아동이거나 부모의 방임을 경험한 아동, 청소년들에게는 천을 덮고 있을 때 치료사가 어루만져 주는 행위만으로도 많은 안정감을 느끼는 경우가 있다. 성인의 경우에는 유아나 아동기 시절로 돌아가 그저 신나게 놀아보는 경험을 할 수도 있다. 신문지나 습자지를 찢고 던지고 난장을 벌이면서 놀거나, 얼음땡, 술래잡기 같은 놀이를 통해 내담자가 스스로 자유로움을 만끽하면서 신체적으로 노는 것을 경험할 수 있게 한다.

자기 신체를 인식하고 경험하는 작업을 했다면, 세 번째 단계로는 유아기 때 잘 관계 맺지 못했던 부모와 만나는 시간을 가질 수 있다. 내담자가 신체적 관계를 맺는 것을 두려워하는 이유와 원인을 찾고 해결해 보는 연습을 할 수 있다. 가령, 내담자가 태아가 되어 자궁을 만들고 그 속에 들어가 보는 경험과 그때 밖에서 들려오는 부모의 이야기를 들어보는 경험을 할 수 있다. 혹은 유아기 때, 신체적 접촉을 거부하거나 방임했던 엄마의 모습을 상상해서 역할극을 진행해 볼 수 있다. 내담자가 신체적 접촉에 대한 두려움을 증상으로 보였지만 심리 내적인 어려움을 탐색해 문제해결을 할 수 있다. 체현의 단계를 경험하고 내담자가 좀 더 쉽게 이 발달 단계를 접근할 수 있게 되면 투사나 역할 단계로의 전환을 자연스럽게 진행해 볼 수 있다. 내담자가 EPR 단계를 자연스럽게 체득하고 표현할 수 있게 되면 치료적 성공이라고 할 수 있다.

2) 역할 모델: 로버트 랜디

로버트 랜디Robert J. Landy는 미국 연극치료의 중요한 개척자이자 대표적인 연극치료사이다. 1960년대 중반부터 학교에서 정서 장애 청소년을 위해 영어교사로 일했고, 밤에는 연극배우로 활동했다. 과잉 행동적이고 위축된 학생들에게 시를 읽고 쓰게 하는 것에 한계를 느낀 그는 자신의 수업에 연극을 활용하기 시작했고, 학생들이 연극에 관심과 흥미를 보이면서 주의가 산만한 아이가 침착하게 되고, 위축된 아이가 활발하게 되는 경험을 했다. 피터 슈만Peter Shuman과 함께 학교에서 정서 장애 학생들을 대상으로 원초적이고 비언어적인 연극 워크숍을 진행하기도 했으며, 이후에는 모레노의 제자인 야블롱스키Lewis Yablonski와 함께 캘리포니아에서 심리극을 공부하기도 했다. 이러한 경험들이 토대가 되어 랜디는 연극치료의 길에 들어서게 되었고, 1960년대와 1970년대에는 치료교육 시설이나 기관에서 연극 치료 작업을 진행했다. 1979년부터는 뉴욕 대학 연극치료 석사 과정의 교수로 재직하면서 연극치료의 이론과 실제에 대한 수많은 책을 저술했다. 특히 연극의 가장 중요한 두 요소로 역할과 이야기를 꼽았던 그는, 역할이 가진 속성과 치료적 효과에 관심을 가졌다. 신경증 환자들과 작업하면서 연극치료 과정에서 반복적으로 나타나는 역할 유형이 있다는 것을 알았고, 고대 그리스의 작품부터 포스트모던 형식의 작품까지 방대한 시대의 작품들에서 반복적으로 나타나는 원형적인 역할 유형을 분석하고 찾았다.

랜디는 역할을 "현실과 상상의 세계 속에서 우리가 우리 자신과 다른 사람들에게 품는 생각과 느낌을 담아내는 그릇"이라고 정의했고, "역할은 고유하고 일관된 구체적 특질을 담고 있는 인성의 기본 단위"라고 했다. 랜디는 역할 유형 분류 체계에서 84가지 역할 유형과 74가지 하위 유형을 분류하였고Landy, 1993, 이 역할들은 신체적 역할, 인지적 역할, 정의적 역할, 사회적·문화적 역할, 영적 생활, 미적역할로 구분되었다. 랜디는 이를 위해 900편이 넘는 서구 극문학에 나타난 다양한 인물의 원형적인 역할 유형을 분석하고 분류했다. 랜디2001b; Landy et al. 2003는 역할 유형의 측면에서 피험자가 자기 자신을 어떻게 보는지를 파악하기 위해 70개의 역할 카드를 이용한 역할 프로파일 진단 도구를 개발했다. 이것을 다시 56개의 역할로 줄였고 네 개의 범주 - 나인 것, 내가 되고 싶은 것, 나를 방해하는 것, 나를 도울 수 있는 것 - 로 나누어 종이 한 면에 표시하게 하는 역할 체크리스트라는 간단한 도구를 개발했다. 국내 연극치료 작업에서는 (사)한국연극치료협회에서 56개의 역할을 국내 정서에 맞게 45개의 역할로 축소하여 '나는 ~이고, ~이 되고 싶은데, ~이 나를 방해하고, ~이 나를 돕는다'로 역할을 탐색하도록 정리한 역할점검표를 많이 활용하고 있다.

3) DvT 발달변형 모델: 데이비드 리드 존슨

데이비드 리드 존슨David Read Johnson의 DvTDevelopmental Transformations 발달변형 모델은 즉흥적이며, 실존적이다. 치료사와 내담자는 한 공간에 들어가서 처음에는 언어적인 대화나 표현 없이 그저 신체로만 소통하고 반응한다. 초반에 치료사는 내담자에 대해 충분한 미러링 작업을 진행하고, 내담자 역시 치료사를 미러링하면서 점차 자신의 욕구와 충동이 이끄는 대로 움직이고 소리를 낸다. 치료사는 이것 역시 충분히 미러링 해주면서 점차 더 반응하기 시작한다. 그렇게 내담자와 치료사가 충분히 관계 형성이 되면 그 때부터는 치료적인 이슈와 문제가 즉흥극 안에 스며들게 되고, 내담자가 어려워하는 문제나 고착화되어 있는 관계적 방식들이 드러나게 된다. 치료사는 자연스럽게 즉흥적인 움직임과 소리를 통해 내담자가 자연스럽게 이 모든 것을 경험할 수 있도록 한다. 그러나 DvT 작업은 누군가가 주체가 되어 이끌지 않으며, 강압적이거나 억압적이지 않다.

존슨은 발달 모델을 제안하면서, 치료 작업에서 고려해야 할 5개의 발달 원리를 이야기했는데, 그것은 바로 모호성, 복합성, 재현 매체, 대인 간의 요구, 정서표현이다. 삶은 불안의 연속이며, 불안정하다. 사람이 태어나고 살아가는 것은 어쩌면 파도 위에서 배를 타고 있는 것과 같다. 배 위에서 쓰러지지 않기 위해 중심을 잡으려고 몸을 세우고 긴장하게 되면 오히려 파도에 휩쓸리기 쉽다.

파도에 휩쓸리지 않는 가장 좋은 방법은 파도에 몸을 맡기고 유연하게 움직이는 것이다. 치료 작업에 오는 내담자 역시 삶의 혼란과 고난 속에서 긴장의 끈을 놓지 못하고 힘을 주며 서 있다가 그 끈이 끊어지는 순간 치료 작업에 왔을 수 있다. DvT 발달 변형 모델은 참여자가 치료 작업에서 스스로를 표현하기 위한 방법을 개발하는 것에 목적을 둔다. 치료사는 안전한 공간을 창조하고 내담자가 맡는 역할과 장면 속에서 나타나는 감정과 생각을 탐색하고 조율하도록 돕는다.

4. 연극치료 회기

국내에서의 연극치료 작업은 주치료사 2인 혹은 주치료사 1인과 보조치료사 1인, 주치료사 1인으로 구성되어 프로그램을 운영하는 경우가 많으며, 개인 상담과 집단 상담이 모두 가능하다. 아동, 청소년, 성인, 장애인, 북한이탈주민, 다문화가족, 가족 치료 등 다양한 대상에게 연극치료를 시행할 수 있다. 주 1회 치료 작업을 진행하는 것이 가장 기본적이며, 1회기는 1시간~2시간으로 구성된다. 1박 2일, 2박 3일 등 캠프 형식의 연극치료 작업과 5회기 내외의 단기 작업, 15회기 내외의 중기 작업, 30회기 이상의 장기 작업 등으로 구성된다.

연극치료의 기본 회기는 웜업 활동-본 활동-마무리로 진행된다. 이 구조는 일상현실에서 연극이라는 허구 세계를 통해 극적현실로 이동했다가 다시 일상현실로 돌아오는 것과 같다고 할 수 있다. 이것을 역할에 초점을 맞춰 말하면 웜 활동에서는 역할 입기를 하고, 본 활동에서 역할 살기를 하며, 마무리에서는 역할 벗기를 한다고 할 수 있으며, 내담자의 정서적 부담을 기준으로 할 때는 안전한 상태에서 출발하여 극적 탐험이라는 위험을 감수한 뒤에 다시 안전한 상태로 돌아오는 것과 같다고 할 수 있다.

연극치료 회기는 웜업 활동, 본 활동, 마무리로 구성된다.

1) 웜업 활동

웜업Warm-up 활동은 본 활동이자 극적 현실로 들어가기 위해 워밍업을 하는 시간으로 본격적인 치료 작업을 위해 몸과 마음을 준비시킨다. 치료사와 내담자는 인사를 하고, 지난 회기가 끝난 후 현재까지 일상현실에서 어떻게 지냈는지 이야기를 나누면서 치료 작업과 일상현실과의 연계점을 찾는다. 지난 회기에서 다루었던 주제가 일상현실에서 어떻게 적용이 됐는지, 감정적으로 힘들거나 어렵지는 않았는지, 지난 회기에서 연습했던 관계 및 일상에서의 어려움 등이 조금은 해결이 되었는지를 이야기할 수 있다. 그리고 신체 활동이나 극적놀이, 오브제를 활용한 작업을 통해 내담자의 긴장을 이완시키고 좀 더 편하게 극적현실의 세계로 들어갈 수 있도록 안내한다. 특히 치료 작업이라는 것에 대해 거부감이 있거나 두려움이 있는 내담자의 경우에는 내담자가 편안하게 느끼는 매체를 활용해서 몸과 마음의 긴장을 풀어준다.

만약 감정을 잘 표현하지 못하는 우울증 성인 내담자의 경우에는 지난 일주일 동안 가장 많이 느낀 감정을 찾고 도화지나 치료 공간에 색깔이나 그림, 천 등으로 표현하면서 감정을 투사적으로 나타낼 수 있다. 또래관계가 어려운 사회성 향상 아동집단의 경우에는 공동체 놀이를 통해서 신체 및 감정을 이완하고 그룹 내의 긴장을 완화시키고 친밀한 관계 형성이 되도록 한다. 예로 공동체 놀이 중 하나인 샐러드 게임이라는 놀이는 10명 이상의 내담자가 참여했을 때 재미있게 할 수 있는 놀이로, 치료사는 참여자들에게 3~4개의 과일 이름 중 하나씩을 정해준다. 각 과일에는 3~4명의 아동이 포함되고 전체 인원이 원으로 서거나 앉은 후, 가운데에 있는 술래가 과일 이름을 말하면 앉아 있던 아동들은 자신이 포함된 과일이 불릴 때 서로 자리를 바꾼다. 술래는 자리가 바뀌는 순간에 다른 자리에 앉게 되고, 그러면서 술래가 바뀐다. 이 놀이는 공통된 외모, 경험 등으로 내용을 확장할 수 있다. 비자발적인 내담자들도 움직이면서 자리를 바꿔야 하는 놀이로 치료 작업 초기에 활용하면 매우 유용하다. 불안이 높은 아스퍼거 청소년은 음악을 들으면서 몸의 감각에 집중하고 편안하게 호흡을 하면서 상상 작업을 통해 긴장을 완화할 수 있다.

2) 본 활동

본 활동에서는 내담자가 겪는 어려움을 본격적으로 탐색하고 이를 치료적인 방법으로 해결할 수 있도록 한다. 이때 치료사는 내담자에게 조력자이자 촉진자로서의 역할을 수행하게 된다. 알코올 관련한 문제를 가진 성인 남성 내담자가 치료 작업에 왔다면, 왜 알코올에 빠지게 됐는지를 다양한 방식으로 탐색해 볼 수 있다. 알코올을 언제, 어디에서, 누구랑 마시는지를 찾을 수 있고, 어느 순간에 어떤 감정일 때 알코올을 찾게 되는지를 탐색할 수 있다. 이런 과정에서 연극적인 방식을 취할 수도 있고, 그림, 오브제를 활용한 투사 방식을 활용할 수도 있다. 심리적인 어려움을 가진 내담자의 경우 자신의 문제 행동을 인식하지 못하거나 고착화된 행동 양식을 그대로 반복하면서 더 깊은 어려움에 빠질 수 있다. 본 활동에서는 내담자가 자신의 문제에 다양한 방식으로 다층적인 차원에서 접근할 수 있도록 해야 한다. 내담자의 어려움이 원가족과의 문제인지, 현재 가족 관계에서의 소통의 부재인지 등 원인을 찾고 원가족과의 애착 문제가 있었다면 현재에서 과거의 시간으로 거슬러 올라가 연극에서 원가족을 만나보는 과거 회상의 방식을 취할 수 있다. 현재 가족 관계에서의 외로움과 고립감으로 알코올에 빠지게 됐다는 것을 찾았다면 이 내담자의 경우에는 가족 치료적인 접근이 필요할 것이고, 만약 부부 관계의 문제라면 선녀와 나무꾼의 이야기를 선택하여 남편과 아내의 역할 관계에 대해 탐색해 볼 수 있다.

본 활동에서는 극적인 활동 외에도 내담자가 자신의 문제나 어려움을 찾고 변형하고 회복할 수 있는 다양한 방식을 적극적으로 활용한다.

3) 마무리

마무리 단계는 극적 현실에서 일상 현실로 다시 돌아가는 단계이자 자기 인식 및 성찰의 시간이다. 내담자는 본 활동에서 경험한 극적 현실에서의 역할을 벗고 자신으로 돌아가 거리를 두고 극적 현실에서 경험한 자신을 객관적으로 바라보게 된다. 무엇 때문에 어려움을 겪고 있었는지, 어떤 감정과 상처가 있었는지를 찾고 일상현실로 돌아갈 준비를 한다. 치료사는 내담자가 역할을 잘 입고 벗을 수 있도록 돕고, 자기 성찰의 시간을 통해 다시 일상현실에서 살아갈 힘을 가질 수 있도록 해야 한다.

5. 연극치료에서의 치료적 기법

1) 놀이

연극치료에서 놀이성과 유희성은 매우 중요하고 기본적인 치료적 요소이다. 연극은 예술의 한 형태이고, 예술은 기본적으로 즐겁고 재미있어야 한다. 사람들은 놀고, 즐기고, 자신을 표현하고, 자연을 숭배하고, 공동체를 강화하기 위해 예술을 활용했다. 연극치료에서도 내담자들이 즐기고, 자신을 표현하고, 공동체감을 형성하고, 집단의 응집력과 친밀감을 강화하기 위해 놀이를 활용한다. 내담자의 집단이 경직되어 있거나 불안도가 높을 경우 이완을 위해 웜 활동에서 놀이를 활용할 수 있다. 예를 들어 품행 장애 청소년 집단의 경우, 그들은 학교 내에서 진행되는 거의 모든 수업이나 활동에 반항적이고, 적대적인 태도를 취한다. 집단원끼리도 매우 경계하는 모습을 보이고, 연극치료 작업에 참여할 때도 책상에 누워 있거나, 딴 짓을 하는 등 수업 참여에 대한 의지가 없을 수 있다. 이럴 경우 첫 회기에 인사를 나누고 바로 놀이를 시작할 수 있다. 남자 청소년들의 특성에 맞게 활동적이면서 개인적이고 승부욕과 성취감을 줄 수 있을 만한 놀이가 좋다. 청소년들은 처음에는 소극적으로 참여하다가 결국 적극적으로 참여하면서 놀이에 심취하는 모습을 보이게 된다.

한 초등학교 사회성 향상 집단 수업에서 4학년 남자 아동이 언어적 발화가 거의 없이 자신의 친구인 한 아동과만 소통하던 아이가 있었다. 담임 선생님조차 목소리를 듣는 일이 거의 없이, "네"라는 단답형의 대답이나 고개 끄덕임 정도만 겨우 하는 아이였다. 이러한 아동을 위해서는 부담을 느끼지 않으면서 치료 작업에 참여할 수 있도록 초반에는 언어적으로 하는 프로그램을 거의 하지 않고 신체적인 활동과 놀이를 위주로 진행할 수도 있다. 아동은 놀이를 통해 자연스럽게 웃고 움직이고 활동하면서 감정을 표현하며 놀이에서 자연스럽게 즉흥극으로 전환되었을 때, 적극적인 표현을 스스로 하게 될 수 있다.

2) 이야기

연극치료에서 이야기 활용은 다양한 방식으로 나타난다. 이야기는 모든 치료의 근간이라고 할 수 있다. 어쩌면 내담자는 개인적 서사인 '이야기'를 풀어내고 해결하기 위해 치료 작업에 오는 것일 수 있다. 이야기는 '스토리텔링'과 '스토리메이킹'의 의미를 모두 가지며, 허구의 이야기 즉 동화, 신화, 전설의 의미를 가지기도 한다. 그래서 연극치료에서 이야기를 어떻게 활용하는지는 매우 중요하다. 이야기는 은유와 상징을 내포하고 있기에 내담자의 내면을 매우 안전하지만 사실적으로 보여주기도 한다. 연극치료에서 이야기를 활용하는 방식에는 여러 가지가 있다. 웜업 활동에서 릴레이 이야기 만들기를 하면서 한 명씩 한 문장의 이야기를 하고, 다음 사람이 그 뒤에 이어지는 이야기를 만든다. 모두가 함께 만든 이야기를 연극으로 만들게 되면 하나의 공연으로써의 연극을 할 수 있게 되고 집단의 역동이 일어나는 것을 확인할 수 있게 된다.

치료 작업에 온 내담자는 자신의 어려움이나 문제를 이야기하고 싶지만 그것을 직접적으로 다루는 것에 대해서는 부담을 느낄 수 있다. 혹은 심리, 정서, 행동적 어려움은 있지만 무엇이 원인인지 찾지 못했을 수도 있다. 이야기는 이러한 내담자들에게 허구적이고 안전한 구조를 제공하면서 내담자의 어려움이나 문제를 해결할 수 있다. 학교에서 왕따를 당해 학교 폭력 피해자로 치료 작업에 온 청소년의 경우, 왕따 경험을 이야기하고 어떤 일이 있었는지를 언어로 표현하는 것은 심리적 부담감이 클 수 있다. 이 경우 내담자의 상황과 비슷한 이야기를 활용해서 연극을 진행하고 내담자의 심리를 탐색한다. 예를 들어 피노키오 이야기를 활용하면서 피노키오가 나무로 만들어져서 학교 친구들과 어울리지 못하고 놀림 받는 상황 등을 연출했을 때, 내담자는 자신의 이야기가 아닌 허구의 이야기이기 때문에 조금 더 쉽게 피노키오 입장이 되어 자신을 괴롭힌 친구들에게 하고 싶었던 말을 하고 숨겨진 감정을 표출할 수 있게 된다.

3) 스토리 메이킹: 6PSM 여섯 조각 이야기 만들기

여섯 조각 이야기 만들기Six-Piece Story-Making: 6PSM는 이스라엘의 연극치료사이자 임상심리학자인 물리 라하드Mooli Lahad에 의해 개발되었고 내담자에게 구조화된 지시사항들을 주고 어떤 이야기들을 구축하는지를 확인했다. 이것은 20세기 초의 동화 연구와 기호학 연구에 그 뿌리를 두고 있는데, 라하드는 1990년대 초 영국의 하트포드셔 대학교에서 알리다 저시Alida Gersie와 함께 작업하면서 이 기법을 개발했다. 6PSM은 사람을 '스토리텔링의 동물'이라고 말하는 심리언어학적 구조에 그 토대를 두고 있으며, 영웅의 여정을 기반으로 한 '스토리텔링'과 '스토리메이킹'의 방식을 따른다. 동화와 신화의 요소를 따르는 이야기 형식은 내담자로 하여금 자신을 이야기에 투사하게 하고, 자신이 세계와 어떻게 관계 맺는지를 관찰할 수 있도록 한다.

6PSM을 통해서 각 단계별로 내담자를 진단하고 분석할 수 있는데 첫 번째로는 내담자의 스트레스 대응 양식을 확인할 수 있다. BASIC Ph의 분석 방법에 따라 내담자의 이야기를 통해 믿음Belief, 정서Affect, 사회Social, 인지Cognitive, 신체Physical로 표현되는 대응 양식을 비교할 수 있다. 단어와 문장의 내용을 6개의 대응방법에 따라 범주화하고 사용된 방법의 빈도와 강도를 보면서 내담자가 잘 사용하거나, 잘 사용하지 않는 대응 양식을 찾을 수 있다.

여섯 조각 이야기는 내담자를 진단하고 분석, 평가하기 위한 진단 도구로 활용되기도 하고, 치료 회기 내에서 내담자의 문제 원인과 해결을 위한 치료 도구로 사용되기도 한다. 이야기를 통해 나타나는 내담자의 신념이나 주제, 어떤 주인공을 선택하고 어떤 방해와 장애물을 넘어 어떤 조력자의 역할을 경험하는지 등을 탐색하고, 이것을 연극으로 실행함으로써 자신이 세계를 어떻게 이해하고 어떻게 관계 맺는지를 살펴 볼 수 있다.

4) 의식 및 삶의 리허설

연극치료에서 중요한 치료적 기법 중 하나는 치료 작업 내에서 이루어지는 극적 현실인 허구에서의 경험이 일상현실에서의 문제해결에 영향을 줄 수 있다는 것이다. 의식Ritual은 내담자가 가진 문제를 변형하고 무대 위에서 기존과는 다른 방식으로 의식적인 행위를 함으로써 지금까지 가졌던 부정적인 감정이나 생각을 뒤바꾸거나 새로운 차원으로 나아가게 한다. 성인식, 결혼식, 장례식 등 통과의례에서 의식이 가지는 행위들 역시 그것들을 통해 이전의 생각, 행동 양식과는 다른 경험, 새로운 경험의 시작을 알리게 된다. 가령, 어린 시절, 생일을 잘 챙겨 주지 않던 부모님 때문에 생일에 대한 추억이나 즐거웠던 경험이 없는 내담자의 경우, 이러한 부정적 경험과 감정들로 인해 자기 존재에 대한 긍정적 인식이 없을 수 있다. 이때 연극치료에서는 무대 위에 다양한 소품이나 오브제를 활용해서 내담자의 욕구나 기대를 담은 거대한 생일 케이크를 만들 수도 있다. 그리고 치료사와 다른 집단원이 내담자의 탄생과 생일을 축하하고 다시 한 번 태어나는 의식을 치름으로써 기존에 자신의 생일에 가졌던 부정적 감정과 경험을 바꿀 수 있다.

내담자는 안전한 무대 위, 극적 현실에서 자신의 문제를 탐색하고 문제 해결을 위한 방안을 모색하고 리허설Rehearsal로써 연습한다. 특수학교에 다니는 한 장애 청소년은 학교에서 반장 역할을 하면서 친구들을 도와주고 싶어 했다. 그러나 마음과는 달리 언어적 표현이나 행동을 어려워했고, 다른 친구들과 자연스럽게 소통하고 관계 맺는 것을 힘들어했다. 연극치료에서의 리허설은 이러한 내담자의 기대에 맞춰 장면을 구성하고 연습할 수 있도록 돕는다. 구체적으로 어떻게 도와주고 싶은지를 이야기 나누고, 실제로 도와주는 연습을 연극을 통해 해볼 수 있다. 치료 작업에서 리허설을 통해 연습한 내담자는 그 다음 주 친구들과 함께 한 소풍에서 몸이 불편한 다른 친구를 도와주고, 자신보다 지적 능력이 낮은 또 다른 친구와 함께 소풍을 즐겼다고 한다.

6. 국내 연극치료

국내 연극치료는 1990년대 초반부터 연극, 심리극, 심리치료를 하는 다양한 사람들에 의해 도입이 되었고, 지금은 점차 그 저변을 넓혀가고 있다. 학부, 대학원 등의 과정을 통해 연극치료 관련 학위를 취득할 수 있으며, (사)한국연극치료협회, 한국공연예술치료협회 등에서 연극심리상담사 과정을 이수하여 연극심리상담사 자격증을 취득할 수 있다. 현재는 학교, 복지관, 보호감호소, 병원, 심리치료 센터 등 다양한 곳에서 연극치료가 행해지고 있다. 연극치료는 예술을 기반으로 한 심리치료이기 때문에 문화·예술, 교육, 심리 치료 등의 분야와 연계되어 통합적으로 활용되기도 하고, 타 예술 치료 분야인 미술치료, 음악치료, 무용치료 등과 함께 통합예술치료로 활용되기도 한다. 학문적으로도 연극학, 심리학, 인문학, 철학, 예술학 등 다양한 분야와 연결되어 있으며, 다양한 대상과 주제로 치료 작업이 진행된다. 자살 고위험군 청소년, 학교 부적응 아동, 성인 장애인의 자아존중감 및 자기역량 강화, 우울증을 가진 중년 여성 등 아동, 청소년, 성인, 장애 및 비장애, 병리적인 문제를 가진 내담자들에게 적용 가능하다.

7. 연극치료와 사이코드라마

사이코드라마와 연극치료의 가장 큰 차이점은 사이코드라마가 모레노라는 한 사람에 의해 창시되고 발전되었다면, 연극치료는 다양한 환경에서 다양한 사람들에 의해 네트워크를 형성하면서 연극을 기반으로 한 심리치료 분야로 발전되었다는 것이다. 사이코드라마가 디렉터, 주인공, 이중자아, 독백, 거울 등 사이코드라마만의 개념이나 기법을 완성했다면, 연극치료는 미국 및 영국을 중심으로 개별적이면서 다양한 연극치료 접근법을 개발시켰다.

사이코드라마가 주인공이 되는 내담자의 이야기를 중심으로 극을 이끌어 가고 관객의 참여를 유도하여 다양한 방식으로 재현한다면 연극치료는 내담자의 실제 이야기를 활용하기도 하지만 허구의 이야기, 즉 동화나 설화, 신화, 희곡 등을 활용하고, 은유와 상징의 방식으로 내담자의 심리 상태를 극적으로 보여준다. 연극은 기승전결의 이야기 흐름을 가지고 극을 완성하는 것이 중요하고, 연극치료에서도 이러한 극적인 방식을 중요하게 여긴다. 또한 연극치료는 연극이 가진 메소드를 적극적으로 활용하기 때문에 종합예술로써의 연극인 음악, 미술, 공간무대, 이야기, 신체몸 등을 활용하고, 연극적인 방식을 더 중요하게 여긴다고 할 수 있다. 반면 사이코드라마는 회기의 마무리에서 주인공 및 관객의 감정을 통합하는 세어링을 진행하기는 하지만 연극적으로 마무리되는 형식 자체를 중요하게 여기지는 않는다. 치료 과정에서 연극적인 요소보다는 내담자의 문제 해결에 보다 초점이 맞춰져 있다고 할 수 있다. 연극치료는 상연의 방식을 통하거나 무대 위에서 연극적인 방식으로 내담자의 문제를 행위화하고 감정을 표출하고 내담자의 문제 해결을 조금 더 연극적인 방식과 형식으로 보여주고자 하며, 연극이 가지는 이야기의 기승전결 흐름을 중요하게 여긴다.

연극의 가장 기본적인 3요소는 배우, 관객, 무대이다. 그중에서도 배우와 관객이 가장 중요하다고 할 수 있는데, 배우와 관객이 있는 곳이 바로 무대가 되며 연극이 될 수 있기 때문이다. 사이코드라마는 무대, 주인공, 디렉터치료사, 보조자아, 관객집단이라는 다섯 가지 주요 요소로 구성되어 있는데, 극적인 구조를 끌고 가는 디렉터의 역할 및 주인공과 관객의 역할을 중요하게 여긴다. 연극치료 역시 내담자와 치료사의 관계를 중요하게 여기고, 이 둘은 서로 배우와 관객의 역할을 오고 가게 된다. 사이코드라마와 연극치료 모두 중심인물로서의 주인공내담자이 있을 수 있고, 집단 구성원 모두가 장면에서 각 역할을 맡아서 수행하기 때문에 모두가 극의 주인공이라고 할 수 있다.

연극치료가 사이코드라마와 가장 구별되는 점 중 하나는 공연이라는 형식을 적극적으로 활용한다는 것이다. 연극치료에서는 내담자와 연극심리상담 작업을 하고, 종결기에 치료적 공연의 형식으로 무대에서 내담자들이 직접 상연을 하는 경우가 있다. 연극치료에서는 연극심리상담 과정 중에 나타난 내담자의 문제나 어려움을 심리 상담 과정 중에 파악하고 치료적인 접근을 통해 다양한 연극치료의 매체를 활용해 탐색하고 해결하도록 한다. 그리고 이러한 과정에서 나온 내담자의 역할, 감정, 태도, 욕구, 행동을 대사화하여 대본으로 만들고 완성된 공연으로 올릴 수 있도록 한다. 공연을 위해서 무대, 의상, 소품, 조명, 음향의 연극적인 요소를 적극 활용한다. 연극치료의 시작에는 모레노가 있었고, 사이코드라마의 발전에는 연극치료가 있었다. 현재 치료 작업 형태의 경계는 점차 모호해지고 통합되어 가고 있으며, 사이코드라마와 연극치료도 함께 통합적으로 발전해 나가야 할 것이다.

활용

다음은 성인 지적 장애인을 대상으로 총 25회기로 진행된 연극심리 상담 과정에서 치료적 공연을 상연하기 위해 제작된 대본이다. 이 대본은 내담자가 직접 역할 탐색을 통해 자신의 문제 인식 및 문제 해결을 위해 했던 행동과 대사를 바탕으로 작성된 것이다. 즉흥극을 하면서 내담자가 하는 말과 행동을 보조치료사가 그대로 받아 적었고, 이를 주치료사와 보조치료사가 이야기의 흐름에 맞춰 매끄럽게 다듬었다. 브레맨 음악대라는 하나의 큰 이야기 흐름이 존재하지만, 세부적인 각각의 역할은 내담자의 주제와 문제 해결에 초점이 맞춰져 있다. 내담자는 치료적 공연에서 자신이 어렵다고 느끼거나 결핍되어 있다고 느끼는 역할이나 감정을 다양한 방식으로 해소하고 해결해 보는 과정을 무대라는 특수한 공간에서 경험해 보게 된다. 성인 지적 장애인의 경우 사회성이 부족하고 타인과의 공감이나 소통 능력이 부족한 부분이 있을 수 있는데, 집단에서 연극을 진행할 경우 서로에 대해 이해하고 상호작용하는 부분이 높아진다. 브레맨 음악대의 이야기 구조를 보면 집에서 쫓겨난 여러 동물 친구들이 브레맨으로 가는 길에 도둑을 만나고 힘을 합해 도둑을 물리치고 행복하게 함께 사는 이야기이다. 이 치료 작업에서는 이러한 이야기 구조를 활용했고 각자의 특성을 가진 여러 사람이 함께 하나의 목표를 향해 가고, 그 과정에서 각자의 강점을 활용해서 힘을 합해 문제를 해결하는 과정이 성인 장애인의 자신감 향상과 성취감 향상에 도움을 주었다.

신데렐라 역할을 맡은 J는 지적 장애 2급의 성인 여자 참여자로 언어적인 기능이나 사회적인 기능이 좋은 편이지만 다른 사람들에 대한 배려나 이해가 부족한 모습이 많았다. 때때로 집단원들과 다툼이 있었고, 자신의 지적인 능력과 직업적인 능력을 과시하고 싶어 했다(커피 회사에서 일하고 있고, 다른 구성원보다 언어적인 능력이 좋음). 하지만 그러면서도 장애로 인해 위축되는 모습과 비교되는 상황 등에 대해 답답해하고 분노를 표현하는 모습이 많았다. 내담자 J는 신데렐라 역할을 하면서 좀 더 자신감 있게 자신을 표현하고 당당하게 자기 의사를 표현하는 연습과 다른 내담자들을 이끌고 가는 리더의 역할을 경험하면서 배려하고 도움을 주는 역할의 경험을 통해 자신감과 성취감을 얻을 수 있었다.

지적 장애 1급의 B는 늑대 역할을 맡았다. 극 중 늑대는 브레맨으로 향하는 다른 친구들과 어울리지 않고 혼자 있는 것을 선택한다. 그리고 마지막 장면에서 자신과 친구가 되어 줄 친구 한 명을 원하고 그것을 표현한다. B는 치료 작업 내에서도 혼자 고립되어 있던 참여자였다. 고개를 숙이고 있거나 다른 것을 바라보면서 다른 내담자들과 소통하기 보다는 혼자만의 세계에 있는 모습이 많았고, 대화 역시 자발적인 대화보다는 질문에 단답형으로 대답을 하는 등 수동적인 대화의 모습을 많이 보였다. 쉬는 시간에는 다른 사람들과 쉬고 이야기를 나누기보다 모바일 게임에 열중했고, 다른 내담자들과 자발적인 대화는 거의 없었다. 연극심리상담을 통해 B는 많이 밝아지고 말도 많아지고, 자기표현을 적극적으로 하게 되었다. 치료적 공연에서는 이러한 B의 변화를 표현하기를 원했고, 처음에는 혼자 있기만을 고집하고, 다른 누구와도 소통하기를 거부하던 늑대가 친구를 원하는 것으로 바뀌는 모습을 연극 안에서 표현해 보도록 했다.

〈브레맨으로 가는 길〉

신데렐라: J	**헨젤:** H	**피노키오:** D
투명아이: S	**늑대:** B	**콩쥐:** O

음향 1. Signal: Fats Meets Nacio Herb
조명 1. 암전

#1 - 프롤로그
음향 2. 밝은 모험
조명 2. 암전 후 다섯 명의 주인공 탑 조명
(무대에 다섯 명의 주인공이 각자 의자에 앉아 있다. 음악 나오면서 각자 자기의 모습을 나타낼 수 있는 모습의 조각상을 한다. 각 조각상에 맞는 간단한 대사)

#2 - 신데렐라
음향 2. 밝은 모험
조명 3. 신데렐라 위치(왼쪽) 중심으로 조명
새엄마(음향): 신데렐라! 넌 제대로 하는 게 뭐니?
신데렐라: (조각상, 머리를 긁적이며 의기소침한 모습) 나도 잘 할 수 있는데... 하아...

#3 - 헨젤
음향 2. 밝은 모험
조명 4. 헨젤 위치(신데렐라와 투명아이 사이) 중심으로 조명
그레텔(음향): 오빠, 나랑 같이 놀자.
헨젤: 싫어. 이건 내 꺼야. 난 혼자 노는 게 더 좋아.

#4 - 피노키오
음향 2. 밝은 모험
조명 5. 피노키오 위치(투명아이와 늑대 사이) 중심으로 조명
친구(음향): 넌 나무로 만들어졌잖아. 우리랑 달라. 저리 가.
피노키오: 애들이 무시하고 놀려서 너무 기분이 나빠. 다 싫어.

#5 - 투명아이
음향 2. 밝은 모험
조명 6. 투명아이 위치(가운데) 중심으로 조명
(투명아이와 다른 사람들 일하고 있다.)

직원(음향): 쟤 또 혼자 저러고 있어.
투명아이: ...... (고개 숙인다.)

#6 – 늑대
음향 2. 밝은 모험
조명 7. 늑대 위치(오른쪽) 중심으로 조명
늑대친구: 늑대야, 우리랑 같이 놀자.
늑대: 왜, 귀찮아. 많이 오는 거 부담스러워.

#7 – 신데렐라와의 만남
음향 3. 밝은 잔잔한
조명 8. 전체 조명으로 가다가 둘이 만나서 길을 가면 살짝 조도 낮춘다.
(콩쥐, 가운데로 나오며 두리번거리면서 길을 간다. 신데렐라, 하수 쪽에 위치해 울고 있다.)
콩쥐: 분명 이쪽으로 가면 된다고 했지? 난 브레멘으로 꼭 갈 거야.
(신데렐라를 보고 가까이 다가가며) 안녕, 그런데 너 왜 여기서 혼자 울고 있어?
신데렐라: 새엄마하고 새언니가 날 무시하고 구박해. 안녕, 난 신데렐라야.
콩쥐: 안녕, 난 콩쥐야. 나도 너랑 비슷해. 새엄마랑 팥쥐가 맨날 맨날 구박하고 일 시키고 그래서 집 나왔어.
신데렐라: 아 그런 거야? 나랑 똑같네. 반갑다.
콩쥐: 그래 반갑다. 난 브레맨에 가면 여러 친구들이 같이 모여서 살고 있는 데가 있다고 해서 가는 길이야.
신데렐라: 그래? 그럼 나도 같이 가도 돼?
콩쥐: 좋아, 같이 가자!
(콩쥐, 신데렐라 무대를 한 바퀴 돈다.)

* 의상
신데렐라: 원피스, 앞치마
헨젤: 바지, 남방, 조끼
투명아이: 흰색 우비
피노키오: 멜빵바지, 모자, 노란 티
늑대: 늑대 의상
콩쥐: 원피스, 카디건

* 소품
씽씽카: 대여 **강:** 파란책 천 **의자:** 공연장

아동을 위한 사이코드라마 적용

11

아동과 사이코드라마의 시작

아동의 놀이와 사이코드라마

사이코드라마의 구체적인 적용

놀이치료에서의 적용

아동집단과 사이코드라마

모레노는 언어를 사용하여 인간의 마음과 정신세계를 이해하는 것에는 한계가 있으며, 오히려 언어발달 이전 즉 두세 살이 되기 전에 아이들이 자발적이고 창조적인 자기표현을 하고 있다고 생각했다. 그는 비엔나의 한 공원에서 배회하던 무리의 아이들에게 이야기를 들려주면서 아이들의 놀이 특성에 흥미를 갖고 아이들을 가까이에서 관찰하면서 사이코드라마가 모든 사람에게 유용하게 적용될 수 있음을 발견하였다. 따라서 아동은 사이코드라마의 모체이며, 출발인 것이다. 이 장에서는 아동 심리치료영역에서 사이코드라마의 적용에 초점을 두고 구체적으로 살펴보고자 한다.

1. 아동과 사이코드라마의 시작

아동은 놀이를 통해 공상과 유희, 상징과 모방을 하며, 자발성과 창조성을 발휘하고 발달시킨다. 놀이는 자발성 그 자체이고, 자발적인 정신이 신체를 통해서 드러나는 것이며, 어떤 목적 지향적인 행위가 아니다. 사이코드라마는 놀이적 측면에서 아동에게 너무나 자연스럽게 접근이 가능하며, 따라서 정서적·행동적 문제를 가진 아동들에게도 사이코드라마가 유용하게 활용될 수 있을 것이다. 사이코드라마를 통한 진정한 놀이 문화의 회복은 아동으로 하여금 내면의 힘을 길러 문제로부터 스스로 회복할 수 있도록 함과 동시에 건강한 발달의 밑거름이 되게 할 것이다.

모레노는 비엔나의 아우가르텐 공원에서 배회하던 무리의 아이들에게 이야기를 들려주면서 아이들의 놀이 특성에 흥미를 갖고 가까이에서 관찰하기 시작했다. 아이들은 모레노가 들려주는 이야기동화를 듣기 위해 약속된 시간에 오크 나무 아래에 모여 앉았고 점차 더 많은 수의 아이들이 모였다. 아동들은 모레노가 들려주는 이야기를 놀이극으로 만들기도 하고 그가 들려준 이야기를 변형하기도 했다. 모레노가 아이들에게 들려주었던 비실제적인 이야기들은 아이들의 놀이를 통해 실제적인 행위로 옮겨졌으며, 이 과정에서 기발하고 창의적인 변형들이 일어났다. 아이들의 놀이 안에서 사람들이 동물로, 악마가 천사로 변하기도 하고 가난한 사람이 부자가 되기도 했으며 아동이 하나님이 되기도 했다. 모레노는 아이들과의 놀이에 함께 참여하며 자유를 경험했다고 그의 글에 기술하고 있다. 그는 아이들과 함께 보낸 시간을 통해 아이들이 주어진 대본이 없을 때 역할 묘사를 더 생생하고 자발적으로 해내는 것을 발견했다(Moreno, 1934). 그는 어린 아이들의 놀이 방식을 관찰하며, 이후 이를 성인을 위한 치료 체계에 적용시키기 위해 노력한 것이 사이코드라마의 시작이 되었다.

모레노는 사이코드라마의 가장 중요한 목적은 자발성, 즉흥성, 역할연습, 각자에 적응하는 능력과, 풍부한 상상력과 같이 아동의 특징적인 특성을 되살리고 회복하는 것이라고 설명하였다. 모레노가 성인들과 함께한 심리극 실험들과 사이코드라마 작업들은 아동들과 함께 한 즉흥적 놀이로부터 영향을 받았다. 모레노는 초기 작업 단계 이후 성인들과의 작업에 집중하면서 그 과정에서 성인들을 촉진시켜 아동들의 특성인 자발성, 즉흥성, 독창성과 그리고 창의성을 회복하도록 하고 싶은 그의 소망을 강조했다(Aichinger & Holl, 2017). 그는 초기작업 이후에는 더 이상 아동들과 작업하지 않았으나, 이후 Dr. Pierre D. Fouquet과 Mireille Monod를 포함한 다수의 프랑스의 정신분석학자들과 심리치료사들은 모레노의 고전적 사이코드라마에 매료되어, 1946년 처음 프랑스에 사이코드라마를 소개했으며, 모레노의 고전적 사이코드라마를 아동과 청소년에게 적용하기 위한 다양한 시도를 하였다. 그러나 사이코드라마가 다수의 학자들에 의해 아동과 청소년에게 적용되는 과정에서 약한 자아 구조, 좌절에 대한 낮은 인내심, 행동을 통한 비언어적 소통과 짧은 주의집중 시간 등과 같은 아동·청소년의 발달적 특성들이 충분히 고려되지 않았으며, 성인과 동일한 치료적 접근으로 아동을 성인의 축소판으로 여김으로써 실패에 그쳤다. 아동들 또한 이러한 익숙하지 않은 접근법에 거부적이었다.

아동들에게 사이코드라마가 적용되기 위해서는 그들의 내면의 삶이 놀이와 행위, 극화를 통해 드러난다는 점을 고려해야 하며, 만약 아동들에게 놀이와 같이, 그들에게 자연스러운 소통 방법들이 배제되거나 소통할 수 있는 방법들이 불충분하다면 이것은 아동의 저항으로 이어질 수 있다는 점을 기억해야 한다. 아동의 저항은 산만하고 공격적이며, 행위화를 철회하는 태도 등으로 나타날 수 있기 때문에 아동들의 발달단계를 고려한 상징적 놀이Symbolic Play를 통한 접근이 필요하다.

모레노는 1922년 비행 아동들과의 작업에서 '상징적 사이코드라마'를 적용하였는데, 그는 사이코드라마가 가장 명확하고 완전한 '놀이를 통한 심리치료'라고 여겼다. 아동들의 창의성은 상징놀이를 통해 특히 더 잘 표현되므로 상징 놀이가 사이코드라마를 아동에게 적용하는데 매우 중요한 요인이 된다. 아동·청소년의 본질과 동떨어진 사이코드라마는 치료적 가치를 상실하기 쉬우며, 아동들이 성장하여 점차 정교화된 언어적 표현이 가능해지는 청소년기가 되어서야 성인에게 적용하는 기법들을 적용할 수 있다. 그러므로 아동을 대상으로 접근할 때는 더욱 섬세한 접근이 필요하며, 아동을 대상으로 사이코드라마를 적용하는 디렉터는 아동의 세계관을 아동의 눈을 통해 이해하고 배우려는 자세가 필요하다.

2. 아동의 놀이와 사이코드라마

사이코드라마가 아동에게 적용되었을 때의 치료적 요인은 무엇일까? 이 질문에 대한 답은 '자연스러움'일 것이다. 그렇다면 사이코드라마가 아동들에게 어떻게 자연스러운 접근이 될 수 있을까? 모레노는 동시대의 주류 이론가들과 상당 부분 다른 견해를 갖고 있었고 특히 아동 발달 이론과 관련하여 완전히 새로운 이해의 틀을 가지고 있었다. 그는 유아의 초기 기능의 중심에 '자발성' 요인이 있음을 주장했으며 이것을 긍정적인 시각으로 바라보았다. 모레노1944는 자발성은 아동들이 전혀 예상하지 못한 상황에 대면했을 때 발현되는 아주 독창적인 능력이며 자발성을 유전 인자나 사회적 힘에 의해 결정되는 범주 그 이상으로 보았다. 그는 아직 태어나지 않은 아이를 무능력한 존재가 아닌 능동적으로 어머니와 함께 출생의 순간을 향하여 나아가는 협력자로 보았다. 모레노에 따르면 인간의 탄생은 엄마의 자궁이 주는 안전함에서 벗어나 외부 환경으로 점차 확장해 나아가려고 하는 '행위 갈증act hunger' 그 자체로 보았다. 그는 인간의 탄생이 프로이트가 주장한 하나의 '외상'이 아닌 "유아와 산모 모두에게 깊게 다가오는 카타르시스"이며, 출산 과정에서 태아의 자발성을 강조하면서, 출산을 아기의 자발성이 그대로 체화된 최상의 예라고 설명했다(김헌성, 2008). 모레노는 사이코드라마의 틀 안에서 아동의 발달에 관한 이론을 제시하면서, 아동의 '자발성'과 창조성은 프로이트가 주장한 리비도나 추동의 부산물이 아닌 가장 우선적이고 긍정적인 에너지 혹은 힘이라고 하였으며, 자발성이란 시각에서 유아발달을 바라보았다. 그러므로 아이들의 놀이는 자유로우며, 자발성은 놀이과정의 핵심 요소이고 놀이는 자발성 그 자체라고 하였다. 아동들은 생각하기 이전에 행위하며, 몸으로 표현하고, 느끼며 몸으로 받아들이며 행위는 아동들의 세계에 너무나도 자연스럽게 적용되는 매개물이다. 아동들이 갖고 있는 환상과 실제 사이의 경계는 성인들에 비해 아주 모호하며 유연하게 넘나들 수 있다. 사이코드라마의 본질은 '놀이'행위이기 때문에 아동들에게 가장 자연스럽게 적용될 수 있으며, 적절히 적용될 경우 아동의 저항을 최소화 할 수 있다.

아이들의 풍요로운 상상력은 이야기를 만들어내고 이것은 아이들의 자발적인 힘에서 우러난다. 아이들의 놀이와 마찬가지로 사이코드라마에서도 상호작용을 위해서는 마음과 몸을 함께 움직이며 아이들의 발달 단계에 적합한 행동 기법은 자연스럽게 아동들에게 적용될 수 있다. 아동들은 이러한 자연스러운 접근을 통해 자기 자신을 이해하고 통찰 할 수 있다. 특히 발달 특성상 집중시간이 짧고 언어적 표현기술이 부족한 아동들에게 언어만으로 자신의 경험이나 생각을 표현하게 하는 것은 어려울 수 있으며, 오히려 언어로 표현하지 못할 경우라도 상상을 통해 혹은 놀이를 통해 그것을 표현하거나 충족시킬 수 있다. 아동과 언어만으로 충분한 소통을 기대하기는 어려울 수 있기 때문에 대화를 통해 드러난 주인공의 감정을 무대 위에 올려 행위 연기자가 되어 직접 지금-여기에서의 생생한 행동을 통해 표현하게 해 주어야 진정으로 자기 자신을 경험할 수 있다.

아동은 사이코드라마에서 놀이의 과정을 통해 과거 사건으로 돌아가 미처 해보지 못한 방법으로 경험해 봄으로써 미래를 연습해 볼 수 있다. 마치~인 것처럼as if 살아보는 과정은 허구의 놀이이기 때문에 안전하며, 아동으로 하여금 자발적으로 과거의 갈등 상황에서 벗어 날 수 있도록 한다. 또한 미래에 만나게 될지 모르는 사건에 대한 반응연습과 더불어 해결책을 만들어보며 문제 해결 능력을 연습해 볼 수도 있으며, 다양한 신체 동작과 놀이행위를 통해 즐거움과 생동감을 얻을 수 있다. 아동은 놀이나 역할에 열중하여 자신의 내면을 발산하는 일에 어른보다 능숙한 수행 능력을 보이기 때문에, 활력을 키우는 데 도움이 된다. 아동이 자신의 생각이나 감정을 적절하게 표현하는 방법을 알지 못하거나, 부적절한 방법으로 표현예: 폭력, 공격적 언행, 행동 함으로써 갈등을 해소하려고 하는 경우, 사이코드라마에서 놀이를 통해 자신의 감정 및 의견을 효율적으로 전달하는 방법을 익히고, 자신의 입장뿐 아니라 타인의 입장을 공감해 봄으로써 타인을 이해하는 경험을 하게 된다. 아동은 사이코드라마에서 역할 놀이 등을 통해 개인 내적인 문제에 대한 역할 연습을 하게 되고, 감정 통찰과 표출을 통해 감정으로부터 자유로울 수 있으며, 즉흥성과 자발성, 창조성으로 지금-여기에서 감정을 표현함으로써 스스로의 문제 해결을 돕는다. 아동은 자기표현 능력 향상을 통해 자신감을 얻을 수 있다.

사이코드라마적 놀이의 특성은 아동의 놀이와 완벽하게 일치하지는 않지만 상당 부분 공유되는 부분이 있다. 놀이는 몸과 행위act로 몰입할 수 있으며, 또한 놀이와 아동은 분리될 수 없는 불가분의 관계로 볼 수 있다. 이러한 측면에서 사이코드라마는 아동에게 자연스러운 접근이 가능하며 적절한 치료법이다(최헌진, 2003).

사이코드라마의 놀이와 아동의 놀이

사이코드라마의 놀이와 아동의 놀이와의 특성을 비교해 보면 다음과 같다(최헌진, 2003).

- 사이코드라마적 놀이의 대상은 우리의 삶의 자체이다. 사이코드라마에서는 인간의 인생 그 자체가 놀이의 대상이며 놀이가 된다.
- 사이코드라마적 놀이는 몸과 행위를 위한 몰입과 도취를 위한 놀이이다. 놀이와 아동은 불가분의 관계로 볼 수 있다.
- 즉흥적이고 즐거운 놀이이다.
- 실험적이고 허구적인 놀이이다.
- 사이코드라마적 놀이는 웃음, 즐거움, 눈물과 유머 등의 놀이이다.

또한 사이코드라마의 기법 중 역할극이나, 역할 교대는 유아기 때부터 행해 온 삶의 중요한 부분임으로 아동의 저항을 최소화 할 수 있다. 따라서 사이코드라마를 통하여 흥미를 유발하고, 몰입을 도울 수 있는 신체적 활동과 행위를 함으로써 결과에 대한 두려움 없이 다양한 상황 속에서 새로운 방법으로 행동하는 경험의 기회를 가질 수 있다. 사이코드라마는 아동이 스트레스 상황에 유용하게 대처할 수 있도록 해주고, 심리적 안정감을 갖도록 돕는다. 자신의 느낌이나 감정을 구체적으로 바라보며, 신체적인 행위화를 통해 언어적 표현에 미숙한 아동은 또래 아이들과 응집력을 기르게 되고, 감정의 정화를 통해 스스로 방어를 낮추며 이완과 감정의 통찰은 아동이 스스로 문제를 해결할 수 있도록 돕는다. 이렇듯 아동을 중심으로 하는 사이코드라마에서는 놀이의 형태로 자신을 이해하고 자기와의 만남을 형성하는 것이다. 이 과정에서 아동은 행위act라는 적극적인 참여를 통해 내적 힘을 느끼고 일상에서 그 힘을 사용할 수 있게 된다.

3. 사이코드라마의 구체적인 적용

사이코드라마를 통해 아동은 자신의 개인적인 문제를 드러내고, 이러한 과정에서 자신의 문제를 객관적으로 바라보며, 공감받고 이해받는 기회를 갖게 된다. 다양한 연구들에 의하면 일반 아동의 자기표현력 향상이나 대인관계 기술에 긍정적인 영향을 미칠 뿐만 아니라 역기능 가족 아동의 자기 조절에도 효과적인 것으로 나타났다(Corder et al., 1981; 양혜진, 2002). 또한 학교에서 비행 예방이나 사회성 향상을 위한 사이코드라마 기법 연구들이 진행되어 왔다(박경희, 2008; 변미정 2002). 특히 언어로 표현하는 것에 어려움을 겪는 아동, 청소년에게 자신의 문제를 행동으로 표현하여 자신의 욕구를 통찰하고 표출로 전환시키는데 적합한 방법으로 평가받고 있으며, 타인을 이해하고 자신의 카타르시스 감정을 경험하는데 효과적이라는 것이 입증되었다(안윤영, 2012). 아동들을 대상으로 한 사이코드라마 적용 방식은 다양하지만 방식에 담긴 공통적인 기본 원칙과 요소들은 같다.

아동 대상 사이코드라마에 포함되는 중요 요소들을 살펴보면 다음과 같다.

1) 비언어적 표현성

아동의 연령이 어릴수록 언어적 기법보다는 실제 행동을 해볼 수 있는 활동들이 더욱 효과적이다. 어린 아동일수록 신체 언어가 그들에게 더 익숙하고 더 자유롭게 자기를 표현하는 수단이 된다. 사이코드라마는 아동들에게 적합한 자기표현 활동이 될 수 있다.

2) 놀이성

아동은 성인보다 집중하는 시간이 짧기 때문에, 즐거운 요소가 중요하다.

3) 가상적 표현성

어린 아동일수록 현실적인 제약이 많다. 현실의 제약과 어른들의 금지로 인해 아동은 환상의 세계를 통해 자신을 경험하고 표현하며 환상의 영역이 성인보다 더 풍부하다. 아동은 상상력을 많이 사용하기 때문에, 사이코드라마 안에서 마음껏 표현할 수 있도록 하며 '가상성' 요소를 포함하고 있다.

4. 놀이치료에서의 적용

아동과의 사이코드라마는 개인이나 집단으로 진행될 수 있으며, 아동에게 적합한 사이코드라마의 형태는 아동에게 중요한 타인인 부모, 주 양육자, 교사들과의 면담, 아동의 놀이관찰, 행동·심리적 진단, 아동의 현재 상황 등을 면밀하게 고려하여 결정될 수 있다. 정서·행동 문제를 가진 아동을 대상으로 하는 놀이치료 안에서도 사이코드라마 기법들은 다양한 형태로 적용될 수 있다. 놀이 치료실 안에서 역할놀이, 유도된 환상, 마술가게 기법 등과 같은 다양한 사이코드라마 기법들의 적용을 통해 아동의 자발성을 증진시키고 사회 적응을 할 수 있도록 도움을 주게 된다.

아동 대상 놀이치료에서 사이코드라마는 직접 역할 연기를 어려워하는 아동의 경우, 퍼펫을 활용해 연기하도록 도울 수 있으며, 퍼펫은 아동이나 치료사에 의해 움직일 수 있다. 따라서 치료사는 연출자, 놀이에 적극 참여하는 보조자아 등 다양한 역할들 사이를 유동적으로 오가는 것이 요구된다. 아무런 제재 없이 진행되는 자유놀이의 분위기 속에서 치료사가 순조롭게 자신의 역할을 수행하며, 전환하고 이행하기 위해서는 다양한 상황에 따라 유동적으로 움직이는 것이 매우 중요하다. 또한 아동이 보이는 반응에 민감하게 조율하며, 상황에 따라 여러 역할들을 오가는 것이 요구되기 때문에 치료사는 예측 불가능한 변화나 움직임에 언제나 준비되어 있어야 하며, 이를 불안해하거나 두려워하지 않아야 한다. 아동에게는 좀 더 부드러운 접근 방법이 필요하며, 때로는 아동의 도전을 허용하는 일도 필요하다. 하지만 어떤 아동은 작은 지적에도 실망하고 좌절하며 방어 기제가 빠르게 작동하게 되기 때문에 주의가 필요하다. 그러므로 아동이 치료사를 함께 놀이하는 친구로 편안하게 인식하도록 하는 부분이 매우 중요하다. 아이들도 치료 장면 안에 포함된 치유의 역할에 대해 잘 알고 있으며 놀이를 통하여 그들의 삶을 다시 경험하게 된다. 아동의 놀이는 실제 그들에게 일어난 일로 한정되어 나타나는 것뿐만 아니라 실제 일어나지는 않았으나, 그들이 원하는 것, 두려워하는 것, 일어났으면 하는 소망을 표현할 수 있다. 또한 아동의 감정과 생각을 표현할 수 있도록 돕고 안전하게 표현할 수 있도록 도와야 한다. 즉 아이들의 잉여현실이 놀이를 통해 표현되는 것이다. 놀이의 주제는 실제상황에서 벗어나 동화나 TV 속의 주인공 혹은 만화의 주인공을 포함할 수 있다.

1) 면접단계

아동의 사회적 원자는 성인과 달리 그 수가 많지 않으며, 부모 또는 주요한 성인의 영향을 많이 받는 시기이기 때문에 아동과의 사이코드라마 작업에서 아동에게 중요한 성인들과의 인터뷰가 매우 중요하다(Hoey, 2011). 인터뷰를 통해 아동의 부모나 양육자만이 제공해 줄 수 있는 아동에 대한 중요한 정보와 기본적인 배경 정보를 얻을 수 있다. 치료사는 아동의 주 양육자를 통해 수집한 정보를 통해 아동의 세계관을 이해할 수 있게 되며, 아동을 둘러싼 환경 특히 부모의 가치관이나 양육 태도 등을 파악할 수 있게 된다. 또한 아동 대상 사이코드라마는 내담 아동 부모의 결정으로 진행되는 경우가 많기 때문에, 치료 과정에서 명백히 진전을 보이고 있어도 부모에 결정에 의해 치료가 종결되는 경우가 발생할 수 있다. 그러므로 부모와의 관계형성이 매우 중요하며, 자녀 때문에 부모가 경험하는 좌절감과, 어려움을 공감하고 이해하는 과정이 필요하다. 또한 치료과정에 대한 충분한 설명과 대화를 통해 부모의 기대와 치료사의 목표가 일치하는 부분이 중요하다. 치료사는 부모와의 인터뷰를 통해 아동에 대한 정보를 공유하며, 아동의 발달사 및 과거 배경에 대한 충분한 정보를 얻어야 한다. 이는 사이코드라마 과정에서 아동이 나타내는 은유와 상징들을 이해하는 과정에 있어 매우 중요하기 때문이다. 아동에 대한 배경 지식이 없다면, 치료사가 아동에게 적절하게 반응하는데 한계를 경험할 수 있다.

2) 준비단계

준비단계에서 아동과 치료사가 신뢰할 만한 관계를 구축하는 것이 매우 중요하며, 앞으로의 치료과정에서 요구되는 중요한 협력 관계를 형성하는데 기초가 된다. 준비단계에서 치료사의 주요 과제는 아동의 입장을 이해하는 것이며 이를 통해 아동의 경험을 수용하고 존중하는 것이다. 아동이 긴장하거나 불안한 상태에서는 아동의 '자발성'을 기대하기 힘들기 때문에, 준비단계에서 아동에게 자유 놀이 시간을 충분히 갖게 함으로써 처음 접하는 새로운 공간을 탐색하고 치료사에게 익숙해지는 시간을 제공하는 것이 필요하다. 치료사는 아동의 자유놀이를 관찰하면서 아동이 선호하는 놀이를 파악하고 아동이 놀이 중 선택하는 퍼펫이 아동에게 어떤 특별한 상징적 의미를 갖는지도 함께 파악할 수 있다. 퍼펫은 언어적 표현이 서툰 아동들이 언어로 표현할 수 없는 사건들에 대해 좀 더 구체적으로 표현할 수 있도록 하며, 아동이 현실과 환상을 연결짓도록 돕는다. 또한 아동의 방어를 최소화하며, 아동의 생각과 감정을 안전하게 표현할 수 있도록 한다. 치료사가 아동의 입장에서 문제의 핵심을 파악하고, 필요한 정보를 탐색하며, 퍼펫을 활용해서 아동의 대인관계 및 의사소통 패턴과 의사결정 전략 등을 파악할 수 있다. 준비단계에서 퍼펫은 다음과 같은 방법으로 적용될 수 있다(퍼펫을 이용한 정보탐색의 예시: 아동의 교우관계 탐색).

치료사: *대화 해보고 싶은 친구들이 있니? 지금 생각나는 친구들 이름을 말해 볼래?*

아동: *(친구들의 이름을 말한다.)*

치료사: *이번에 그 친구들이 될 수 있는 인형(손 인형/피규어)들을 골라보자.*

아동: *(치료실을 둘러보며 친구들을 대표할 수 있는 적절한 인형을 찾는다.) 이건 OO예요, 이건 △△예요.*

치료사: *네가 될 인형도 골라 줄 수 있어? (디렉터와 아동이 각자 퍼펫으로 역할을 맡아서 역할 놀이를 진행한다.)*

치료사: *지금 속상한 것 같구나(퍼펫이 퍼펫에게 말을 한다). 지금 친구들에게 왜 속이 상했는지 한번 이야기 해보자.*

여기서 치료사가 고려해야 할 것은 아주 어린 아동의 경우, 타인의 입장이 되어 조망수용을 할 만큼 자아 경계가 발달되어 있지 않기 때문에 치료사는 아동의 발달단계에 대한 정확한 이해를 기반으로 세심한 접근이 요구된다. 예를 들어 아주 어린 아동과의 퍼펫 작업에서는 '역할 교대' 기법을 적용하더라도, 간접적인 방법으로 은유를 사용하여 상징적인 내용을 다루도록 해야 한다.

3) 디렉터

아동 사이코드라마에서 치료사는 디렉터와 분석가의 역할을 유지하면서, 놀이에 적극적으로 참여하는 보조자아의 역할을 유동적으로 오가게 된다. 디렉터는 아동의 비언어적인 부분을 빠르게 읽을 준비가 되어 있어야 하며, 아동의 언어와 행동에 계속 집중해야 한다. 아동의 신체 언어body language는 아동이 가진 정서의 강도를 말해주며, 아동의 에너지 수준을 나타낸다. 또한 아동의 신체 언어는 정서적 상태, 내부세계를 이해하는데 많은 정보를 제공한다. 이러한 관찰을 통해 수집한 정보들이 디렉터의 순간적인 통찰력을 통해 아동 대상 치료 작업에 도움이 되어야 하며, 필요한 적기에 이러한 정보들을 사용하여 섬세하게 포착해야 한다. 이때 섣부르게 판단하기보다는 주인공에게 직접 물어보는 태도가 필요하다. 이를 통해 아동의 내면세계를 더 잘 이해할 수 있다. 디렉터는 아동의 현재 모습 그대로 아동에게 다가가며, 자신과 동일한 인격체로 대하는 것부터 선행되어야 한다. 디렉터가 권위자로 인식되면 아동의 방어기제가 작동될 수 있으며, 자발성은 더 이상 기대할 수 없게 된다. 그러므로 아동이 디렉터에게 익숙해지기 위해 편안한 마음으로 관찰할 수 있도록 하는 과정이 중요하다. 또한 놀이 중에 발생할 수 있는 예기치 못한 도전에 개방적으로 접근하고, 자유를 방해하지 않으면서 아동의 욕구를 따라가는 것과 주도하는 것 사이의 적절한 균형을 유지하는 것이 중요하다.

아동과 사이코드라마 작업에 들어가기 전 치료사와 디렉터는 스스로에게 다음과 같은 질문을 해야 한다.

- 내담 아동을 있는 그대로 어떤 편견, 선입견이나 이론에 구애 받지 않고 수용할 수 있는가?
- 내담 아동에게 집중하고 민감하게 반응할 수 있는가?
- 내담 아동과 몸과 마음으로 놀이 할 것인가? 아니면 놀잇감을 중심으로 놀이 할 것인가?
- 내담 아동과 함께 자유롭게 신체놀이를 할 수 있는가?

4) 아동의 저항다루기

아동의 저항을 다루기 위해 치료사는 아동의 방어기제를 존중해야 한다. 필요할 경우 부드럽게 반응을 하며, 아동의 참여를 강요하지 말아야 한다. 치료사는 아동 개인에게 적용할 수 있는 적합한 기법을 찾기 위해 아동이 현재 경험하고 있는 어려움의 핵심이 무엇인지 파악하며, 이를 바탕으로 점진적으로 접근하는 과정이 중요하다. 또한 주로 성인을 위해 사용해 온 사이코드라마 기법을 아동들의 발단단계와 개인의 특성에 맞게 유연하게 적용하는 과정이 필수적이다. 치료사는 아동이 도전할 수 있도록 용기를 심어주고, 대안을 탐색하도록 도와주고, 인내하며 끈기를 보여주는 등 다양한 각도로 접근해야 한다. 아이들은 자신들의 표현이 수용 받는 환경 속에서 안정감을 경험하기 때문에, 민감한 사안들을 실제적인 방식보다는 은유를 통해 다루는 것을 더 선호할 수 있다. 치료사가 아동들의 비밀을 들추어내거나, 억지로 대면하도록 한다는 느낌을 받는 경우에는 저항이 일어날 수 있다. 또한 부모나 보호자와의 연락을 통해 아동에게 일어나는 일상의 변화들이나 정보를 얻는 것이 아동의 저항을 다루는데 매우 중요하다.

5) 해석

아동 사이코드라마에서 해석이나 분석은 좀 더 모호한 성격을 띤다. 아동과의 작업에서 해석은 치료사에게 중요하다고 판단되는 은유를 극대화 시키거나, 이중 자아를 동원해 주인공의 감정을 표현하는 방식으로 사용된다. 아동은 자신의 놀이를 통해 심상을 담은 행동이나 말로 표현한 생각의 이면에 아직 표현되지 않은 감정, 신체 움직임 등을 표출하게 한다. 그러면 아이들이 자유롭게 그 심상을 넓혀 나가거나 새로운 방향으로 이동한다. 아동의 신체 언어와 심상을 통해 의미심장한 요소를 읽어내는 것이라 할 수 있다. 아동과의 작업에서 이러한 판단은 부분적으로는 아동의 성장 과정, 아동발달 이론 연구와 개인적인 경험으로 알게 된 아동에 대한 지식 그리고 아동의 신체 언어 및 아동의 비언어적 메시지를 관찰하는 것에서 비롯된다.

5. 아동집단과 사이코드라마

아동을 위한 집단 사이코드라마에서는 집단 중심적 기법을 적용할 수 있으며 집단은 아동의 사회성 발달에 중요한 기능을 수행하게 된다. 특히 아동에게는 또래가 강력한 사회적 집단으로 작용하기 때문에 유사한 문제를 가진 아동들로 집단을 구성하는 것이 효과적일 수 있다(안윤영, 1998).

1) 집단의 구성

사이코드라마의 집단 회기에 참석하는 아동의 연령은 만 4세에서 사춘기 이전 아동으로 만 12세 정도가 적합하다. 만 4세 이전 아동들에게는 양자관계의 경향성이 강하기 때문에 사이코드라마가 진행되기 위해서는 공동의 틀 안에서 상호 놀이가 가능한 연령인 4세 이상이 되어야 한다. 사춘기 아동들의 경우 상징적 놀이가 자신들의 연령에는 적합하지 않다고 느끼기 시작하기 때문에 더 이상 상징 놀이를 선호하지 않게 된다. 그러므로 집단을 구성할 때 비슷한 발달 단계에의 아동들로 구성하여, 사이코드라마 안에서 아동들이 직면한 공통의 발달 과제를 숙달해 나갈 수 있는 기회를 제공한다.

집단은 5~6명으로 구성하는 것이 적합하며, 너무 많은 인원으로 구성하지 않도록 한다. 아동들의 사회 기술 학습을 위해 남·여 성비를 균형 있게 구성해야 한다. 미취학 아동의 경우 최대 4명 정도로 구성하도록 한다. 이는 연구자들이 어린이집과 유치원 아이들을 관찰한 결과, 아동들이 자발적으로 집단을 구성할 때 4명 정도로 구성하기 때문에 이 숫자가 적합할 것으로 판단된다(Branders, 2008). 집단의 성격은 이질집단이나 동질집단으로 구성할 수 있다. 이질적 집단으로 구성하는 경우 집단원들의 다양성을 통해 아동이 집단 안에서 각자의 모델을 찾도록 돕고, 그들로부터 배우도록 촉진한다. 또한 이질적 집단은 아동의 유치원이나 학교에서처럼 다양한 아이들과 직면하는 일상적인 현실을 더 가깝게 반영한다. 각자 다른 문제를 가진 아동들로 이질적 집단을 구성하는 경우, 그 안에서 각각의 특성이 적절한 균형을 찾는 것이 중요하다. 선행 연구들을 통해 확인된 바에 의하면, 이혼가정과 아동 학대와 같은 외상을 경험한 아동들에게는 동질집단 구성이 더욱 효과적인 것으로 나타났다(Aichinger & Holl, 2017).

2) 장소

발달 단계상 움직임이 많고 집중시간이 짧은 아동과의 사이코드라마 작업은 교실이나 강당과 같은 개방된 장소에서는 진행될 경우 쉽게 산만해 질 수 있다. 아동의 참여를 증진시키고 집중도를 높이기 위해 '함께 모이는 장소'와 극이 이루어지는 '무대'를 분리하여 지정하는 것이 필요하다.

3) 소품

극에 필요한 의상이나, 배경 등을 꾸미기 위해 다양한 색과 크기의 천이나 종이 등을 구비해 둘 수 있으며 필요할 경우 아동이 직접 선택하여 사용할 수 있도록 한다. 다양한 색깔과 크기의 종이, 나무, 블록들 또한 무대의 경계를 구성하거나, 극에 필요한 구조물을 표현하는데 도움이 될 수 있기 때문에 구비해 두는 것이 필요하다.

4) 사이코드라마의 구조

아동과의 사이코드라마 작업에서 자연스럽고 자발적인 흐름을 극대화하기 위해 준비단계, 행위화, 마무리단계라는 정해진 절차 없이 무형식의 흐름을 선호할 수 있다. 다만, 아동의 창조성과 자발성의 발현을 위해 충분한 자유로움이 허용된다 할지라도, 형식 없는 완전한 자유 연극의 노선을 따르는 것은 아니며 아동에게 안정감을 제공하기 위해 최소한의 구조는 요구된다. 그러므로 아동들과의 사이코드라마가 시작됨과 동시에, 아동들에게 사이코드라마의 구조를 소개하고 진행 중에는 가능한 이를 유지하는 것이 중요하다. 구조를 통해 아동에게 안정된 틀을 제공할 수 있으며 이러한 구조가 아동에게 안정감과 지지를 제공할 수 있기 때문이다. 만약 초반 회기에서 구조화 작업을 느슨하게 한다면, 회기가 진행되면서 집단이 쉽게 산만해지고 혼란스러워 질 수 있다.

5) 아동과 함께하는 사이코드라마 디렉터의 역할 및 특성

- 사이코드라마에서 치료사는 아동을 존중하고 아동이 어떤 방식으로 세상을 보고 있는지 아동의 눈을 통해 배우려는 태도가 중요하다.
- 아동이 최대한 자발적으로 참여하도록 독려하며, 사이코드라마 과정 전반에 걸쳐 아동을 따라가는 것과 이끄는 것 사이의 균형이 중요하다.
- 아동의 발달단계, 이해 수준 등 다양한 요인들이 고려되어야 하며 아동의 현 수준에 맞는 세심한 접근이 요구된다.
- 아동에게 선택권을 제공하고 스스로 선택할 수 있는 기회를 제공하는 과정이 중요하다.

- 치료사와 아동 간의 상호존중, 동등한 자세 열린 마음, 융통성, 기쁨이 없다면 사이코드마가 이루어 질 수 없다.

디렉터의 사이코드라마 참여 여부에 대해서는 각자마다 선호하는 방식에 따라 차이가 있을 수 있다. 디렉터가 집단원들의 특성을 고려하여 다음과 같은 방식으로 진행 할 수 있다.

- 디렉터가 아동의 사이코드라마에 직접 참여하지 않고, 성인의 참여가 필요할 경우 보조자만 참여 할 수 있다.
- 두 명의 남·여 디렉터가 사이코드라마의 디렉터로 참여하며, 아동이 직접 역할을 배정해 줄 수 있다.
- 디렉터를 포함한 공간에 있는 모든 집단원들이 극에 참여한다.

6) 과정

아동과의 사이코드라마의 과정은 평가, 치료과정, 종결단계로 구분된다. 평가단계에서는 아동 및 양육자와의 면담을 통해 이루어지며, 필요할 경우 심리검사를 통해 정확한 문제를 파악할 수 있다. 치료단계에서는 사이코드라마를 실시하며 주 1회 시행하는 것이 바람직하다. 회기는 1시간에서 1시간 30분 정도로 구성하며, 이는 사이코드라마에 참여하는 아동의 연령과 발달수준에 따라 변경될 수 있다. 치료 과정에 대한 구체적인 내용은 다음과 같다.

(1) 준비단계 과정

사이코드라마에서 준비단계는 집단원들의 긴장을 완화시키고 개방적이고 즉흥적으로 극에 참여할 수 있도록 돕는 과정이며 아동의 관심을 지금-여기로 옮기는 단계이다. 준비단계를 통해 아동의 자발성과 창조성을 자극하고 회기의 주제를 도출한다. 아동의 경우 대부분 행위에 대한 갈망이 있으며, 자발성이 고조된 상태이기 때문에 아동과의 사이코드라마에서는 성인들처럼 미리 구성된 형식의 준비단계 기법들은 필요하지는 않을 수 있다. 다만 첫 회기에서는 집단원들이 쉽게 자발성을 드러내지 않을 수 있으며, 특히 부모들에 의해 참여하게 되는 경우, 쉽게 몰입하지 못하거나 위축되어 자발적인 동기가 부족할 수 있다. 또한 유아나 아동의 경우 자신의 문제를 자각하는 경우가 없기 때문에 당연히 문제를 해결하려는 의욕도 가지고 있지 않은 경우가 많다. 따라서 유아의 동기를 북돋우고 자발성을 발현하기 위해 디렉터의 노력이 요구된다(이정숙·김희경, 1998). 그러므로 첫 회기에는 아동의 긴장을 낮추고, 참여 동기를 증진시키기 위해, 이름 부르기 게임, 아이스브레이킹 게임 등과 같은 어느 정도의 구조화된 준비과정이 필요할 수 있다. 특히 미취학 아동의 경우 첫 회기에 보호자와 분리되어 참여하는 것을 거부하거나, 불안해하고, 수줍어 할 경우, 심리적인 부담을 느낄 수 있다. 만약 첫 회기에서 비자발적이라면, 무리해서 참여를 촉진하는 것은 적합하지 않으며, 아동이 새로운 환경에 익숙해지고 스스로 준비될 수 있도록 기다려주는 것이 중요하다. 디렉터는 준비단계에서 아동 개개인의 준비 상태를 고려하여 진행하여야 한다. 만약 자발적인 언어 표현이 부족하다면, 디렉터는 아동의 행동을 면밀하게 관찰하고 아동이 행위를 통해 표현하는 것들을 대신 언어로 표현해 줄 수 있다. 억제되거나 긴장한 아동에게는 준비과정에서 디렉터의 이해와 지지가 매우 중요하다. 이외 대부분 아동들의 경우 극이 시작되면 곧바로 자신들의 생각을 행위로 전환하려고 하기 때문에, 자신의 차례를 기다리도록 도우며, 집단원들의 이야기를 경청하도록 돕는 부분이 필요하다.

(2) 규칙설정

집단원들 사이에서 규칙을 설정하는 것이 중요하다. 필요할 경우 디렉터가 아동과 함께 의논하여 추가로 필요한 규칙들을 설정할 수 있다. 규칙의 예시들은 다음과 같다.

① 놀이는 정해진 장소에서 한다.

② 가정에서 장난감이나 소품을 가지고 올 수 없다.

③ 집단원이 아닌 친구는 참여할 수 없다.

④ 다른 집단원을 다치게 하거나 놀릴 수 없다.

7) 주제 선정하기 과정

집단 안에서 다룰 주제를 선정하기 위해 먼저 아동과 의자에 동그랗게 둘러앉아 회기를 시작할 수 있다. 성인들의 경우 집단원의 실제 삶의 장면을 연기해 보도록 하지만 모레노는 아동에게는 '상징적 사이코드라마' 접근을 추천했다. 아동은 집단 사이코드라마 안에서 '상징 놀이' 시나리오에 대해 집단원들 모두가 동의하여 채택하도록 한다. 집단원들과 합의된 주제를 정하는 과정은 다음과 같다.

> **디렉터:** *오늘은 함께 어떤 놀이를 하고 싶은가요? 일주일 동안 어떤 일이 있었나요? 일주일 동안 흥미로운 일들을 한 적이 있나요?*

아동의 경우 자신에게 일어난 일들을 명확히 설명하기를 어려워하는 경우가 많다. 그런 경우 자신이 직접 경험한 일보다는 관찰하였거나 목격한 일 또는 동화와 같은 자신과 거리가 있는 타인의 이야기부터 대화를 하도록 한다.

> **디렉터:** *오늘 우리가 어떤 이야기를 함께 다룰 것인지, 아니면 여러분의 아이디어들을 포함시켜 하나의 이야기를 새롭게 만들지 정할 거예요. 그 다음에는 각자 좋아하는 역할을 선택해 봅시다.*

어떤 아동은 지난 회기에 진행한 '동물 농장' 이야기를 이어서 진행하고 싶어 하고, 어떤 아동은 우주 비행사가 되는 이야기를, 다른 아이는 밤에 집에서 도망 나온 아이에 대한 이야기를 주제로 정하고 싶어 할 수 있다. 집단원들이 모여 공통의 주제를 선택하기 위해 의견을 주고받으며 조율하기 위해서는 각자 자신들의 연기하고 싶은 이야기와 역할을 집단원들에게 설명하는 시간을 갖는다. 이 과정에서 아동들이 자신이 연기하고 싶은 주제 혹은 이야기를 직접 제시할 수 있으며 집단들과 함께 이야기를 좀 더 발전시켜 나갈 수 있다.

각자 꺼낸 다양한 주제와 이야기들 안에서 하나의 통일된 주제를 찾는 것은 어려울 수 있기 때문에 첫 회기 준비단계에서 나온 이야기들을 종합하여 하나의 주제를 선정하고, 그 안에서 새로운 주제를 구성하도록 도울 수 있다. 예를 들어 한 명의 집단원이 제시한 주제가 이미 다른 집단원들이 알고 있는 만화나 동화 내용의 일부이더라도 개개인에게 의미 있는 상징적 내용들이 내재되어 있을 수 있기 때문에 의미가 있으며, 이는 현재 아동이 일상에서 경험하고 있는 개인적인 이야기, 내적 이미지들이 투사되어 새로운 집단 주제를 발전시켜 나갈 수 있다. 이 과정에서 아동 각각의 발달 과제와 성격의 구조, 문제에 대한 대처 및 방어 전략의 틀을 구성한다. 모레노는 이미 알려진 역할들은 자발적인 역할극을 통해 변화하며 새로운 역할을 만들어낸다고 설명했다.

아동은 동화를 주어진 내용 그대로 연기하는 경우는 매우 드물며, 현실에서 충족되지 못한 욕구를 충족시키는 각자의 방향으로 이야기를 변형시킨다. 가상 상황에서 채우지 못한 욕구를 충족시킬 수 있고, 동화의 내용은 자연스럽게 변형될 수 있으며 디렉터는 이를 제지하지 않도록 한다. 아동이 각자 제시하는 다양한 주제들을 하나의 공통된 주제로 연결되는 것이 어려울 수 있다. 그러나 공통의 주제를 정하는 것은 협동의 과정이므로 매우 중요하며, 디렉터의 역할은 집단원들 모두가 그 과정에 기여할 수 있도록 돕고, 각자에게 주어진 파트에 참여하도록 돕는 것이다. 또한 하나의 공통의 주제가 정해졌다 할지라도 극이 진행되면서 사전에 계획한 내용대로 이루어지지 않을 수 있으며, 집단원들의 의견을 반영하여 얼마든지 즉흥적으로 변화될 수 있다. 아동은 다양한 이야기들 중에서 자신들에게 가장 큰 울림을 주고 집단원들 지지를 받는 이야기를 선택하여야 한다. 이것은 다수에 의해서 결정되는 것이 아니며, 참여하는 모든 집단원들의 전적인 동의에 의해서 선택되어야 한다. 이는 오직 집단원들 간의 적극적인 토론과 협상의 과정을 통해서만 이루어질 수 있다.

아동이 사이코드라마 과정에 좀 더 익숙해지면 디렉터의 도움 없이 직접 주제와 각자의 역할을 정할 수 있다. 공통의 주제가 정교화 되면 5분 정도를 주고 각자 역할을 배정할 수 있도록 하고 연극에 필요한 성인디렉터 혹은 공동리더 중에서을 선택하도록 한다. 아동의 연령이 어린 경우 자신의 연기하고 싶은 역할에 대한 설명은 가능하지만, 장면에 대한 구체적인 설명을 하는 것이 어려울 수 있기 때문에, 필요할 경우 추가 질문을 통해 해당 역할이 선정된 주제 안에서 연결될 수 있도록 대안을 제시해 주어야 한다. 예를 들어 아동이 "나는 강아지예요."라고 말한다면 디렉터는 "강아지는 어디에 사니?"라는 질문을 통해 아동이 설명하려는 장면을 구체적으로 파악하려는 시도를 한다. 필요한 경우 집단원들과 토론을 통해 구체화 시킬 수 있다. 다소 억제되고 위축된 아동의 경우 초반 회기에 자신의 의견을 적극적으로 피력하지 못해 토론 과정에서 타인의 의견에 수동적으로 따르게 될 수 있다. 디렉터는 극 안에서는 그들의 욕구에 맞게 선택한 주제나 역할을 조정하도록 도울 수 있다. 서로의 의견에 동의하지 않거나, 경쟁하는 모습을 보인다면, 디렉터가 개입하여 중재할 수 있다.

디렉터는 다양한 질문을 통해 역할에 대한 아이디어를 발전시킬 수 있도록 돕고, 당사자와 집단원들이 역할에 대한 생생한 이미지를 가질 수 있도록 한다. 이때 디렉터는 아동의 발달 수준과 기능을 고려하여 아동 개개인에게 적합한 접근을 해야 한다. 기억해야할 부분은 아동 대상 사이코드라마의 경우 성인 대상 사이코드라마와 다르게 카타르시스를 중요한 요인으로 생각하지 않는다는 것이다. 발달단계상 아동들의 공격성이 증가될 수 있기 때문에 강렬한 정서적 반응을 느끼도록 권장하지 않는다.

8) 기법

아동 사이코드라마에는 다양한 기법들이 있으며, 아동의 욕구나 디렉터의 관심에 따라 새로운 기법을 만들거나 변형할 수 있다. 중요한 것은 기법 자체가 아니라 집단원들의 문제 탐색과 갈등해결에 도움이 되는 기법을 디렉터가 얼마나 적절하게 활용할 수 있는지 여부이다(김유광, 1998).

특히 동화기법은 아동에게 동화를 직접 들려주고 그 안에 등장하는 등장인물을 연기하게 하는 기법으로 아주 유용하다. 아동과 유사한 상황에 처한 주인공이 등장하는 동화, 아동이 가지지 못한 장점을 가진 주인공이 등장하는 동화

등을 상황에 맞게 선택할 수 있다. 다양한 감정을 직접적으로 경험해 봄으로써 정서발달에 도움이 될 수 있으며, 동화 주인공의 문제 대처 방식을 경험함으로써 해결책 탐색의 기회를 갖게 될 수 있다.

9) 셰어링 단계

회기가 종료되기 10분 전 디렉터는 아동들이 상징놀이를 멈추도록 한다. 셰어링 단계는 아동들이 역할에서 벗어나 다시 현실로 돌아오도록 돕는 과정이다. 아동들이 극을 더 이어가길 원한다면 다음 회기에 연결해서 진행할 수 있음을 안내한다. 집단원들은 준비단계에서처럼 다시 동그랗게 모여 앉고, 디렉터는 아동에게 맡은 역할이 끝났음을 안내한다. 극이 진행되면서 어떤 부분이 좋았는지에 대한 질문을 통해 다시 자기로 돌아옴으로써, 상징적 영역에서 분리되어 현실로 돌아오도록 돕는다. 디렉터는 집단원들이 서로 협력한 부분에 대해 충분히 지지하고, 집단원들은 자유롭게 서로의 느낌을 함께 나눈다. 이 과정을 통해 아동은 자발적으로 극에 참여하고 창조했다는 만족감과 성취감을 경험하고 사이코드라마 과정에서 떠오른 생각과 깨달음을 정리하게 된다.

활용

아동을 대상으로 하는 사이코드라마에서 자신과 반대의 역할을 연기한다는 것은 생각만큼 쉬운 일은 아니다. 따라서 저항감 없이 반대 역할을 하기 위해서는 사이코드라마 무대의 분위기를 현실과는 동떨어진 가상의 설정을 하는 것이 중요하다. 사이코드라마는 원래 반은 현실적이고 반은 공상적이기 때문에 아동들에게 상상의 상황과 분위기에서 부담감 없이 서로의 역할을 바꾸어 연기하게 하는 것이 도움이 된다. 다음은 실제 초등학교 아동을 대상으로 실시한 사이코드라마 예시이다(김희경 · 이정숙, 1990).

〔놀리는 아이와 놀림을 당하는 아이〕

무대: *교실 앞쪽이나 교단을 무대로 이용하면 된다.*
주제: *짓궂은 아동과 놀림을 당하는 아동의 관계를 역할 바꾸기를 통해 서로를 이해하게 한다.*
디렉터: *A 짖궂은 아동, B 놀림을 당하는 아동, 관객의 역할을 설정한다.*

A: (B의 주위를 빙글빙글 돌면서) 야, 원숭아! 맹꽁이 원숭아! 너 원숭이처럼 생겼어.
B: (울상을 지으며) 나 원숭이 아냐, 사람이란 말이야.
A: 거짓말, 넌 원숭이야. 원숭이가 어떻게 학교에 왔지? 집에 가라~!
B: 싫어! 어째서 내가 학교에 못 와! 나 원숭이 아니라고!
A: 원숭이는 학교에 못 와! 원숭이는 동물원이나 가라! 빨리 원숭이 학교나 가버려!
B: (울음 섞인 목소리로) 나 원숭이 아니라고!

이때 감독이 장면이 너무 격해지지 않도록 장면을 중단시키고, A에 대해서 B가 슬퍼하는 것에 대한 느낌을 묻는다.

A: 전 원래 그냥 이렇게 놀아요. B가 바보처럼 울상 짓는 것이 재미있어요.
B: 난 너무 슬퍼요. A가 걸핏하면 원숭이라고 놀려대서 난 정말 슬퍼요.
관중(아동들): *맞아요, 너무 심해요. A는 장난으로 놀리는 것이 아니라 B를 괴롭히는 거예요!*
감독: *자 그럼 이번에는 반대로 A가 B에게 친절하게 구는 역할을 하도록 해보자.*
A: (놀란 표정을 지으며) 뭐라구요? 그런 것 못해요! 어떻게 그런 역할을 해요?
관중: *왜 못해? 못할 것 없잖아. 우물쭈물 하지 말고 어서 해봐!*
감독: *너무 어렵게 생각하지 말고, 그저 마음이 내키는 대로 자연스럽게, 하면 돼.*
A: (어물어물 무대 위로 올라선다) 저... 저...(돌연 웃음을 터뜨리며) 부끄러워서 못하겠어요.
감독: *왜 웃지?*
A: 우습잖아요. 저는 B를 놀릴 수는 있어요. 하지만 갑자기 친한 친구 역할은 못해요! (A는 갑자기 감정이 격해지면서 말이 거칠어진다.)
감독: *그럼 A는 앞으로 교실 안의 모든 친구들을 원숭이라고 놀릴 거니?*

A: 아니요. 저는 그냥 B만 놀릴 건데요.
감독: 좋아! 그럼 다른 사람과 교대하기로 하자. 누가 B의 친한 친구 역할을 해 볼래?
관중: 제가 할게요! (두세 명의 아동이 손을 들었고 그 중에 한명이 무대 위로 오른다.)
F: (B 앞으로 다가서면서) 우리 보드게임 할 건데 같이 할래?
B: (미소를 띄우며) 그래 좋아. 같이 하자.

F는 B를 상대로 어렵지 않게 친한 역할을 해냈다. 그렇지만 A는 그 역할을 하지 못했을까? 아마 F에게 B를 놀리는 역할을 하라고 했으면 F는 그 역할을 거절했을 것이다. 역할은 현실세계에서 반복되고 습관되어 있다. 현실에서 착한 아버지가 갑자기 무대 위에서 나쁜 아버지 역할을 하기란 쉽지 않다. 그렇다면 저항감을 없애기 위해서는 어떻게 해야 할까?
두 소년을 무인도에 표류했다고 가정을 한다. 혹은 적군에게 포위된 왕과 신하의 장면을 설정하여 역할을 주게 된다면, A와 B의 불편한 관계를 해소할 수 있다. 먼저 A에게 왕을, B에게 신하의 역할을 맡아 연기하게 한다. 다음에 역할을 바꾸어서 A에게 신하를, B에게 왕의 역할을 주게 되면 저항감 없이 연기하게 될 것이다.

B: 짐은 몹시 피곤하구나, 이럴 때 이럴 때는 날 짐승의 간이 좋다고 하던데. 여봐라 A야! 짐을 위해 간을 구해오도록 하여라.
A: 폐하! 그러면 어떤 짐승의 간을 원하시옵니까?
B: 허허! 이 멍청이를 봤나. 나 같은 왕이라면 날짐승의 왕 호랑이의 간을 먹어야 하지 않겠느냐!
A: 그렇지만...그놈은 워낙 힘이 세고 사나워서...
B: 허, 말이 많다. 너는 언제부터 그리 비겁자가 되었느냐!

놀림을 받는 신하의 역할을 공상의 세계에서는 해낸 것이다. 공상적인 차원에서 감정적인 체험을 통해 서로가 새로운 것을 발견하게 되는 것이다. '원숭아'라고 놀려대던 현실적인 세계는 이미 과거의 것이 되고, 새로운 역할을 연습하게 됨으로써 역할 행동을 재구성할 수 있는 경험을 갖게 되는 것이다.

아동·청소년을 위한 소시오드라마 적용

12

소시오드라마의 활용

소시오드라마의 실제 적용 사례

개인의 내면에 집중하는 사이코드라마와는 다르게 소시오드라마는 집단의 공통관심사를 목표로 한다는 점에서 아동과 청소년에게 접근이 더 용이하다. 특히 아동과 청소년 내담자가 발달 시기별로 해야 할 과업을 해결하는 데 도움을 줄 수 있다.

1. 소시오드라마의 활용

소시오드라마가 갖는 교육적인 특성은 초등학교 입학 전 아동에게 요구되는 사회적 기술들을 집단 안에서 훈련이 가능하게끔 한다. 이전에 언급되었던 집단의 장점인 타인모방이나 대인관계기술훈련 등이 그와 같은 예시이다. 또한 이 외에도 소시오드라마는 아동 및 청소년들이 흔히 경험하는 다양한 주제들을 다룰 수 있는 훌륭한 가상의 공간이다. 진로문제 등 다양한 주제가 소시오드라마를 통해 다뤄진다. 무엇보다 소시오드라마는 일방적인 교육이 아니면서도 실제로 또래와 부딪히며 즐겁고 자연스럽게 또래 관계를 경험하고 훈련할 수 있는 좋은 가상현실이 되어준다는 장점을 가지고 있다.

다음은 아동 및 청소년을 대상으로 소시오드라마 집단을 구성하기 전 고려해야 할 사항들이다.

1) 비밀유지

모든 집단활동이 그러하듯, 아동 및 청소년을 대상으로 하는 소시오드라마에서도 비밀유지에 대한 구조화가 가장 중요하다. 특히 이들은 같은 학교나 학원에 다니는 등 일상의 활동 범위가 비슷할 경우가 많다. 따라서 디렉터는 첫 회기에 집단원들로 하여금 비밀유지를 위한 서약서를 작성하도록 한다. 또한 비밀유지가 이루어지지 않았을 때 발생할 수 있는 불이익에 대해서도 안내해야 할 것이다. 마지막으로 상담윤리상 비밀유지를 지킬 수 없는 상황에 대한 설명도 반드시 이루어져야 할 내용 중 하나다.

2) 집단의 크기 및 구성

아동 및 청소년을 대상으로 하는 소시오드라마는 대부분 학교나 청소년센터 등 교육현장에서 활용되기 때문에 사이코드라마나 기존의 집단상담에 비해 집단 크기에 제한이 적다. 실제로 학교에서는 한 학급 전체를 대상으로 소시오드라마가 진행되기도 한다. 그러나 때때로 디렉터는 공동목표나 주제, 집단원의 연령, 성별, 장소, 시간 등을 고려해 집단을 구성해야 한다. 집단 크기가 너무 작으면 상호관계 및 행동범위가 좁아지고, 크면 일부 집단원들의 적극적인 참여가 어려워진다. 적절한 집단 크기는 중도탈락을 고려하여 10명 내로 하는 것이 좋다. 집단의 크기는 또한 집단 전체 응집력과도 관련이 있으며, 특히 중학생의 경우 연령과 성별에 있어 동일집단이 응집력이 더 높게 형성되기도 한다.

3) 집단의 종류

아동 및 청소년은 변화와 낯선 타인에게 민감하다. 따라서 이들을 대상으로 하는 소시오드라마는 폐쇄집단인 것이 좋다. 폐쇄집단이란 중간에 새로운 집단원을 합류시키지 않고, 시작될 때 참여한 사람들만 끝까지 가는 것으로 집단 안정성이 높고, 회기가 지나갈수록 집단원들의 상호 교환성과 응집력이 강해진다.

4) 디렉터의 역할

소시오드라마의 디렉터는 사이코드라마에 비해 역할이 축소된다. 소시오드라마는 궁극적으로 집단원의 상호작용을 전제로 하는 공동목표의 달성을 목적으로 하는 집단이므로, 디렉터는 시작단계에서 집단의 분위기를 형성하기 위한 주도적인 역할에서부터 점차 적극적인 관찰자로 바뀌어가야 한다.

5) 기법의 활용

아동의 경우 언어나 인지적인 부분에서 성인과 차이가 있기 마련이다. 따라서 같은 기법이라도 집단의 성질이나 집단원의 특성에 따라 적절한 변형이 필요하다. 기법은 심도 있는 내적 탐색보다는 아동의 흥미를 유발하고 적극적인 참여를 이끄는 워밍업으로 사용하는 것이 적절하다. 청소년으로 구성된 집단 역시 성인에 비해 자기 자신을 연기하는 것이 아직은 어렵다. 이들은 특히 타인의 평가와 비판에 예민한 시기에 있기 때문에 자신의 행동이나 표현이 다른 집단원들에게 어떻게 보여질지에 대한 두려움이 크다. 따라서 아동의 경우와 마찬가지로 처음에는 청소년집단 역시 워밍업이나 집단역동 탐색을 위한 목적으로 기법을 사용하는 것이 좋다. 이후 성인만큼은 아니지만, 집단의 응집력이 높아짐에 따라 그날의 공동주제를 다루면서 역할 교대나 더블, 빈 의자와 같은 기법을 활용할 수 있지만, 이는 디렉터의 역량에 따라 크게 좌우되기도 한다. 다음은 주제에 따른 기법의 활용 예시이다.

6) 주제에 따른 기법의 활용

(1) 사계절 로코그램

초기 단계에서 할 수 있는 워밍업 프로그램이다. 우선, 디렉터는 공간을 4분할하여 각각 봄, 여름, 가을, 겨울이라고 정한 뒤 집단원들이 태어난 달의 계절에 맞는 곳으로 모이도록 안내한다. 이렇게 모인 사람들끼리 이야기를 나눌 수 있는 추가적인 주제를 함께 준비하면 좋다. 가장 쉬운 방법은 그룹별로 커다란 도화지와 색채도구를 나눠주고, 각 계절을 표현하는 것의 공동화를 그리는 활동이다.

(2) 원 배척 게임

원 배척 게임의 목적은 집단 안에서 좌절감을 경험하도록 하는 것이며, 이를 통해 디렉터는 집단의 역동을 탐색할 수 있다. 디렉터는 우선 집단원 중 술래를 정하는 것으로 시작한다.

> **디렉터:** *이 원은 하나의 공동체입니다. 원에 속해있는 모두는 특정한 공통점을 가지고 있습니다. 이제 술래가 여러분의 공동체에 들어오고 싶다고 말을 합니다. 원이 된 여러분은 술래가 원 안에 들어오지 못하게 막습니다. 술래는 힘을 써서 들어갈 수도 있고, 혹은 다른 사람들을 말로 설득해서 들어갈 수도 있습니다.*

게임이 시작되면 디렉터는 술래와 원이 상호작용하는 과정을 살펴본다. 평소 집단원과 술래의 관계에 따라 혹은 집단의 응집력에 따라 원은 술래를 합류시키거나 배척할 것이다. 만일 술래가 끝까지 원 안에 들어가지 못하더라도 그 나름의 경험이 되지만, 디렉터는 상황에 따라 술래가 다른 방법으로 원 안에 들어갈 수 있게 유도하거나 혹은 다른 집단원들에게 "왜 술래를 들여보내고 싶지 않은가요?"와 같은 질문을 통해 서로의 입장을 나눠볼 수 있도록 할 수 있다. 게임이 끝나면 술래와 집단원 각각에게 경험을 물어보고, 이를 토대로 다음 단계로 이어간다.

디렉터: 왜 술래를 원 안으로 들여보내고 싶지 않은가요?

집단원A: 행동이 너무 거칠어요. 이거 보세요. 여기 제 팔이 엄청 빨개졌잖아요. 말로 해도 되는데... 쟤는 평소에도 맨날 이래요.

집단원의 정서적 특수 상황에 따라 디렉터는 시작 시 술래를 원 안에 배치하고, 이로부터 탈출하는 방향으로 게임을 변형할 수도 있다. 특히 학교폭력 피해자 지지 그룹의 경우, 원이 그동안 받아왔던 압박이나 스트레스 혹은 공포라는 설정을 하여 술래가 이를 벗어남으로써 일종의 감정정화를 경험하도록 유도할 수 있다.

(3) 구명보트

집단의 응집이 어느 정도 이루어졌다면, 구명보트의 활용이 가능하다. 디렉터는 다음과 같이 말한다.

디렉터: "여러분은 지금 호화로운 여객선을 타고 여행을 하던 중이었습니다. 갑자기 커다란 경고음이 나며 선장이 다급한 목소리로 배가 커다란 암초에 걸려 위험한 상황이라고 알림방송을 합니다. 깜짝 놀라 갑판 위로 올라가보니 다행히 구명보트가 마련되어 있었습니다. 앞에 선 사람들이 다 타고, 구명보트가 하나 남았습니다. 그런데... (이때 디렉터는 집단 전체 인원에서 한 명 모자른 숫자를 말한다.) 이 구명보트에는 7명밖에는 탈 수가 없습니다! 이제부터 여러분은 자신이 왜 이 구명보트에 타야 하는지, 반드시 살아야만 하는 이유를 말해 다른 사람들을 설득해야 합니다. 시간이 없습니다! 어서 이야기를 나누세요!!"

여기서 집단원들은 각자가 어떠한 역할이 되어 "자신이 반드시 구명보트에 타야 하는 이유"를 말하며 다른 사람들을 설득해야 하는데, 비교적 역할설정이 자유로운 성인집단에 비해 아동이나 청소년집단에서는 '진짜 나' 보다는 가상의 역할을 맡는 것이 더 몰입이 쉽다. 성인의 경우 이후 자신의 죽음을 탐색하는 재판장면으로 장면을 옮기기도 하지만, 아동 및 청소년의 경우 죽음이라는 주제를 다루기 어려울 수 있다. 따라서 회기 초반에 주제를 선정하거나 집단 내 역동을 파악하기 위해 사용하는 것이 더 적절하다. 침몰하는 배 외에도 '추락

하는 비행기에서 낙하산 사용하기'나 '지하밀실에서 산소호흡기 사용하기' 등 상황은 다양하게 설정이 가능하다.

(4) 우정마술가게

마술가게는 집단원이 원하는 가치를 살 수 있는 가상의 공간이다. 우정마술가게 역시 마찬가지이지만, 차이점은 이곳에서는 "대인또래관계"와 관련된 가치를 사고 팔 수 있다는 조건이 붙는다는 것이다. 디렉터는 우정마술가게의 주인이 되어 다음처럼 집단을 가게로 초대한다.

> **디렉터:** *"어서 오세요. 여기는 우정마술가게입니다. 이곳에서는 무엇이든지 사고 팔 수 있습니다. 단, 물건이나 물질적인 것은 팔지 않아요. 우리가 파는 것은 질적인 '가치'입니다. 예를 들어 '친구의 말을 잘 경청해줄 수 있는 마음'이나 '친구가 힘들어할 때 그 마음을 읽어줄 수 있는 독심술' 같은 것들 말이죠. 그것이 무엇이든 간에 여러분이 바란다면 얼마든 찾아드리겠습니다."*

또한 일반 마술가게와는 달리 우정마술가게에서는 물물교환을 위해 자신의 가장 소중한 가치를 포기하지 않아도 된다. 디렉터는 집단원들이 현재 자신이 가지고 있는 어쩌면 '불필요한' 것을 버리고 대신 좋은 것을 가짐으로써 긍정적인 대인관계에 대한 희망을 고취시키는 것에 목적을 두는 것이 좋다. 물건을 사고 난 뒤에는 원하는 것을 가지게 된 자신의 변화된 모습을 상상하게 하고 간략한 역할극을 통해 이를 액팅하도록 하는데, 이때 일종의 간접적인 행동훈련을 병행할 수 있다.

(5) 5가지 의사소통 유형

5가지 의사소통 유형은 경험적 가족 치료의 역동적 상호작용 유형을 활용한 기법이다. 디렉터는 다음처럼 다섯 가지 성격을 소개한다. 원래의 명칭은 '회유형, 비난형, 산만형, 초이성형, 일치형'이지만, 집단원의 연령에 따라 이해가 더 쉬운 단어로 변형해서 소개할 필요가 있다.

디렉터: "여러분은 평소에 다른 사람과 대화하는 내 말투가 어떤지 생각해 본 적 있나요? 사람마다 차이는 있겠지만, 우리의 의사소통 유형은 크게 다섯 가지 정도로 나누어 볼 수 있습니다. 이걸 우리는 오늘 '소심이, 버럭이, 산만이, 까칠이, 기쁨이'라고 부를 거예요."

디렉터는 각각의 의사소통 유형을 간략하게 설명한 뒤, 집단에게 평소 자신의 모습이 어디에 가까운지 생각하도록 한다. 시간이 있다면 짧게 2인 1조로 이야기 나눌 시간을 주어도 좋다. 이후 아주 간략한 상황설정을 제시하고, 각자가 원하는 역할을 맡아서 즉흥적으로 액팅하는데, 치료목적에 따라 제시되는 상황은 다양하다. 예를 들어 또래관계 증진을 주제로 하는 집단이라면 친구들과 상호작용하는 특정 상황을 제시해주면 된다. 특정 상황 역시 디렉터가 아니라 집단원들이 스스로 정하도록 한다(단, 집단원의 연령이 너무 어리거나 집단역동이 깊게 형성되지 않았을 경우에는 디렉터가 몇 가지 주제를 제시하여 집단으로 하여금 고르도록 유도한다). 한 번의 액팅이 끝나면 이번에는 자신이 원하는 성격의 역할을 맡게 하여 다시 액팅한다. 첫 번째와 두 번째를 비교하며 셰어링으로 넘어간다. 5가지 성격은 대인또래 상호작용과 관련된 자기탐색 및 행동훈련에 도움이 된다.

(6) 갈등 이야기

갈등상황이 제시된 이야기를 통해 집단원은 대인또래 상호작용과 관련된 자기탐색 및 행동훈련이 가능하다. 먼저 디렉터는 갈등상황이 제시된 짧은 이야기를 준비하는데 이 책에서는 '갑돌이와 갑순이' 이야기를 소개하고 있다. 그러나 대인관계에서 흔히 경험할 수 있는 갈등상황이 묘사된 것이라면 얼마든지 활용이 가능하며, 필요에 따라서는 최근 신문기사나 영상도 좋은 선택이다. 물론 집단에서 논의를 통해 주제를 선정하는 것도 권유되는 방법 중 하나다. 이렇게 선정된 주제 이후에는 디렉터는 '내가 그 역할이었다면 그 상황에서 어떻게 했을까?'라는 주제를 던진다. 이후 집단은 이야기 속 등장인물 중 하나를 골라 역할을 맡아 액팅한다. 이때 디렉터는 원래의 장면을 그대로 재현하기보다는 집단원 개인의 해석에 따라 새로운또는 특정한 성격이나 특성을 부여하여 묘사하도록 덧붙일 수 있다.

2. 소시오드라마의 실제 적용 사례

1) 사례: 지역아동센터를 이용하는 아동을 위한 또래관계기술향상 사회극

(1) 프로그램 기본 정보

- 대상: 지역아동센터를 이용하는 초등학교 3~6학년 아동
- 인원: 최대 8명소그룹
- 시간: 60분
- 회기: 10회기
- 단계구성: 도입 – 라포 형성 – 역할체험 – 소시오드라마
- 필요요건: 충분히 움직일 수 있는 공간다목적실 및 교실, 음향
- 기대효과: 또래관계기술 증진, 모방과 훈련을 통한 사회화 기술의 발달, 또래 집단을 통한 소속감과 수용 경험

표 3 소시오드라마 프로그램 회기 예시

<table>
<tr><th>회기</th><th>목표</th><th colspan="2">단계별 활동명</th></tr>
<tr><td>도입</td><td>• 프로그램 소개
• 라포 형성
• 자발성 촉진
• 프로그램에 대한 흥미유발</td><td colspan="2">• 프로그램의 목표 및 디렉터 소개
• 서약서 작성 및 집단규칙 정하기를 통한 구조화 작업
• 집단에서 사용할 별명을 고른 후 자기소개
• 신체를 사용한 게임</td></tr>
<tr><td rowspan="3">라포 형성</td><td rowspan="3">• 집단 친밀감 형성
• 자발성 및 즉흥성 유도
• 신체 표현과 흥미 향상</td><td>워밍업</td><td>가라사대 게임</td></tr>
<tr><td>액팅</td><td>사계절 로코그램</td></tr>
<tr><td>셰어링</td><td>경험에 대한 감상을 나눈다.</td></tr>
</table>

역할 체험	• 집단 응집력 강화 • 대인관계 탐색 • 자기표현과 수용 경험	웜밍업	학교에서 '나는? 이야기' 나누기
		액팅	5가지 성격
		셰어링	경험에 대한 감상을 나눈다.
소시오 드라마	• 또래문제 액팅 • 행동연습 • 자기성장 및 카타르시스	웜밍업	우정마술가게
		액팅	장례식과 재판장면
		셰어링	경험에 대한 감상을 나눈다.

지역아동센터의 운영 목적은 해당 아동에게는 보호, 교육과 건전한 놀이 및 오락을 제공하며, 보호자에게는 지역사회의 연계를 제공하는 등 아동의 건전한 육성을 위하여 종합적인 아동복지서비스를 마련해 주는 것이다(아동복지법 제16조 제11항). 주 이용 대상은 취약계층의 초등학생, 중학생, 고등학생의 아동 및 청소년 전부를 포함한다. 현재 우리 사회의 양극화와 가족 해체로 인해 방임, 방치되고 있는 아동들이 늘어나고 있으며, 국가적 차원에서 보호 대상이 되어 지역아동센터를 이용하는 이와 같은 아동들의 경우 그 대부분은 빈곤이나 저소득층 가정 등의 자녀로서 열악한 주거환경에 거주하거나 한부모, 조부모, 또는 이혼이나 재혼 가정인 경우가 많다(지역아동센터 중앙지원단, 2018). 뿐만 아니라 지역아동센터 이용 아동 중 수급권이나 차상위 저소득층이 아닌 일반아동이라도 실제로 방임 또는 방임 우려의 취약계층인 아동이 상당수에 이르기도 한다(홍은경, 2014). 아동의 발달적 관점에서 볼 때 가정의 사회경제적 어려움은 부모의 돌봄과 관심이 필요한 아동기에 양육의 부재로 이어진다. 또한, 아동 개인적으로도 심리, 정서, 행동적인 발달 영역에 있어서 비교적 더 높은 부정적인 요인들에 노출될 수 있다(이경림, 2007; 이현주, 2007; 김희숙 외, 2010; 이성희, 2010; 배영옥, 2011).

이러한 아동은 또래와 비교했을 때 대부분 적절한 의사소통 기술이나 사회적 유능감이 낮다는 특성을 가진다. 따라서 소시오드라마를 통해 그들이 사회화 기술, 그중에서도 특히 또래와의 긍정적인 상호작용에 필요한 또래관계기술을 익히고 훈련하는 것을 치료목표로 정한다. 사이코드라마나 소시오드라마의 기법과 단계 역시, 이와 같은 치료목표에 맞춰 적절한 변형이 요구된다.

다만 한 가지 주의할 점은 동일한 지역아동센터에서 집단원이 모집된 경우이다. 이들은 이미 오랜 기간 함께 공동체 생활을 하며 특정한 관계망이 형성되어 있다. 이러한 관계망은 훨씬 더 밀접한데, 이는 그만큼 집단의 부정적인 역동도 더 클 수 있음을 의미한다. 서로 알지 못하는 상태에서 만나는 새로운 또래보다 이미 서로를 잘 파악하고 있는 상태에서는 집단의 저항이 크며, 자발성이 낮고, 긍정적인 또래 관계 경험이 어려울 수도 있다. 따라서 디렉터는 회기를 시작하기 전 미리 해당 지역아동센터의 관계자 등을 통해 아동의 성격과 친분의 정도 등을 파악해두는 것이 좋다.

(2) 도입기

도입기는 집단원들의 이해를 위해 프로그램의 목표를 소개하고, 전반적인 라포 형성의 기초가 되는 단계이다. 디렉터는 간략한 오리엔테이션과 서약서작성, 그리고 집단규칙 정하기 등을 통해 구조화작업을 한다. 이후 집단 안에서 사용할 별명을 각자 정하고 소개하는 시간을 갖는다. 시간적 여유가 있다면 간단한 게임을 추가해서 프로그램에 대한 집단원들의 흥미를 유발하고 친밀감을 형성하는 데 도움을 받을 수 있다. 단, 여기서 활용되는 게임은 언어보다는 몸을 많이 사용하는 것을 선택하는 게 좋은데, 이는 이후 단계를 시작하기 전에 게임을 통해 아동이 신체적으로 자기를 표현하는 데 익숙해지고, 자발성을 높일 수 있기 때문이다.

(3) 라포 형성기

라포 형성기는 이름 그대로 집단원 간의 친밀감을 향상하는 데 목적이 있다. 회기당 구성은 사이코드라마와 마찬가지로 워밍업-액팅-셰어링으로 한다. 워밍업에서는 도입기에 활용했던 게임과 마찬가지로 규칙이 단순하면서도 신체적 활동이 많고, 아동의 흥미를 유발할 수 있는 단체활동을 사용한다. 함께 하는 동안 즐거움을 경험한 아동은 서로에게 느끼는 친밀감의 정도나 거리감을 재인식할 수 있으며, 참여자로서의 자발성과 즉흥성도 더 높아진다.

(4) 역할체험기

역할체험기는 아동이 본격적으로 자신의 대인관계를 탐색하고, 응집력이 높아진 상태에서 또래집단이 제공하는 수용과 이해를 경험하게 되는 단계이기도 하다. 따라서 아동은 이전보다 더 편안한 상태에서 자기개방을 할 수 있다는 안정감을 느끼게 되며, 자기표현도 높아진다. 또한 다른 집단원들에게도 이전보다 더 많은 관심을 갖게 된다. 반면 그만큼 집단원 간에 직·간접적으로 보였던 부정적인 역동도 드러날 수 있다. 따라서 역할체험기에는 또래관계에서 흔히 겪는 갈등상황을 간접적으로 제시한다. 이를 통해 그들은 자신을 되돌아보고, 더 나아가 개인의 감정과 생각 등의 가치를 다른 집단원과 비교할 수 있다. 디렉터의 역할은 드러나는 집단 내 갈등을 적절하게 다루고 서로의 긍정적인 측면에 관심을 가질 수 있도록 유도하는 것이다.

(5) 소시오드라마기

이 단계의 가장 궁극적인 목표는 또래집단경험을 통한 자기성장이다. 그동안 쌓아온 집단 역동을 기반으로, 상호작용은 극대화된다. 이 단계에서 디렉터는 상황에 따라 집단원들을 보조자아로 삼아 더블이나 역할 교대와 같은 기법을 사용하게 된다. 이 활동들은 이전 역할체험기에서 간접적으로 경험했던 또래관계에의 갈등상황을 집단원 개개인의 사적인 경험으로 초점을 돌리게 한다. 직접적이고 개인적인 경험의 공유는 보편성을 느끼고, 타인을 이해하는 관점을 넓히며, 다른 집단원의 행동을 모방하게 한다. 또한 좀 더 나은 자신의 모습을 상상하며 가상의 현실에서 미리 실천해보면서 긍정적인 사회기술을 연습할 수 있다.

교육현장에서의 사이코드라마 적용

13

교육현장에서의 사이코드라마 적용 및 형식

교육현장에서 적용

사이코드라마는 학문의 융합적 적용이라는 시대의 흐름에 따라 다양한 장면에서 널리 활용되고 있다. 이에 사이코드라마의 이해와 더불어 이를 활용하는 것과 관련하여 심리·교육적 현장에서 접할 수 있는 내용과 예시를 제시하였다.

역사적으로 사이코드라마는 사회와 관련된 실험과 즉흥극, 집단심리치료, 사회측정학으로부터 발전해왔고, 현대의 사이코드라마는 치료적 개입의 의학적인 모델에서 벗어나 다학제적 활동, 융합과 통합의 시대적 흐름과 함께 사회적·교육적 개입의 영역으로 확대되어가고 있다. 즉, 치료집단과 심리·교육집단 모두 '내담자의 행동을 통한 자기통찰을 돕는 과정'으로써 사이코드라마의 기술들과 기법들을 적용한다는 점에서 상호교환적이라고 할 수 있다.

그러나 실제 교육현장에서 일반적으로 사이코드라마를 적용하는 것은 매우 어려워 보일 수 있다. 사이코드라마는 내면의 정신적 체계를 치료하는 것을 목표로 하는데, 학교환경에서는 사이코드라마의 치료적 목표가 너무 엄격할 수도 있기 때문이다(Dayton, 1994). 이와 같은 어려움을 보완하기 위해 현대의 사이코드라마는 사이코드라마의 이해와 기법을 토대로 소시오드라마에서 일반화된 목표를 다루는 것처럼 학교상황에서 안전하고 유연하게 활용이 가능하다.

이를 위해 교육현장에서도 윤리원칙에 따라 전문적으로 훈련된 디렉터나 교사가 사이코드라마 기법을 토대로 구조화, 반구조화 형식을 적절히 적용하여 다양하고 독특한 집단 역동을 잘 다루는 기술이 필요하다. 사이코드라마의 효과는 디렉터의 기능과 역할에 크게 의존하므로 디렉터는 안내자와 지도자 역할, 적절한 모델링, 집단 구성원들 간 상호작용과 의사소통의 촉진자 역할을 할 수 있어야 하며, 특히 교육현장에서의 디렉터는 집단에서 다루게 될 주제, 구성원들의 인지정도와 기능수준, 할당된 시간에 따라 개입수준과 시간을 균형있게 조율할 수 있어야 한다.

집단 구성 시 주의점

- 교육현장에서는 첫 번째 기술로 구조화가 필요하다. 구조화란 회기의 시작 전 디렉터가 집단 구성원들에게 참여에 필요한 전반적 규칙과 한계설정에 대해 설명하는 것이다. 이와 같은 원칙은 집단상담의 구조화와 유사하며, 집단에 관한 구조화, 집단의 한계설정에 관한 구조화, 비밀유지에 관한 구조화가 포함된다(강진령, 2012).
- 학교현장에서는 특히 비밀유지가 중요한데 청소년집단의 경우 발달단계의 특성상 완전한 비밀유지가 매우 어렵기 때문에 집단의 초기단계에서부터 중간단계나 종결단계의 전체 회기에서 강조할 필요가 있다. 또한 이때 명확하게 거론해야 하는 것은 비밀유지 예외의 경우에 관한 것으로 학대, 자살, 자해, 성폭력, 폭력의 단서가 발견된 경우 법에 의해 비밀이 깨어질 수 있다는 것, 구성원들 간의 비밀유지 원칙이 파기되는 상황의 경우이다.
- 집단에서 관계가 좋지 않은 집단원을 함께 배치하지 않도록 주의해야 한다. 예를 들어 학급 내 학교폭력과 같은 주제를 다룰 때 피해자와 가해자가 같은 집단에서 활동하는 것은 바람직하지 않다.
- 혼성집단은 청소년들이 이성에 대해 생각하고 배울 수 있는 좋은 기회가 될 수 있지만 이성이 있을 때 집단원들이 집중하는데 방해를 받을 수도 있는 단점이 있다. 그리고 혼성집단보다는 동성집단의 응집력이 더 클 수 있으므로 주제와 상황에 따라 집단 구성을 고려해볼 수 있다.

심리 · 교육집단의 주요 주제

- 또래관계 향상
- 의사소통기술
- 대인관계기술
- 문제해결 기술
- 의사결정 기술
- 스트레스 관리
- 분노조절
- 변화한 가족(이혼, 재혼가족, 사별)
- 이별
- 진로인식, 진로탐색, 진로결정
- 학습방법
- 다문화 인식
- 학교폭력 및 집단 괴롭힘
- 교내 규칙 위반
- 학업중단
- 물질 오남용(음주, 흡연, 약물)
- 성교육
- 우정

학교현장에서의 사이코드라마는 주로 특정 문제행동과 관련된 주제를 가지고 실시한다고 생각할 수도 있다. 그러나 발달단계에 따라 적절한 발달과업을 이루어 가는 과정에서 일반학생들도 어려움을 겪을 수 있는 이슈를 반영하여 학교 내 구조화된 프로그램을 구성하여 실시할 수 있다. 이때는 학년이나 학급 단위로 참여가 가능하다.

1. 교육현장에서의 사이코드라마 적용 및 형식

교육현장에서의 사이코드라마는 다양한 교육과정에 적용시키는데 어려움이 있을 수 있고, 통합적 접근으로 인해 이를 새로운 개념으로 생각할 수 있으나 예방과 조기개입, 치료적 개입 등을 목표로 연령별, 영역별, 직업별 등 기준에 따라 사이코드라마의 기법을 적절히 융합하여 교육연극, 연극놀이, 역할놀이와 같은 형식과 함께 활용되기도 한다. 이런 활동들은 모두 자발성과 창조성을 기본으로 적극적 참여를 증가시키는 공통점을 가지고 있다.

1) 교육연극

교육연극은 인지적·정서적·사회적 주제들을 전달하는 일종의 교수학습모델로 교육현장에서 교과목 수업, 통합교과, 융합프로젝트 수업에 적용되기도 하며 역할놀이 방법들로 이루어지고 있다. 예를 들면 역사 과목의 경우 '사도세자는 아버지와의 관계를 어떻게 생각하는가?', 영어 과목의 경우 '동네에서 외국 영화배우를 마주치게 되었을 때 어떻게 할 수 있을까?'와 같은 주제로 출발하여 드라마를 재현해볼 수 있다. 교육연극은 다음과 같은 세 가지 차원을 따라 진행되며 드라마의 발전, 드라마의 재현단계, 반성성찰단계의 흐름으로 구분한다. 즉, 워밍업, 극적 형식을 이용한 주제 전달, 과정에 대한 셰어링이며, 이를 통해 목표에 도달하는 것뿐 아니라 인지적·경험적 학습을 통해 성공적으로 효과를 이루고 확장할 수 있다.

교육연극을 활용한 사회성 향상 집단프로그램 예시

① 1차시 준비(워밍업)
- '가위손' 영화 포스터를 보고 이야기 나누기
- 인물을 파악하고 인물 조각상 만들어보기
- 역할 나누기

② 2차시 드라마(액팅)
- 영화 포스터와 연관 지어 대사 만들기
- 장면 만들고 표현하기
- 공연하기

③ 3차시 후속활동(셰어링)
- 과정에 대해 토론하기
- 인물에게 편지 써보기

'가위손'은 팀 버튼 감독이 만든 영화로 초등학교 3~4학년 이상이면 적용이 가능하다. 영화 속 주인공 에드워드는 가위손을 가진 인조인간으로 사람들의 편견에 의해 홀로 지내다가 그가 누구보다 따듯한 마음을 지녔다는 것을 사람들이 알게 된 후 그는 사랑하는 사람들이 기뻐하는 일을 하며 적응해간다. 이처럼 영화의 포스터를 통해 또래관계 등에 대해 생각해보고 돌아보는 작업이 가능하다.

2) 연극놀이

연극놀이는 놀이성을 기반으로 하며, 드라마를 통한 자기표현을 목적으로 대본 없이 집단원들의 상호작용에 의해 진행되기 때문에 즉흥적이지만, 연극공연이라는 결과물을 위한 활동은 아니다. 또한 집단원들의 참만남을 통한 개인과 집단의 성장 그 자체를 목적으로 하는 과정중심적 특성을 가지고 있다. 여기에서는 디렉터나 교사가 연출자이자 안내자가 되고, 진행형식은 사이코드라마나 교육연극의 단계와 같다.

연극놀이를 활용한 극은 자세나 동작과 관련된 연습으로 시작하여 익숙하게 하고, 대사를 만들어 즉흥극을 진행한다. 여기에서도 워밍업과 셰어링의 과정은 필수이다.

살펴본 바와 같이 사이코드라마가 이처럼 폭넓게 적용되는 이유는 사이코드라마의 기본 원리들은 필요에 따라 수정이 가능하고, 다른 학문적 이론들과 통

연극놀이를 위한 아동·청소년에게 적합한 워밍업 예시

① 세 가지 정보 주고받기

- 학생들이 교실을 돌아다니며 서로 악수하고 인사를 나누도록 한다. 이때 교사는 제한된 시간을 준다(예: 5분).
- 인사를 나눌 때 서로 이름을 말하고 각자 자신에 대한 정보를 세 가지씩 말해보도록 한다.
- 제한된 시간 동안 최대한 많은 친구들과 만나게 한다.
- 시간이 다 되면 모두가 동그랗게 둘러서고 돌아가며 옆 사람의 이름과 세 가지 정보를 말한다.

② 이야기 이어가기

- 교사는 원칙을 제시한다. 원칙은 긍정의 이야기는 부정의 이야기로, 부정의 이야기는 긍정의 이야기로 번갈아 바꾸는 것이다.
- 돌아가며 이야기를 이어가며 순서가 적당히 돌아가면 멈춘다.

A: “시험 전날인데 공부를 하나도 안했네.”
B: “다행스럽게도 요약 정리한 노트가 있었어!”
C: “하지만 시험 범위가 너무 넓어서 요약 노트로는 턱도 없겠지.”
D: “그런데, 시험 문제가 요약 노트에서 다 나왔어!”

합될 수 있으며, 특히, 보편적 자발성 훈련, 집단의 응집력·친밀감 형성, 집단의 관심사 불러오기, 자기인식 향상, 특정한 문제해결을 통해 인지적 학습과 경험적 학습이 가능하기 때문이다. 더불어 교육현장에서의 사이코드라마 기법의 활용은 언어 위주의 다른 학문적 기법과 달리 다양한 양식을 가지고 있기 때문에 행동 변화에 더욱 효과적이다.

2. 교육현장에서 적용

1) 아동

학교에서의 사이코드라마는 이론적 토대와 기법들을 충분히 활용한 역할놀이의 형태가 주로 사용된다. 일대일 장면에서는 회기가 진행되면서 개인 내면의 깊은 정서표현과 문제를 다룰 수도 있지만, 집단의 경우 일반적인 현상이나 문제에 대한 대안과 효과적 해결방안을 제시하는 것을 목표로 한다.

아동의 경우 놀이를 통해 현실의 책임이나 위험의 부담 없이 역할을 행동으로 경험해보고 연습하며 모델링의 효과를 얻을 수 있는데, 협동놀이와 같은 워밍업을 통해 친밀감 및 집단응집력을 형성하고, 자유롭게 주제를 선택하여 역할놀이를 해보고 셰어링까지 이어지는 흐름으로 잘 활용하면 성공적인 효과를 얻을 수 있다. 역할놀이는 교육적 수단으로 소규모 집단이나 학급에서 대인관계, 집단의 발달적 성장, 리더십 등을 목표로 할 때 사용하게 되고 상황에 따라 일회적 혹은 연속적 회기를 구성할 수 있으며 연속 회기에서는 점차 워밍업에 걸리는 시간을 절약할 수 있다.

아동의 워밍업은 청소년이나 성인들처럼 워밍업, 액팅, 셰어링과 같은 전통적 사이코드라마의 과정은 불필요하다. 아동의 특성에 따라 구조화, 반구조화 또는 무형식의 진행이 될 수 있으며 이는 자발성과 창조성을 기본으로 한 흐름이어야 할 것이다. 그러므로 기존의 워밍업 방식을 토대로 디렉터가 워밍업 방식을 아동들에게 맡길 것인지, 구조화 또는 반구조화 형식을 사전에 전략적으로 준비할 것인지, 장난감이나 인형 등의 소품을 이용할 것인지, 신체만을 이용할 것인지, 소집단을 나눌 것인지 등 여러 가지 상황을 면밀하게 고려할 필요가 있다. 워밍업에서 게임의 형식을 활용할 수도 있지만 지나치게 게임이나 레크리에이션과 같은 분위기가 되어서는 안 된다는 점을 주의해야 한다.

디렉터는 동화 등을 이용한 간접적 방법이나 빈 의자 등을 이용한 역할 교대와 같은 직접적 방법으로 액팅을 시도해볼 수 있을 것이다. 동화 속 이야기의 상황 혹은 이미지를 이용한 즉흥극을 하거나, 평소에 누군가에게 하고 싶었던 이야기나 궁금했던 것을 빈 의자를 보며 자유롭게 말할 수도 있고, 소원, 궁금한 것, 고민이나 두려움 등을 빈 의자에 올려둔 것으로 상상하고 이야기해볼 수도 있다. 처음에는 가벼운 주제를 다루고 점차 익숙해지면 깊은 주제의 탐색도 가능하다. 아동은 주인공으로의 몰입과 액팅이 워밍업과 혼재하여 나타날 수 있어서 극의 흐름과 결과를 예측하기 어려울 수 있으며, 주의집중 시간이 짧으므로 순간적으로 주인공이 되었다가 사라질 수도 있을 것이다. 이처럼 아동의 특성에 따라 사이코드라마의 역동이 다양하게 나타날 수 있으므로 아동에 대한 디렉터의 격려와 인정, 지지는 인내심과 함께 절대적으로 중요하다. 마지막으로 셰어링 또한 아동에게 물어볼 수 있다. 디렉터는 안내자의 역할이지만 경우에 따라 디렉터가 최소의 다양한 의견을 제시해서 선택하게 할 수도 있을 것이다.

2) 청소년

청소년의 경우 역할극을 통해 구체적인 대인관계 또는 문제해결의 재연을 구성해볼 수 있다. 모레노는 역할극은 역할의 훈련이나 발달, 실험, 탐색의 목적으로 선택된 장면에서 스스로 택하여 역할을 연기하는 것이라고 하였다. 즉, 역할극을 통해 집단이 합의하에 주제나 상황을 선택하고 수정하여 연기하며 해결방안을 모색하는 자체가 이미 학습으로써 의미가 있는 것이다. 그러므로 가정과 학교에서 발생한 다양한 문제와 관련된 감정들을 안전하고 구조화된 방식으로 탐색할 수 있으며 셰어링을 통한 자기인식과 행동변화가 가능하다.

청소년의 사이코드라마적 흐름도 개인과 집단의 특성에 따라 접근 방식에 더욱 신중할 필요가 있다. 아동의 경우처럼 놀이나 게임을 통한 워밍업은 특정한 문제를 가진 집단에서는 무시될 수도 있고 때로 불필요할 수 있다. 그리고 비자발적 청소년의 사이코드라마적 접근은 더 어려울 수 있다. 그렇지만 워밍업은 어떤 상황이더라도 자발성이 기본이 되어야 할 것이다.

액팅을 위한 주인공 선정은 집단응집력과 친밀감이 어느 정도 형성된 집단에서 사용하는 방식이므로 청소년집단에서는 전통적 방식이 오히려 자발성을 감소시키는 경우도 있다. 일반적 집단이라면 주제 선정에 있어서 자유로울 수 있지만, 학교폭력, 교칙 위반, 집단따돌림, 가족이나 교사와의 갈등과 같은 특정한 주제에서는 관객과 집단을 따로 구분하기보다는 전체가 참여할 수 있는 흐름으로 나아가는 것이 좋다. 물론 충분히 워밍업된 집단원이 있다면 동의를 구하여 극을 진행하는 것이 가능하다. 액팅은 지금-여기에서의 정서상태와 연결되는 장면이어야 하며 디렉터의 전문적이고 정교한 공감능력과 순발력, 창의적 연기력이 더해진다면 더욱 도움이 될 것이다. 역할극을 통한 개입 외에 스마트폰을 이용하여 간단한 영화를 동영상으로 만들고 감상하는 작업도 가능하다.

셰어링에서 집단원 전체가 이야기 할 수 있는 시간을 충분히 주도록 한다. 집단원들은 역할벗기와 함께 충분히 자신을 개방하고 타인에 대한 신뢰와 수용, 미래에 대한 긍정적 가능성에 대해 이야기 할 수 있으며 이때 충고나 훈계가 아닌 디렉터와 집단원 간의 진정한 공감과 과정에 대한 지지와 격려가 함께 해야 한다.

학교현장에서의 적용 예시

제시한 통합적 프로그램은 심리 · 교육 집단의 목표설정에 따라 자유롭게 주제를 선정하고 구성과 활동의 수정이나 변형이 가능하다.

역할극은 여러 가지 다른 방법으로 회기에 도입할 수 있다. 심리 · 교육 집단에서 역할연습 혹은 역할훈련을 구조화하여 회기에 사용된다. 이때 집단원들은 짝을 짓거나 또는 소집단으로 회기에서 다루는 주제를 가지고 연습을 할 수 있다.

① 대상: 청소년

② 인원: 최대 10명(소그룹)

③ 시간: 40분~90분

④ 필요요건: 충분히 움직일 수 있는 공간(다목적실 및 교실), 음향

⑤ 기대효과: 신체언어를 통한 개인의 자기인식과 통찰, 역할놀이를 통한 집단원 간 긍정적 의사소통 및 사회적 상황 파악 연습, 즉흥극을 통한 개인과 집단원의 협력 기술과 자율성 향상

- 1회기 나를 소개하는 역할놀이
  - 협동놀이를 통한 자기 인식 및 타인인식
  - 워밍업: 이미지 게임, 별칭 짓기 게임
  - 액팅: 조각상 만들기
  - 셰어링
- 2회기 이야기 속에서 역할 경험하기
  - 자발적 · 창조적 참여를 통한 자기인식
  - 역할연기 준비
  - 워밍업: 짝 찾기 게임, 이야기 이어가기
  - 액팅: 빈 의자 기법 이용 역할훈련
  - 셰어링
- 3회기 6조각 이야기로 구성한 즉흥극 1
  - 개인과 집단원의 통찰과 인식
  - 워밍업: 박수치기 게임
  - 액팅: 6조각 이야기 쓰고 발표 후 선정하여 즉흥극 만들기
  - 셰어링
- 4회기 6조각 이야기로 구성한 즉흥극 2
  - 개인과 집단원의 통찰과 인식
  - 워밍업: 감정단어 설명하고 몸으로 표현하기
  - 액팅: 6조각 이야기 선정해서 즉흥극 만들기
  - 셰어링
- 5회기 소시오드라마
  - 집단원 간 의사소통과 협상 경험, 협력 기술과 문제해결, 자기인식
  - 워밍업: 이구동성 게임
  - 액팅: 집단 특성을 활용한 주제 선정과 디렉터 중심의 자발적 즉흥극
  - 셰어링

6조각 이야기

- "도화지에 선을 그어 위, 아래 세 칸씩 여섯 개의 칸으로 만들어보세요. 이제 각자 상상의 이야기를 만들 것입니다. 제가 이야기를 하면 각자가 이야기를 만들어 그림으로 그려보는 거예요."
- "첫 번째 칸에는 이야기의 주인공과 주인공이 사는 곳을 그리세요. 사람, 사물, 동물 등 자유롭게 떠올리고 주인공을 정해보세요."
- "두 번째 칸에는 이야기 속에서 주인공의 사명(해야 하는 일)은 무엇인지 그려보세요(상상을 어려워할 때는 적당히 예를 들거나 제시어를 줄 수 있다. 세계여행을 한다거나 친구를 사귀는 것 등)."
- "세 번째 칸은 주인공을 방해하는 것에 대해 그릴 수 있습니다. 이것은 사람이나 사물일 수도 있고, 어떤 상황일 수도 있겠죠."
- "네 번째 칸은 주인공을 도와줄 수 있는 조력자에 대해 그려봅니다. 이 또한 어떤 사람이나 사물, 능력, 상황일 수도 있습니다."
- "다섯 번째 칸에는 주인공은 조력자가 나타나서 어떻게 되었는지 그리세요."
- "여섯 번째 칸에는 그다음 주인공은 어떻게 되었는지 그리세요."
- "마지막으로 제목을 만들어보세요."
- 각자의 이야기가 다 완성되면 돌아가면서 이야기해보도록 한다. 그리고 그 중에서 즉흥극으로 만들어보고 싶은 이야기를 집단원들이 선정하고, 선정된 이야기의 내담자가 각각 배역을 선택하도록 하여, 즉흥극을 진행한다. 집단의 특성과 역동, 환경에 따라 다양하게 진행될 수 있다. 즉흥극이 끝난 후 이야기의 결말을 다시 수정해볼 기회를 가질 수도 있다.

교칙 위반으로 특별교육에 참여한 중학생 집단의 6조각 이야기

- 학생: "주인공은 담배이고, 주머니 속에도 살고 가방 안에서도 살아요. 담배는 세상을 마음대로 돌아다니면서 학생들을 만나고 싶어 해요. 그런데 학교 부장선생님이 담배를 자꾸 꺾고 없애버리려고 해요. 이때 어떤 학생이 나타나서 담배를 구해줘요. 그 학생은 마음껏 담배를 피워요. 그러다가 그 학생은 폐암으로 병원에 입원하게 되고 담배는 버려져요."
- 실제 6명의 아이들과 디렉터가 시행했던 장면으로 즉흥극이 끝난 후 집단원들의 요구로 내용을 다시 수정하여 극을 진행하였다. 수정한 극에서 담배의 방해자는 담배를 피우라고 꼬드기는 나쁜 마음이었고 조력자는 의사선생님이었다. 의사선생님의 금연처방으로 인해 깨끗한 폐를 가지고 다시 신나게 학교생활을 하는 장면을 마무리로 결말을 수정하였다.

3) 대학생

오늘날의 대학생들은 고등학교에서 입시지옥을 통과하여 대학에 입학하면서 취업이라는 시험을 위한 또 하나의 학업의 연장과정과 생존경쟁의 장을 마주해야 한다. 이러한 우리사회의 교육과정으로 인해 대학생들은 신체적 성장과 정신적 성장의 불균형을 초래하는 현실에 처해있다. 그리고 이 과정에서 부모로부터 정상적인 분리를 하지 못하고 지속적으로 통제를 받거나 독립하지 못하게 만드는 심리·사회적 요인은 대학생들을 더욱 혼란스럽게 하고 있다. 대학생들은 자율성과 독립성이 제대로 발달하지 못한 채 성인으로서 주도적 삶을 살아가는 것에 스트레스와 두려움을 느낄 수도 있고, 원가족과의 갈등, 교우관계, 이성관계 등에서 어려움을 겪을 수 있다. 사이코드라마는 이와 같은 어려움을 잉여현실 내에서 안전하게 표출하고 자기통찰을 가능하게 하여 건강한 사회구성원으로 성장할 수 있도록 하는데 도움이 될 수 있다. 이외에도 긍정적 측면에서 진로탐색, 자기주도, 리더십 향상, 사회적 현상 등 다양한 주제를 다루어 볼 수 있으며 실제로 사이코드라마를 활용한 집단상담 프로그램이나 교육이 대학에서 활발히 이루어지고 있다.

이 시기의 사이코드라마는 대학생들의 자발성과 창조성을 촉진하고 향상시켜 자기통찰에 도움을 줄 수 있으며 자기확장 및 미래에 대한 희망고취와 긍정적 개념 획득에 도움을 줄 수 있다. 최근에는 사이코드라마가 의학, 교육학, 사회복지학, 심리치료학 등의 전공수업 과목으로 확대되고 있으며, 이를 통해 사이코드라마를 적용하여 다양한 임상현장에서의 개입이 가능한 활동가들이 배출되고 있기도 하다.

대학생 집단은 자발적 참여가 대부분이다. 그러므로 워밍업에서부터 디렉터가 먼저 자발성을 보이는 것만으로도 대학생들의 참여를 쉽게 유도할 수 있으며 집단의 친밀감과 응집력을 형성하는데 어려움이 없다. 스펙트로그램, 로코그램, 밀링 등 다양한 기법을 활용하여 동질감과 친밀감을 형성하고 이를 통해 주인공을 선정하거나 집단의 특성에 맞게 주제를 선정하고 사이코드라마 또는 소시오그램을 실시할 수 있다. 이때 중요한 것은 사전에 집단원의 사이코드라마에 대한 이해와 주인공이 될 경우 어떠한 것을 하게 될지 집단원 전체의 이해가 필요하다는 것이다.

적절한 워밍업을 통해 집단이 안전함을 느끼게 되고 집단원과의 친밀감이 형성된다면 용기를 낸 주인공은 사이코드라마에 몰입하게 된다. 소시오그램의 경우도 소집단을 형성하거나 몰입하는 것이 어렵지 않다.

이후 충분한 시간을 할애하여 집단원 전체가 느낌을 나눌 수 있도록 한다. 지지와 격려, 진정성있는 공감은 그들에게 도움이 될 것이다.

언어적 준비 작업

주어진 문장을 채워 말해보도록 한다. 이는 인생에 새로운 단계를 곧 내딛게 될 사람들의 집단에서 활용하면 효과적이다.

- 내 인생의 다음 단계에서 내가 원하는 것은 ____________이다.

4) 성인

우리나라의 성인집단은 현실의 문제를 해결하고 싶어 하지만 자기노출은 극도로 꺼린다. 그러므로 집단의 특성을 정확히 이해하고 접근하는 것이 매우 중요하다. 성인집단의 자발성 촉진을 위해 디렉터는 집단의 특성을 사전에 파악하고 관심 주제에 대한 전략적 접근이 필요하며 액팅에서 저항이나 비자발적 참여를 잘 다룰 수 있어야 한다. 교육현장의 성인집단은 매우 다양한 집단의 구성과 특성, 목표를 가지고 있으며 이에 따른 적절한 기법의 적용이 필요하다. 예를 들면 교사들의 치유를 위한 워크숍, 직장 내 팀빌딩·팀워크, 직업훈련을 위한 집단상담 프로그램 등이 있다.

사이코드라마에서 자주 다루어지는 주제들

성인의 사이코드라마에서 자주 다루어지는 주제로는 가족갈등, 애도·상실·이별, 권위자와의 갈등, 선택과 결정 등을 이야기 할 수 있다.

• 가족갈등 – 엄마와 갈등을 해결하기 위한 20대 여자 주인공

> *디렉터: "최근 어머니와 있었던 일들을 이야기해볼 수 있을까요?"*
> *주인공: "제가 알아서 하겠다고 하는데 자꾸 엄마가 간섭을 해요. 짧은 스커트를 입고 나가는 것에 대해 잔소리를 했어요. 정말 왜 그러는지 모르겠어요."*
> *디렉터: "지금 여기에 당신의 어머니 역할을 할 수 있는 사람은 누구인가요?" (어머니 역할을 선정)*
> *디렉터: "어머니를 세 가지 단어로 표현해보시겠어요?"*
> *주인공: "감시하는, 집착하는, 차가운"*

첫 장면에서 누구를 만날 것인가에 대해 주인공과 이야기하고 주인공의 선택을 존중한다. 이를 위해 주인공이 충분히 준비될 때까지 기다려준다. 주인공의 감정이 점진적으로 증폭되도록 유도하고, 안전한 감정의 표출을 위한 장치를 활용하는 것도 필요하다. 액팅 후 지지적인 극의 마무리와 셰어링이 꼭 필요하다.

가족갈등에서 극의 마무리에 사진촬영기법을 사용하기도 하는데 주인공이 배치하고 싶은 대로 가족을 배치하고 사진을 촬영하는 기법으로 사진 촬영만으로도 주인공이 많이 지지받는다는 느낌을 얻을 수 있다.

• 애도·상실·이별 – 아버지의 죽음을 견디지 못하는 40대 여자 주인공

아버지에 대한 질문을 하자마자 흐느끼는 주인공.

주인공의 눈물이 어느 정도 멈추면 디렉터는 주인공과 무대를 함께 거닐며 아버지는 어떤 사람이었는지 이야기 나누면서 감정을 진정시키고 주인공이 원하는 것을 탐색하면서 천천히 극을 진행할 수 있다.

이처럼 극을 진행할 수 있는 주인공의 내적인 힘을 확보하고 본격적인 액팅을 진행할 수 있다. 아버지와의 만남을 위하여 장면을 하나씩 쌓아가는 방식으로 진행한다. 아버지에 대한 긍정적인 감정들사랑, 표현하지 못한 애정 등과 부정적인 감정들죄책감, 자책감 등은 임종의 순간, 돌아가신 아버지를 꿈에서 만나는 장면과 같은 소망 충족을 위한 잉여현실 장면을 통해서 해소할 수 있도록 한다. 집단원

들의 역할과 적극적 참여 및 지지를 이끌어 내는 작업이 매우 중요하다.

• 권위자와의 갈등 - 직장 상사와 힘들어하는 30대 남자 주인공

디렉터: "최근 직장 상사와의 갈등은 어떤 것이 떠오르나요?"
주인공: "저한테만 너무 많은 업무량을 지시해서 매일 야근을 해야 해요. 그런데 저는 그것이 부당하고 힘들다고 말하지 못하겠어요."

가까운 과거의 갈등장면을 구성하여 극을 시작할 수 있다. 실제 상황의 재연을 통해 주인공의 상황을 이해하고, 주인공이 직접 권위자에게 자신의 감정을 표현해볼 수 있는 기회를 제공할 수 있다. 이때 갈등이 반복되는 경우라면 직장 내의 갈등에서 원가족과의 관계로 초점을 이동하여 탐색해 볼 수도 있다. 원가족 내에서 권위자와의 관계는 어떤지 탐색함으로써 가족갈등으로 전환되는 경우도 있다.

• 선택과 결정 - 대학 졸업 후 취업과 대학원 진학이란 선택의 기로에 선 20대 남자주인공

주인공에게 주어진 현실적 상황의 이해와 표현으로 극이 진행된다.

주인공이 고민하는 장면을 시작으로 이중자아와의 작업을 통해 주인공의 욕구를 탐색해가며 극을 진행한다. 고민을 하는 이유는 다양할 수 있으며, 디렉터가 주인공의 내적 욕구와 현실적 상황을 고려하며 극의 방향을 설정한다.

미래투사 기법을 활용하여 주인공이 선택한 삶을 미리 경험해보고 선택과 결정에 대해 확인해 볼 수 있다. 미래투사 기법은 자신의 미래 상황을 상상의 세계 속에서 현실로 경험하는 기법으로 주인공은 좀 더 현실적인 접근을 하게 되고, 미래상황에서 자신을 객관적으로 구성해 볼 수 있다. 불안하고 두려운 미래를 지금 여기에서 경험하면서 불안과 두려움이 현실의 무엇과 연관되어 있는지 탐색해볼 수 있으며 이를 통해 절망적인 현실에서 희망을 가질 수도 있고, 잉여현실 속에서 만족할 수도 있다.

5) 노인

노인들은 노화에 따른 여러 가지 정서적·신체적 문제와 다가올 죽음에 대한 문제를 안고 있다. 노인집단에서 중요한 것은 마음을 열고 충분히 자신과 삶에 대해 이야기하고 타인의 이야기를 들을 수 있도록 하는 것이다. 워밍업은 짧은 역할놀이에서부터 시작될 수 있으며 단순히 이야기를 나누는 것으로 시작할 수 있다. 여기에서 중요한 것은 지금-여기에 대한 강조이다. 그들이 보조자아와 같은 역할을 통해 성취감을 느끼게 하는 것도 필요하다.

보물상자

- 어떤 보물상자 또는 가방을 상상한다.
- 그 안에 각자 나름의 수집품이 있고, 그 의미를 생각하며, 수집품들을 보관하고 있는 이유도 생각해 본다. 그런 뒤에 더 이상 자신에게 필요 없는 것을 꺼내 와서 던져 버린다.
- 계속 보관하고 싶은 물건을 꺼내 보는 작업으로도 할 수 있다.

나와 이야기하기

- 어린 시절의 나부터 현재의 나, 미래의 나까지 연령대별 나를 만나보는 작업이다. 연령별로 집단원을 선정하여 나를 세우고 이동하며 그 시점의 나와 이야기해본다. 모든 나와의 이야기가 끝나면 나를 연기한 집단원들이 주인공의 어깨에 손을 얹고 지지적인 이야기를 해줄 수도 있고 다 같이 안아주며 마무리할 수도 있다.
- 집단원의 공감적 역할연기와 지지가 중요하다.
- 자신에게 가장 선명하게 떠오르는 나이로 돌아가 자신을 재경험하고, 그 나이에 머물러서 그날을 어떻게 지냈는지 떠올려 볼 수 있고, 중요한 경험을 생생하게 기억해볼 수 있다. 변형된 형태로 미래여행을 해볼 수도 있다.

활용

집단원의 신뢰 및 친밀감 향상을 위한 작업

- 넓은 평평한 공간과 음악이 필요하다. 밀링 후 후속 작업으로 이어서 진행하여도 좋다.
- "두 사람씩 짝을 지어 마주 보고 서서 두 손을 잡으세요. 두 명 중 한 사람은 눈을 감고 다른 한 사람은 안내자가 되어 이끌어 주도록 합니다."
- "음악이 시작되면 음악에 맞춰 자유롭게 손을 올리거나 내리거나 흔들어 보세요. 이때 두 사람이 손을 놓거나 놓쳐서 떨어지지 않도록 주의하세요."
- 한 곡 정도의 음악이 끝나면 반대로 바꾸어서 진행한다.
- 음악이 끝나면 돌아가면서 눈을 감았을 때와 눈을 감지 않았을 때의 느낌이 어땠는지 이야기해본다.
- "눈을 감은 사람은 어떤 기분이었나요?", "어떤 장면 속이었고 어떤 사람이 된 것 같았나요?", "어떤 때가 떠올랐나요?", "눈을 감지 않은 사람은 상대방을 이끌어주면서 어떤 느낌이 들었나요?"와 같은 주제로 자유롭게 이야기를 나누어 볼 수 있도록 한다.

강진령(2012). 집단상담의 실제. 서울: 학지사.

김수동, 이우경(2004). 사이코드라마의 이론과 적용. 서울: 학지사.

김유광, 김혜남(1988). 정신치료의 치료효과에 대하여. 임상연구 논문집, 국립서울정신병원, p.639-650

김유광, 이정숙(1999). 야곱 레비 모레노. 서울. 하나의학사.

김헌성(2008). 아동을 위한 사이코드라마의 역할. 한국사이코드라마: 소시오드라마, 11(1), 1-9.

김희숙, 박경란, 채영선(2010). 자기성장프로그램이 지역아동센터이용 아동의 자존감, 열등감 및 또래 관계에 미치는 효과. 아동간호학회지, 16(1), 1-9.

박경희(2008). 심리극이 비행경향성 아동의 자기조절능력에 미치는 효과. 고신교육대학원 석사 논문.

배영옥(2011). 저소득층 아동의 자아존중감과 또래 관계가 미치는 영향에 관한 연구: 부천시 지역 아동센터 이용 아동을 중심으로. 서울기독대학교 대학원 석사학위 논문.

변미정(2002). 심리극이 아동이 아동의 공격성에 미치는 효과. 제주대 교육대학원 석사 논문.

손창선. 이옥진(2015). 사이코드라마. 제이콥 레비 모레노 . 서울 아카데미아.

안윤영(1998). 집단정신치료극이 아동의 우울에 미치는 영향. 한양대학교 대학원 석사학위 논문.

안윤영(2012). 중학생의 분노 사고와 분노 표현의 관계 및 분노조절 프로그램의 효과. 한양대학교 대학원 박사학위 논문.

양혜진(2002). 심리극이 초등학생의 자기표현과 상담효과에 미치는 영향. 한국사이코드라마학회지, 5(1), 69-90.

이경림(2007). 빈곤 가족 아동의 사회적 지지가 아동 역량에 미치는 영향: 지역아동센터 이용 아동의 가족 유형 별 차이를 중심으로. 강남대학교 대학원 석사학위 논문.

이성희(2010). 지역아동센터 아동의 자기효능감과 사회성향상을 위한 애니메이션기법을 활용한 미술치료사례 연구. 영남대학교 환경보건대학원 석사학위 논문.

이정숙(1992). 부모의 양육 태도와 청년기 자녀의 갈등: 사회극을 통한 방법으로. 한양대학교 대학원 박사학위 논문.

이정숙, 김희경(1998). 심리요법의 기술, 서울. 교문사

이정숙, 안동현, 권용실, 김갑숙, 김선영, 김은경, 김현수, 두정일, 문보경, 박랑규, 박성옥, 안윤영, 이명희, 장미경, 전순영, 정윤주, 최진아, 최희아(2016). 아동심리치료학개론 2. 서울: 학지사.

이현주(2007). 지역아동센터 아동의 실태 및 교육환경만족도 조사. 숙명여자대학교 대학원 석사학위 논문.

이효원(2008). 연극치료와 함께 걷다. 서울: 울력.

이후경, 윤성철, 김선재, 백인석, 이연수(2000). 한국 집단치료의 역사와 현황: 정신과 영역에서 실시되어 온 집단치료를 중심으로. 신경정신의학, 39(1), 142-155.

임효연(2018). 사회극이 지역아동센터이용 초등학생 아동의 또래관계기술에 미치는 영향. 한양대학교 일반대학원 석사학위 논문.

정순선, 고강호(2014). 사이코드라마가 아동의 자아탄력성에 미치는 효과. 한국사이코드라마: 소시오드라마, 17(1), 15-51.

조성희(2009). 아동 대상 사이코드라마 고찰 : 알콜중독 자녀 대상 프로그램 개발성의 필요. 한국사이코드라마: 소시오드라마, 12(1), 1-10.

최헌진(2003). 사이코드라마의 이론과 실제. 서울: 학지사.

홍은경(2014). 지역아동센터를 이용하는 고학년 아동의 또래관계 향상을 위한 집단미술치료 사례연구. 동국대학교 문화예술대학원 석사학위 논문.

Aichinger, A., & Holl, W. (2017) Group therapy with children: psychodrama with children. Wiesbaden: Springer.

Berg, R. C., Landreth, G. L., & Fall, K. A. (2013). Group counseling: concepts and procedures. New York, NY: Routledge.

Blatner, A. (1985). Moreno's "process philosophy." Journal of Group Psychotherapy, Psychodrama & Sociometry, 38(3).

Blatner, A. (1996). Acting-in, practical applications of psychodramatic methods. (3rd ed.). New York: Springer.

Blatner, A. (2000). Foundations of psychodrama: history, theory, and practice. 심리극으로의 초대. 박희석, 김광운, 이정희 역 (2007). 서울: 시그마프레스.

Brandes, H.(2008). Self Education in Children's group. Munich: E. Reinhardt.

Corder, B. F., Whileside, R., & Haizlip, D. T(1981). A Study of curative factors in group psychotherapy with adolescents, Internal Journal of Group Psychotherapy, 31, 354-354.

Corey, G. (2016). Theory and practice of group counseling. (9th ed.). Belmont, CA: Brooks/Cole Cengage Learning.

Dayton, T. (1994). The drama within: psychodrama and experiental therapy. Deerfield Beach, FL: Health Communications, Inc.

Dayton, T. (1994). The drama within: psychodrama and experiential therapy. 심리극과 경험치료를 활용한 집단상담. 김광운, 박희석, 이숙자 역 (2008). 서울: 학지사.

Dayton, T. (2005). The living sage; a step-by-step guide to psychodrama, sociometry and experiental group therapy. Deerfield Beach, FL: Health Communications, Inc.

Dayton, T. (2005). The living stage: a step-by-step guide to pscyhodrama, sociometry, and group psychotherapy. 김세준 역 (2012). 서울: 시그마프레스.

Delucia-Waack, J. L., Kalodner, C. R., & Riva, M. T. (2014). Handbook of group counseling and psychotherapy. (2nd ed.). Thousand Oaks, California: SAGE Publications.

Fox, J. (1987). The Essential Moreno. New York: Springer.

Gottshalk, L. & Pattison, E. M. (1969). Psychiatric perspectives on T-groups and the laboratory movement: An overview.

Hare, A. P., & Hare, J. R. (1997). J. L. Moreno. 제이콥 모레노: 사이코드라마의 창시자. 서수균 역(2008). 서울: 학지사.

Hale, A. E. (1985). Conducting clinical sociometric explorations: A manual for psychodramatists and sociometrists. Roanoke, Va: Royal Pub.

Hoey, B. (2011). Who Calls the Tune?: A psychodramatic approach to child therapy. 아동심리치료와 사이코드라마-누가 아이의 마음을 조율하는가. 황헌영, 김세준 역 (2008). 서울: 울력.

J.L. Moreno. (1953/1993). Who shall survive? Foundations of sociomerty, group psychotherapy and sociodrama. (Student edition). Roanoke,VA: Royal.

Jacobs, E. E., Masson, R. L. L., Harvill, R. L., & Schimmel, C. J. (2012). Group Counseling: Strategies and Skills. (7th ed.). Belmont, CA : Brooks/Cole.

Jennings, S. (1978). Remedial drama: A handbook for teachers and therapists. 연극치료. 한명희 역 (2002). 서울: 학지사

Jennings, S. (1998). Introduction to Dramatherapy. 수 제닝스의 연극치료 이야기. 이효원 역 (2003). 서울: 울력.

Jennings, S., Cattanach, A., Mitchell, S., Chensner, A., Meldrum, B., & Mitchell Nfa, S. (2005). The handbook of dramatherapy. 연극치료 핸드북. 이효원 역 (2010). 서울: 울력.

Jones, P. (1996). Drama as therapy : theatre as living. 드라마와 치료. 이효원 역 (2005). 서울: 울력.

Karp, M., Holmes, P., & Tauvon, Ka. (1998). The handbook of psychodrama. Routledge.

Kellermann, P. F. (2007). Sociodrama and collective trauma. London; Philadelphia: Jessica Kingsley Publishers.

Kende, H. (2016). Psychodrama with children: healing children through their own creativity. Routlege.

Landy, R. J. (1993). Persona and performance: the meaning of role in drama, therapy, and everyday life. 페르소나와 퍼포먼스 역할접근법의 이론과 실제. 이효원 역. (2010). 서울: 학지사.

Landy, R. J. (2001). Drama therapy: concepts, theories and practices. 억압받는 사람들을 위한 연극치료. 이효원 역. (2002). 서울: 울력.

Landy, R. J. (2001b). Role profiles – An assessment instrument. In New essays in dramatherapy – Unfinished business. Springfield, Il: Charles C Thomas

Landy, R. J. (2008). The couch and the stage: integrating words and action in psychotherapy. 카우치와 무대: 심리치료에서 말과 행동을 통합하기. 이효원 역. (2012). 서울시: 울력.

Leveton, E. (2001). A clinician's guide to psychodrama. (3rd ed.) New York: Springer.

Lindzey, G., & Byrne, D. (1968). Measurement of social choice and interpersonal attractiveness. In G. Lindzey and E. Aronson (Eds.), The handbook of social psychology.(2nd ed.) (p. 452-525). Reading, MA: Addison-Wesley.

Marineau, R. F. (1989). Jacob Levy Moreno, 1889-1974: Father of Psychodrama, Sociometry and Group Psychotherapy. The International Library of Group Psychotherapy and Group Process.

Meiers, A. (1945). White Scholar and the Black Community: Essays and Reflections.

Moreno. J.L. (1934). Who Shall Survive? A new Approach to the Problem of Human Interrelations, New York, Beacon House.

Moreno. J.L. and Moreno, F.B. (1944). "Spontaneity Theory of Child Development," in Psychodram Monographs, no. 8, New York, Beacon House.

Moreno, J.L. (1937b). Sociometry in relation to other social sciences. Sociometry, 1(1-2), 206-219.

Moreno, J. L. (1946). Psychodrama: Volume 1. 사이코드라마 제 1권. 손창선, 이옥진 역 (2019). 경기도 안양: 도서출판 아카데미아.

Moreno, J.L. (1971). Psychodrama. In H.I. Kaplan & B. Sadock (Eds.), Comprehensive group psychotherapy. Baltimore: Williams & Wilkins.

Moreno, J, L. (1972). Psychodrama. New York:Beacon House.

Moreno, J. L. (1978). Who shall survive? foundations of sociometry, group psychotherapy and sociodrama. (3rd ed.) Beacon, New York: Beacon House.

Moreno, J. L. (1983). The Theatre of Spontaneity. New York: Beacon House.

Moreno, Z. T. (1987). Psychodrama, role theory and the concept of the social atom. J. Zeig (Ed.). The evolution of psychotherapy (pp.341-358). New York: Brunner/Mazel.

Moreno, Z. T., Blomquist, L. D., & Rutzel, T. (2000). Psychodrama, surplus reality, and the art of healing. New York: Routledge. R. Ridge PhD, TEP, Literature Review of Psychodrama

Renouvier, P. (1958). The Group Psychotherapy Movement: J.L. Moreno, Its Pioneer and Founder. Psychodrama and Group Psychotherapy Monographs, No. 33. Beacon, NY: Beacon House

Scheidlinger, S.(1993). Training Groups and Therapy Groups: The 1993 Foulkes Lecture

Shepard, M. (1975). Fritz: An intimate portrait of Fritz Perls and Gestalt therapy. Saturday Review Press.

Sternberg, P., & Garcia, A. (1989). Sociodrama: who's in your shoes? 사회극: 원리와 적용. 조성희, 김광운 역 (2012). 서울: 학지사.

Sternberg, P., & Garcia, A. (2000). Sociodrama: who's in your shoes? (2nd ed.) Westport, CT: Praeger.

Wilkins, P. (1999). Psychodrama. London: Sage Publications.

Yablonsky, L. (1976). Psychodrama: Resolving emotional problems through role-playing. New York: Basic Books.

사이트

지역아동센터중앙지원단(2018). https://www.icareinfo.go.kr/NEW_USR_main.asp??=SIDO/SIDOPDS/list&bbs_option_cd=&search_option=&search_value=&search_category1=&search_category2=&search_year=&page=6.

찾아보기

INDEX

저자 소개

이정숙

한양대학교 아동심리치료학과 명예교수
이정심리연구소 원장

안윤영

한양대학교 아동심리치료학과 겸임교수
한양아동가족센터 슈퍼바이저

최영

한양대학교 아동심리치료학과 박사 수료
임상 사이코드라마 디렉터(CPD)

소성인

한양대학교 아동심리치료학과 박사 수료
한양아동가족센터 상담연구원

박경진

한양대학교 아동심리치료학과 박사 수료
(사)한국연극치료협회 1급연극심리상담사

최정연

한양대학교 아동심리치료학과 박사과정
한양아동가족센터 상담연구원

임효연

한양대학교 아동심리치료학과 박사과정
아이맘인지행동발달센터 ABA치료사

이교림

한양대학교 아동심리치료학과 박사과정
성남시 청소년재단 청소년상담복지센터 상담지원팀

사이코드라마의 이해와 적용

2021년 3월 5일 초판 인쇄

2021년 3월 12일 초판 발행

등록번호 1960.10.28. 제406-2006-000035호

ISBN 978-89-363-2146-8(93180)

값 20,000원

지은이

이정숙 · 안윤영 · 최영 · 소성인 · 박경진 · 최정연 · 임효연 · 이교림

펴낸이

류원식

편집팀장

모은영

책임진행

이유나

디자인

신나리

본문편집

벽호미디어

펴낸곳

교문사

10881, 경기도 파주시 문발로 116

문의

Tel. 031-955-6111

Fax. 031-955-0955

www.gyomoon.com

e-mail. genie@gyomoon.com